C·H·Beck

PAPERBACK

W0012355

Bücher über Luther füllen ganze Bibliotheken, aber was sagt Luther selbst über sich? Seine Tischreden, Briefe und Traktate stecken voller spontaner Selbstaussagen. Günter Scholz hat sie erstmals systematisch ausgewertet, um Luther sein Leben selbst erzählen zu lassen. Der Reformator teilt uns mit, wie er erzogen wurde, warum er ins Kloster ging und wann er den Kampf gegen das Papsttum aufnahm. Er spricht ganz ungeschminkt über Frauen und Liebe, Musik und Essen, Türken und Juden und lässt uns teilhaben an seiner Angst vor dem Teufel und an seinen Leidenschaften. Gerade in seinen Äußerungen über sich selbst und die Welt erweist sich Luther als Meister der deutschen Sprache, der seine Meinung knapp, anschaulich, gerne drastisch und immer unvergesslich auf den Punkt bringt.

Günter Scholz, Dr. phil., Kulturhistoriker, hat das Deutsche Bauernkriegsmuseum in Böblingen aufgebaut und war lange dessen Leiter. Zahlreiche Veröffentlichungen zu Reformation, Bauernkrieg und Konfessionsbildung im 16. Jahrhundert.

Günter Scholz

«Habe ich nicht genug Tumult ausgelöst?»

Martin Luther in Selbstzeugnissen

C.H.Beck

Für Uta

Mit 4 Abbildungen
© akg-images

Originalausgabe
© Verlag C.H.Beck oHG, München 2016
Satz, Druck u. Bindung: Druckerei C.H.Beck, Nördlingen
Umschlaggestaltung: Geviert, Grafik & Typografie, Andrea Hollerieth
Umschlagabbildung: Detail aus einem Holzschnitt von
Lucas Cranach d. J., 1546, Foto: akg-images
Printed in Germany
ISBN 978 3 406 69811 8

www.chbeck.de

Inhalt

Zur Zitierweise
Die Zitate aus den Tischreden und anderen Selbstzeugnissen Martin Luthers sind im Text **fett** gesetzt. Lateinische Textstellen wurden vom Autor in heutiges Deutsch übersetzt. Abkürzungen für die Quellenbelege sowie Kurztitel für Schriften Luthers werden im Anhang aufgeschlüsselt.

AETHERNA IPSE SVAE MENTIS SIMVLACHRA LVTHERVS
EXPRIMIT·AT VVLTVS CERA LVCAE OCCIDVOS·

M·D·X·X·

Luther als Augustinermönch.
Kupferstich von Lucas Cranach d. Ä., 1520

Einleitung

Luther der Große

Befragungen auf der Straße durch die Medien sind heutzutage sehr beliebt. Wenn man wissen will, wer Martin Luther war, erhält man unterschiedliche Antworten: «Den Namen habe ich schon einmal gehört, aber ich fange damit wenig an»: Das ist die Ausnahme. Die meisten verbinden etwas mit Luther: «Er hat es dem Papst und den alten Männern in Rom gegeben»; «Er hat seine Thesen – wie viele waren es noch? – an die Kirchentür angeschlagen»; «Seit Luther dürfen Geistliche heiraten, katholischen Priestern ist es bis heute verboten»; «Luther hat die Bibel übersetzt und die deutsche Sprache geschaffen.» Es gibt für Luther Lob auf der Straße, aber auch Kritik: «Er hat die Kirche gespalten»; «Er war ein grober Klotz und ein Macho»; «Und da war noch etwas, das mit den Bauern und den Juden.»

Einige der Befragten erinnern sich vielleicht an Lutherworte, solche, die ihm in den Mund gelegt werden: **Auch wenn ich wüsste, dass morgen die Welt zu Grunde geht, würde ich heute noch einen Apfelbaum pflanzen.** Und an das deftige **Ihr rülpset ja nicht, ihr furzet ja nicht, es hat euch wohl nicht geschmecket?** Oder an ein Wort, das Luther tatsächlich gesagt hat: **So die Frau nicht will, komme die Magd.**

Die Passanten von heute schneiden deutlich besser ab als preußische Rekruten aus Schlesien um 1900. Sie antworteten, Luther habe die Bibel gemacht; er glaube nicht an Christus; er

habe die katholische Kirche gegründet; und er habe das Schieß-
pulver erfunden.

Das Fazit unserer Befragung: Luther ist den meisten bekannt.
Für viele, aber längst nicht alle, ist er ein bedeutender Mann. Er
polarisiert bis heute, er hat Freunde und er hat Feinde.

Mich selbst hat Luther in meinem Leben begleitet, obwohl ich
katholisch bin. Das erste Mal begegnete er mir, als ich acht Jahre
alt war. Ein Onkel war 1949 nach schlimmer Kriegsgefangen-
schaft in Wittenberg gestorben, «Lutherstadt Wittenberg» heißt
die Stadt offiziell seit 1938. Die Eltern reisten mit mir zur Beisetzung. Im Anschluss daran wurde ich in die menschenleere, düstere Schlosskirche vor eine Grabplatte geführt. Hier ruht Martin
Luther, ein großer Mann, wurde mir zugeraunt.

Martin Luther der Große: An der Schwelle zur Neuzeit
kämpfte er gegen die Missstände der katholischen Kirche. Er
wollte eine umfassende Erneuerung der Kirche auf der Grundlage des Evangeliums der Heiligen Schrift. Damit wurde er zum
Vater der Reformation und zum Begründer des Protestantismus.
Gegen seinen Willen löste er die bis heute nicht überwundene
Glaubensspaltung aus. An die Stelle der bis dahin *einen* Kirche
traten seitdem unterschiedliche Konfessionen. Sie bekämpften
sich erbittert mit Intoleranz und Gewalt bis zum Dreißigjährigen
Krieg und noch darüber hinaus. Luther wurde eine Persönlichkeit der Weltgeschichte.

Luther der Große: Von seinen Anhängern wurde er schon zu
Lebzeiten mit Glorienschein umgeben und ins Übermenschliche
entrückt. Nach seinem Tod verklärten ihn die evangelischen
Theologen als Heilsbringer der allein selig machenden reinen
Lehre der Reformation. Im 19. Jahrhundert wurde er auf den Sockel der Denkmäler gestellt, zum Monument deutscher Größe
und Herrlichkeit, hoch erhoben und unnahbar.

Luther der Große – aber auch der Monströse: Für seine Gegner war er bis ins 20. Jahrhundert Ketzer und Kind des Teufels, der die einzig wahre katholische Kirche in Brand gesteckt habe.

Luther als Mensch: Von seinen Freunden und Feinden wurde er biografisch zurechtgebogen, wie es jeweils in ihr voreingenommenes Lutherbild passte. Verkörperung aller Tugenden für die einen, aller Laster für die anderen.

Die Tischreden

Über Martin Luther wurde unendlich viel geschrieben. Theologen haben akribisch jeden noch so kleinen Stein und Balken seines Lehrgebäudes hin und her gewendet und kontrovers diskutiert. Die Person des Reformators interessierte sie meist weniger. Dieses Buch rückt dagegen den Menschen Luther ins Zentrum. Mit einem neuen Zugang: Nicht andere sollen über ihn urteilen, sondern er kommt selbst zu Wort in seinen Tischreden. Sie füllen in der großen Weimarer Lutherausgabe stattliche sechs Bände mit jeweils rund 700 Seiten. Obwohl als Quelle von unschätzbarem Wert, wurden sie bis heute nicht umfassend ausgewertet. Stattdessen nutzte man sie meist als Steinbruch und holte sich heraus, was ins eigene Lutherbild passte. Weniger Erwünschtes unterschlug man, oder man zweifelte am historischen Gehalt der Aussage. Luther wurde so historisch geliftet und weichgespült. In den Tischreden kommt er als Mensch so nah wie kaum eine andere Persönlichkeit der Frühen Neuzeit. Er äußert sich dort so spontan wie heute die User von Facebook und Twitter.

Die vorliegende Textauswahl möchte Luther ausgewogen und ohne eine vorgefasste Deutungsabsicht selbst zu Wort kommen lassen, vor allem durch Zitate aus seinen Tischreden, aber auch aus Flugschriften, Traktaten und Briefen des Reformators.

Wie entstanden die Tischreden? Im Wittenberger Lutherhaus

wurden die Mahlzeiten in großer Runde im Refektorium des ehemaligen Augustinerklosters eingenommen. Bevor die Hausfrau die mit Liebe, aber auch Sparsamkeit bereiteten Speisen servierte, sprach der Hausherr das Tischgebet, gern das *Vaterunser:* **Es bindet die Leute zusammen und ineinander, dass einer für den andern und mit dem andern betet, und wirkt so stark, dass es alles Übel und den Tod vertreibt.** (TR I, 700) Beim Essen herrschte der Klostersitte gemäß Schweigen. Nach Tisch versammelte sich eine ausgewählte Männerrunde in der bis heute erhaltenen Lutherstube. Katharina Luther war als einzige Frau dabei, soweit es der Haushalt zuließ.

Für das Gespräch nach Tisch gab es ein festes Ritual. Luther leitete es mit der Frage ein: **Was hört man Neues?** Darauf gab es zunächst allgemeines Schweigen. Der Hausherr hakte nach: **Ihr Prälaten, was Neues im Lande?** Dann begannen zögernd die Älteren in der Runde zu reden, allmählich auch andere. Das brachte den Reformator in Fahrt, und er setzte zum Monolog an. Johannes Mathesius, sein Tischgenosse und erster Biograf, beschrieb den Ablauf: «Oftmals legte man gute Fragen ein aus der Schrift, die löste er fein rund und kurz, und da einer mal Part (Widerpart) hielt, konnte er es auch leiden, und mit geschickter Antwort widerlegen.» Luther lenkte das Gespräch mit unangefochtener Autorität. Wenn Gäste von Rang und Stand an der Runde teilnahmen, kam er in Hochform: «Oftmals kamen etliche Leute von der Universität, auch von fremden Orten an den Tisch, da gefielen sehr schöne Reden und Historien», schwärmte Mathesius. Begierig hingen alle an Luthers Lippen: «Wie wir denn sein Reden *Condimenta mensae* (Tischgewürze) pflegten zu nennen, die uns lieber waren als alle Würze und köstliche Speise.» Er sprach «nunc Latinae, nunc Germanicae», unvermittelt wechselte er vom Lateinischen ins Deutsche, sogar im selben Satz.

Luthers Worte sind für den Zeitraum von 1531 bis 1546 überliefert. Über die bewegten Jahre der frühen Reformation wird im Rückblick berichtet. Sie hatten sich tief in sein Gedächtnis eingeprägt. Er erinnerte sich minutiös daran. Manchmal berichtete er das Gleiche sogar mehrfach. Unsicher war er gelegentlich in der Datierung. Aufgeschrieben wurden die Lutherworte von einem Dutzend Zuhörer. Sie machten zunächst Notizen in dünne Hefte oder auf einzelne Blätter. Später überarbeiteten sie die Konzepte. Die Schreiber waren alle Schüler und enge Vertraute Luthers. Sie wollten ihn in ein positives Licht rücken. Der eine oder andere hatte wohl auch schon seinen Nachruhm im Blick. Bei den Autoren gab es Hörfehler, Missverständnisse, Erinnerungslücken, wohl auch Wichtigtuerei und Übertreibungen.

Das galt besonders für seinen Famulus, den späteren Feldprediger Johannes Aurifaber (1519–1575). Zwanzig Jahre nach Luthers Tod gab er 1566 die erste Sammlung der Tischreden heraus. Sie hatte bis ins 19. Jahrhundert starken Einfluss auf das Lutherbild. Bedenkenlos machte Aurifaber Luthersätze mundgerecht. Bei der Sprache setzte er noch eins drauf und steigerte kräftige Lutherworte zur Deftigkeit. Eigenmächtig brachte er Zitate in Umlauf, die nicht vom Reformator stammen. Deshalb verwendet das vorliegende Buch diese Textvorlage nicht, sondern die von Ernst Kroker (1859–1927) besorgte Edition der Tischreden nach den Aufzeichnungen von Luthers Tischgenossen (WA, TR I–VI).

Den Wert der Tischreden erkannte übrigens auch Luthers Frau mit ihrem Sinn fürs Praktische. Als das Geld im Lutherhaus einmal knapp war, mahnte sie den Gemahl: **Herr Doktor, lehret sie nicht umsonst, schon sammeln sie viel!** Doch Luther winkte ab: **Ich habe 30 Jahre lang gelehrt und gepredigt. Warum sollte ich jetzt im vorgerückten Alter anfangen zu verkaufen?** (TR IV, 5187)

Ein Blick auf das Zeitalter

Die Epoche Martin Luthers liegt ein halbes Jahrtausend zurück. Vieles von damals erscheint heute fremd und abstoßend, etwa Teufelsglaube, Hexenwahn, panische Angst vor Fegfeuer, Höllenpein und Endgericht. Doch anderes wirkt bis heute nach, zum Beispiel das damals neue Medium des Buchdrucks, der Vorstoß der Entdecker in unbekannte Welten, die Zunahme von Wissen und Bildung, die Auflehnung gegen Unterdrückung und Gewalt, der Kampf um Freiheit. Die Zeit um 1500 gleicht einem Januskopf, nach rückwärts gewandt, aber auch in die Zukunft weisend.

Krise von Kirche und Reich. Morsch und brüchig geworden waren die tragenden Säulen von Kirche und Reich. Missstände waren in die Kirche eingerissen, bei Päpsten, Bischöfen, Mönchen, Nonnen und Weltgeistlichen. Die Päpste setzten ihre Autorität bedenkenlos für politische, finanzielle und private Zwecke ein. «Lasst uns das Papsttum genießen, da Gott es uns gegeben hat», war die Devise des Renaissancepapstes Leo X. (1513–1521). Erasmus von Rotterdam spottete: «Die Päpste überlassen alles, was Mühe macht, den Aposteln Petrus und Paulus … ein glänzendes Vergnügen aber nehmen sie selbst wahr» (*Lob der Torheit*). Kirchenfürsten vernachlässigten ihr geistliches Amt, führten einen ausschweifenden Lebenswandel und strebten nach Macht und Geld. Die niederen Geistlichen, meist nur mangelhaft ausgebildet, waren ihren Seelsorgepflichten oft nicht gewachsen. Dabei war das Verlangen des Kirchenvolkes nach Seelenheil an der Schwelle zur Neuzeit vielleicht stärker denn je.

Nicht nur die Kirche, sondern auch das Heilige Römische Reich deutscher Nation war in der Krise. An seiner Spitze stand der Kaiser, ihm zur Seite «ratend und beratend» die Stände des Reiches. Dazu zählten die sieben Kurfürsten mit dem Recht der Königs- und Kaiserwahl, ferner die geistlichen und weltlichen Fürsten, Grafen und Herren sowie die Reichsstädte. Sie versammelten sich auf den Reichstagen und entschieden über die Geschicke des Landes. Der Kaiser hatte im Spätmittelalter deutlich an Macht verloren. Kaiser Friedrich III., des «Heiligen Römischen Reiches Erzschlafmütze», wie er oft genannt wurde, zog sich zeitweilig ganz aus den Reichsgeschäften zurück. Die Stände, vor allem die aufstrebenden Landesherren, stärkten ihre Rechte auf Kosten des Kaisers. Das Reich wurde von außen durch Krieg und Gewalt erschüttert. In einem Zweifrontenkrieg war es von Frankreich und den Osmanen bedroht. Die als «Erbfeind» und «Geißel Gottes» gefürchteten Türken drangen nach der Eroberung von Konstantinopel (1453) unaufhaltsam nach Europa vor und belagerten 1529 Wien – ein Schock für die Christenheit. Im Innern des Reiches herrschten Raubrittertum und Fehde. Der Adel griff zu rechtswidriger Selbsthilfe. Das Land war gelähmt. Deshalb wurde der Ruf nach einer umfassenden Reform immer lauter.

Bewegung und Veränderung. Trotz Zerrüttung und Krise war die Lutherzeit zugleich eine Epoche kraftvoller Veränderungen: «Das 16. Jahrhundert schafft wesentlich diejenigen großen Positionen in der materiellen und geistigen Welt, welche die folgenden Zeiten beherrscht haben; es ist eine Zeit der gewaltigen Neuerung», so bewertete Jacob Burckhardt den Umbruch vom Mittelalter zur Neuzeit (*Historische Fragmente*).

Eine Zeit der Erneuerung: Kaiser Maximilian I., bei seiner Wahl noch nicht siebenundzwanzig Jahre alt, reich begabt und beim Volk beliebt, wurde zum Hoffnungsträger der Reichsreform und proklamierte auf seinem ersten Reichstag 1495 in Worms den «Ewigen Landfrieden». Künftig waren alle Fehden verboten. Das neu geschaffene Reichskammergericht wurde mit der obersten Gerichtsbarkeit betraut. Der «Gemeine Pfennig», eine Kopf- und Vermögenssteuer, sollte dem Kaiser aus seiner chronischen Finanznot helfen. Doch weitergehende Reformen wie die Einführung eines Reichsregiments scheiterten. Stattdessen stärkten die Fürsten ihre Macht. In ihren Territorien bauten sie die Verwaltung aus und bestellten «gelehrte Räte», Juristen, die am Römischen Recht geschult waren. Da es altes Gewohnheitsrecht verdrängte, war es beim Volk verhasst. Seine Ausbildung erhielt der Beamtenapparat an den neu gegründeten landesherrlichen Universitäten, etwa in Tübingen (1477), Wittenberg (1502), Frankfurt an der Oder (1506) und Marburg (1527). Landes- und Polizeiordnungen regelten bis ins kleinste Detail Handel und Wandel, so gab es genaue Qualitäts- und Preisvorschriften für Fleisch und Brot. Sie überwachten Sitte und Moral von Verlobten und Eheleuten, verboten Prostitution, Kleiderluxus, üppige Hochzeitsfeste sowie übermäßiges Trinken und «Zutrinken», ein weit verbreitetes Laster. Damals begannen Bürokratie und staatliche Bevormundung, die heute in manchen Bereichen bis zur Überregulierung auf die Spitze getrieben sind.

Die Große Pest. Der Tod war im Mittelalter allgegenwärtig. Massenhaft und unversehens hielt er Ernte: *Media vita in morte sumus* – mitten im Leben sind vom Tod wir umgeben. Unheil und Vernichtung brachte das 14. Jahrhundert: 1313 bis 1317 mit schwerer Hungersnot, 1348 mit der Großen Pest. Ihr Erreger wurde durch infizierte Ratten auf Handelsschiffen von der Krim nach Europa eingeschleppt. Da sich die Haut der Pestkranken dunkel verfärbte, wurde die Seuche «Schwarzer Tod» genannt. In den eng bebauten Städten raffte sie die Menschen zu Tausenden dahin. Dem Sterben von 1348 folgten weitere Pestwellen.

Insgesamt fiel ihnen ein Drittel der europäischen Bevölkerung zum Opfer. Ganze Landstriche verödeten zu «Wüstungen». Die Nachfrage nach Agrarerzeugnissen brach ein. Unter dem Preisverfall litten die Grundherrschaften und noch mehr die abhängigen Bauern.

Der Pest standen die Menschen ohnmächtig gegenüber: «Gegen dieses Übel half keine Klugheit oder Vorkehrung … Ebenso wenig nützten die demütigen Gebete», klagte Giovanni Boccaccio in seinem *Decamerone* um 1350 in Florenz. Auch Pestärzte, die wie «Doktor Schnabel» durch makabre Schutzkleidung – langer Mantel und Schnabelmaske – Ansteckung verhüten wollten, konnten nichts bewirken. Die Epidemie war «Geißel Gottes», Strafe für Sünde und Laster. Um den Zorn des Allmächtigen zu besänftigen, zogen die Flagellanten «nackt, mit Geißeln, eingereiht wie zu einer Prozession» durch die Lande (*Chronik* von Jean de Venette, zit. nach Romano / Tenenti). Die Schuld an allem Übel gab man den Juden; sie hätten die Brunnen vergiftet, Hostienfrevel und Ritualmorde an Kindern verübt. Das «finstere Mittelalter» warf einen langen Schatten auf die Zeit Martin Luthers und darüber hinaus.

Bevölkerungswachstum und technischer Fortschritt. Nach einem Jahrhundert der Stagnation im Gefolge der Pest setzte seit 1450 ein kräftiges Bevölkerungswachstum ein. Die Einwohnerzahl Deutschlands stieg bis 1550 von 10 auf rund 15 Millionen. Zugleich begann ein wirtschaftlicher Aufschwung. Die Nachfrage nach Agrarerzeugnissen wuchs, und die Preise zogen an. Sie erhöhten sich für Brotgetreide spürbar um ca. 4 Prozent pro Jahr. Von der guten Konjunktur profitierten die Grund- und Gutsbesitzer, nicht aber die Bauern. Sie mussten die Ernteerträge an die Obrigkeiten abliefern; nur einen Bruchteil durften sie in den Städten selbst vermarkten.

Der Bergbau blühte. Für Kaiser Karl V. war er «die größte Gabe und Nutzbarkeit, die der Allmächtige deutschen Landen mitgeteilt hat». Fieber nach Gold, Silber und Kupfer brach aus. Glücksritter suchten im Harz, Mansfelder Land und Erzgebirge, in Tirol und Böhmen den schnellen Reichtum. Bergbaustädte wie Schneeberg und Annaberg schossen aus dem Boden. Selbstständige Bergunternehmer (Gewerke) wurden zu abhängigen Lohnarbeitern. Im Silberbergbau von Schwaz in Tirol arbeiteten zeitweilig über 10 000 Menschen unter menschenunwürdigen Bedingungen. Deutschland wurde führend in der Bergbautechnik. Der Entwässerung von Stollen und Schächten dienten aufwändig konstruierte Pump- und Schöpfwerke. Der Arzt und Bürgermeister Georg Agricola (Bauer) aus Chemnitz begründete mit seinem Kompendium *De re metallica – Vom Bergwerk* (1556 / 57) die neuzeitliche Montanwissenschaft. Innovativ bei der Verhüttung war das Saigerverfahren: Um aus Kupfererz das begehrte Silber herauszuschmelzen, wurde Blei zugesetzt. Auch die Metallverarbeitung und die Waffentechnik schritten fort. Angesichts der Bedrohung durch das nach Europa expandierende Osmanische Reich hatten die Waffenschmieden Hochkonjunktur.

Der Frühkapitalismus. Der Bergbau warf hohe Gewinne ab, aber Kapitaleinsatz und Risiko waren ebenfalls hoch. Neben Landesfürsten engagierten sich finanzstarke Kaufleute, wie die Fugger in Tirol und in der Slowakei. Kaufleute und Unternehmer stiegen in das «Verlagswesen» ein: Sie stellten selbstständigen Handwerkern, besonders in der Textil- und Metallbranche, Geld, Rohstoffe und Produktionsmittel zur Verfügung. Dafür mussten ihnen die Handwerker ihre Erzeugnisse zur Vermarktung überlassen. Sie wurden so zu abhängigen Lohnarbeitern. Das Zunfthandwerk wurde verdrängt.

Durch den Fernhandel mit Getreide, Gewürzen (Spezerei) und

Luxuswaren häuften Kaufleute und Handelsgesellschaften große Vermögen an. Sie beherrschten die Märkte mit Preisabsprachen und Monopolen. Die Waren verteuerten sich, der gemeine Mann litt darunter. 1512 erließ der Reichstag ein Verbot der Monopole, es blieb allerdings wirkungslos. Fugger, Welser und andere Handelshäuser betrieben das Geld- und Bankgeschäft in großem Stil, nachdem die katholische Kirche sich über das Zinsverbot hinweggesetzt hatte. Der Theologe Johannes Eck hielt einen Zinssatz von 5 Prozent für zulässig; tatsächlich lag er oft weit darüber. In der Zeit des Frühkapitalismus wurde der Graben zwischen Arm und Reich immer tiefer. Die sozialen Spannungen verschärften sich.

Die Medienrevolution. Bahnbrechend wurde die Erfindung des Buchdrucks durch Johannes Gutenberg (1400–1468). Gutenbergs wichtigste Neuerung waren die gegossenen Bleibuchstaben, die Lettern. Dadurch wurde die zeitraubende Herstellung der Druckstöcke vereinfacht; nicht mehr eine starre Holzplatte war Träger des Druckwerkes, sondern einzelne Buchstaben wurden zu Texten zusammengefügt. Die Lettern konnten wiederverwendet werden, das verbilligte den Druck. Eine weitere Innovation Gutenbergs war die Druckerpresse. Sie ermöglichte die schnelle Vervielfältigung der Texte. Vorbild war die Obst- oder Weinpresse. Gutenbergs streng gehütetes Geheimnis war die intensiv schwarze Druckfarbe. Sein Meisterwerk wurde 1454/55 der Druck der 42-zeiligen lateinischen Vulgata-Bibel – ein Meilenstein der Buchgeschichte. Am Druck arbeiteten mehrere Setzer gleichzeitig. Sie verwendeten 100000 Typen. Hergestellt wurden rund 180 Exemplare, davon 140 auf Papier und 40 auf Pergament. Dafür war die Haut von 5000 Kälbern notwendig. Bis heute sind noch rund 50 Gutenberg-Bibeln erhalten.

Der Buchdruck verbreitete neue Ideen. Künstler und Gelehrte

entdeckten und idealisierten die Antike. Diese «Wiedergeburt» der Kultur des Altertums bewirkte «die Entdeckung der Welt und des Menschen» (Jacob Burckhardt, *Die Kultur der Renaissance in Italien*). Von Italien ging auch der Humanismus aus. Seine Anhänger förderten Sprache, Wissen und Bildung. Sie gingen auf die Schriftquellen im Urtext zurück (*ad fontes*). Gedruckt wurden Grammatiken, philosophische Schriften, Lexika und Atlanten. Ein Kompendium der Universalgeschichte war die *Weltchronik* von Hartmann Schedel (Nürnberg 1493). Das opulente Werk mit einer Fülle reizvoller Holzschnitte war zugleich ein frühes Beispiel für die gefährliche Seite des Buchdrucks: Mit Berichten und Illustrationen über angebliche jüdische Ritualmorde propagierte es Diskriminierung und Hass.

Der Buchdruck hatte Breitenwirkung. Flugblätter und Flugschriften in Deutsch erreichten nicht nur die Oberschichten, sondern auch den gemeinen Mann. Sie umfassten nur wenige Seiten, wurden für die damalige Zeit in hoher Auflage gedruckt und waren im Preis erschwinglich. Von «Buchführern» wurden sie auf Märkten und Messen verkauft. Den Analphabeten, vor allem auf dem Land, wurden sie vorgelesen. Oft sprachen auch die Abbildungen für sich. Die Menschen waren fortan nicht mehr auf Gerüchte und Hörensagen angewiesen, sondern bekamen schwarz auf weiß handfeste Informationen. Sie wurden hellhörig und begannen zu diskutieren. Die Bauern seien «witzig», das bedeutete kritisch geworden, heißt es in den Quellen. So entstand die öffentliche Meinung.

Sozialkritik und Revolten. Die Kritik an Kirche, Staat und Gesellschaft wurde immer lauter, die Päpste seien verweltlicht, der Klerus sittenlos, der Kaiser ohnmächtig und die Gesellschaft ungerecht. Scharf ging 1476 der Hirt, Dorfmusikant und Analphabet Hans Böheim mit Geistlichen und weltlichen Obrigkeiten ins

Gericht. Der «Pfeifer von Niklashausen» bei Wertheim in Franken war wohl Nachfahre hussitischer Einwanderer aus Böhmen. In Hasspredigten rief er dazu auf, die Pfaffen, allesamt Bösewichte, zu erschlagen. Er forderte die Abschaffung von Steuern und Abgaben. Und er verlangte soziale Gleichheit: Papst, Kaiser, Fürsten, Grafen, Ritter und Bürger sollten mit dem gemeinen Mann teilen. Keiner sollte mehr haben als der andere. Massenhaft und von weit her erhielt der Pfeifer Zulauf. Wie ein Heiliger soll er verehrt worden sein. Doch bald schritten die Obrigkeiten ein. Böheim wurde gefangen genommen und in Würzburg verbrannt. Die Kapelle, in der er gepredigt hatte, wurde dem Erdboden gleichgemacht.

Aber der Protest des Volkes ließ sich nicht mehr unterdrücken. Gegen die ungerechten Herrschaften erhob sich die Bundschuh-Bewegung, benannt nach dem mit Riemen geschnürten Schuh der Bauern, im Unterschied zum Stiefel der Ritter. Zu Revolten kam es 1493 in Schlettstadt, 1502 im Bistum Speyer, 1512 und 1517 am Oberrhein. Württemberg wurde 1514 vom «Armen Konrad», einem Bündnis der «gemeinen liute», erschüttert. Bauernaufstände gab es auch in den habsburgischen Alpenländern und in Ungarn. Ein «soziales Dauerbeben» (Karl Eder) erfasste das Reich am Vorabend der Reformation.

Härte des Lebens. Die Zeit Martin Luthers war unbarmherzig. Grausam war die Justiz. Vergehen und Verbrechen ahndete das Strafgesetzbuch der Zeit, die *Peinliche Gerichtsordnung Kaiser Karls V.*, die sogenannte *Carolina*, von 1532, nicht mit Gefängnis, sondern fast nur mit Strafe «am Leib oder Leben». Wer einer Tat verdächtig war und nicht sogleich gestand, wurde in der Folter «peinlich befragt, mit Bedrohung der Marter». Die Todesstrafe wurde oft und schnell verhängt, in vielen qualvollen Varianten. Der Feuertod war vorgesehen bei Sodomie, Homosexualität und

Brandstiftung. Vergewaltiger, Aufrührer gegen die Obrigkeit, Räuber und Männer, die Abtreibungen vornahmen, wurden mit dem Schwert enthauptet. Mörder wurden mit dem «Rad durch Zerstoßung der Glieder zum Tod gerichtet». Bei dreifachem Diebstahl drohte Männern der Galgen, Frauen die Hinrichtung durch Ertränken. Die gleiche Strafe galt Giftmörderinnen. Lebendig begraben und «gepfählt» werden sollten Kindesmörderinnen. Wo es Gewässer gab, war «Abmilderung» auf Ertränkung möglich. Weitere Todesstrafen waren die Vierteilung («durch seinen ganzen Leib zu vier Stücken zu schnitten und zerhauen»). Die Todesqual konnte durch Schleifen an die Richtstätte und durch Reißen mit glühenden Zangen noch gesteigert werden. Die Leibesstrafen dienten der Kennzeichnung von Straftätern. Sie trugen für jedermann sichtbar und zur Abschreckung ihr «Vorstrafenregister» am eigenen Leib. So wurden Kupplerinnen die Ohren abgehauen, anderen Missetätern die Zunge abgeschnitten. Leichter kam davon, wer an den Pranger gestellt oder mit Ruten ausgepeitscht wurde. Wer des Landes verwiesen wurde, der musste heimatlos von Ort zu Ort ziehen.

1. «Ich bin eines Bauern Sohn»

Herkunft und Eltern

Das Reformationsjahr 1517 war der Einschnitt in Luthers Leben. Sogar die Schreibweise seines Namens änderte er damals. Ursprünglich war der Familienname Lyder oder Luder (TR IV, 4378). Im Brief vom 31. Oktober 1517 an Kardinal Albrecht von Brandenburg mit den 95 Thesen in der Anlage verwendete er erstmals die Namensform Luther. Zeitweilig nannte er sich auch griechisch-lateinisch «Eleutherius», der «Befreier». Für seine Gegner war die Namensänderung von Luder (Nomen est omen!) zu Luther ein Akt der Eitelkeit.

Über seine Herkunft sagte Luther: **Ich hatte arme Eltern. Der Vater war ein Bauernsohn aus dem Dorf Möhra bei Eisenach. Von dort zog er nach Mansfeld.** (TR V, 5362) Stets betonte er seine Wurzeln im Bauernstand: **Ich bin eines Bauern Sohn, der Urgroßvater, mein Großvater, der Vater sind rechte Bauern gewesen.** (TR V, 6250) Als er in den Tischreden seine bäuerliche Herkunft rühmte, war der Vater Hans bereits gestorben. Allerdings nicht als Bauer, sondern als Bergbauunternehmer. Die Familie Luther war seit Generationen in Möhra ansässig. Mit einem stattlichen Bauernhof zählte sie zur Oberschicht des Dorfes. Luthers Vater war der älteste Sohn der Familie. Nach Ortsrecht war nicht er, sondern der jüngste Sohn erbberechtigt. Auf dem elterlichen Hof gab es für ihn somit keinen Platz. Es drohte sozialer Abstieg zum Knecht oder gar Tagelöhner.

Hans Luder aber wollte Aufstieg. Im Kupferrevier seiner Heimat hatte er sich neben der Landwirtschaft Kenntnisse im Bergbau angeeignet. Wegen der schlechten Qualität des Kupfers wechselte er nach Eisenach und heiratete Margarethe Lindemann aus der städtischen Oberschicht. Die Ehe eröffnete ihm neue Berufsperspektiven. Ein Onkel seiner Frau war oberster Hüttenverwalter in der Grafschaft Mansfeld. Dort hatte der Kupferbergbau Konjunktur, und Hans nutzte die Beziehungen des Onkels. Die Familie zog nach Eisleben. Am 10. November 1483 wurde der Sohn Martin geboren und am darauf folgenden Martinstag getauft. Ein Jahr danach ließen sie sich in Mansfeld nieder. Konsequent arbeitete sich der Vater im Bergbau nach oben. Der Start war schwierig. Luther erinnerte sich: **Mein Vater, als ich heranwuchs, ist ein armer Hauer gewesen. Die Mutter hat all ihr Holz auf dem Rücken eingetragen. Harte Mühe haben sie erlitten, wie sie die Welt heute nicht mehr erduldet.** (TR III, 2888)

Hans Luder wurde Hüttenmeister, Bergwerksunternehmer und «Schauherr», Bergbeamter des Grafenhauses. Als Bürger von Mansfeld erwarb er ein stattliches Anwesen mit Wohnhaus, Wirtschaftsgebäuden und Stallungen. Er übernahm öffentliche Ämter. 1491 wurde er «Viertelsmeister», Vertreter der Bürger gegenüber dem Rat. Schließlich stieg er ins Geldgeschäft ein und verlieh Darlehen gegen Zinsen. Die Familie lebte in bürgerlichem Wohlstand. Das belegen zahllose Fundstücke, die am Lutherhaus in Mansfeld bei archäologischen Grabungen zutage kamen: Keramik, Glas, Schmuck und Münzen. Ein Doppelbildnis des Elternpaars, gemalt von Lucas Cranach d. Ä. 1527, zeigt den Vater als erfolgreichen Unternehmer, aufrecht und zielstrebig. Der aufwändige Pelzkragen seines vornehmen Mantels zeugt von Wohlstand. Er wollte das schnelle Geld und Reichtum. Der florierende Bergbau bot dafür gute Chancen, barg aber auch hohe Risiken. Der Hüttenmeister wurde von einer Handelsgesellschaft abhängig. Als Sicherheit für seine Schulden musste er seine Berg- und Hüttenwerke verpfänden. Am Ende war er nur noch Angestellter im eigenen Betrieb.

Über den Berufserfolg des Vaters findet sich bei Luther kein Wort der Anerkennung. Vielmehr sah er dessen Aufstieg mit Misstrauen. Knapp und distanziert vermerkte er: **Mein Vater ist gen Mansfeld gezogen und daselbst Metallus, ein Berghauer, geworden.** (TR V, 5362) Den Bergbau zählte Martin zu den Auswüchsen der neuen frühkapitalistischen Zeit. Die Gier nach Edelmetallen war ähnlich verwerflich wie Zins, Wucher und Kaufmannschaft. Wie dort war im Bergbau der Spekulation Tür und Tor geöffnet: **Ich will keine Kucks** (TR V, 5675), beteuerte er. Kuxe waren, Aktien ähnlich, Anteilscheine an Bergwerken («Gewerkschaften»). Er lehnte sie als riskantes **Spielgeld** ab. Sie brachten Gewinn, aber mehr noch Verlust. Der Vater war ein schlimmes Beispiel.

In der Erde regierte der Teufel, als Herr der Finsternis: **Im Bergwerk foppt der Teufel die Leute, gaukelt ihnen vor, sie sähen einen großen Haufen Erz und Silber, da es doch nichts ist.** Das Erz sei rar in Gruben und Schächten, es zu finden eine seltene Gottesgabe: **Ich weiß, dass ich kein Glück in Bergwerken habe … Denn der Satan gönnt mir diese Gabe Gottes nicht. Des bin ich auch wohl zufrieden!** (TR IV, 4617)

Vater und Sohn Luther lebten in verschiedenen Welten. Die Unternehmungen des Vaters, Bergbau, Geldgeschäft und Spekulation, waren dem Sohn verdächtig, brachten Sünde und Verderben. Geld und Gut bedeuteten ihm wenig. Für ihn zählten die Tugenden der Geradlinigkeit und Rechtschaffenheit, wie sie dem Idealbild der Bauern entsprachen. Diese waren als lebensnotwendiger «Nährstand» hoch geachtet. Mit ihrer Hände Arbeit betrieben sie Ackerbau und Viehzucht. Sie waren naturver-

bunden und genügsam. Bäuerliche Redlichkeit: Das kam beim
Volk gut an. Luther suchte die Volksnähe.

Schule und Studium

Der Vater wollte aus Martin etwas «Höheres» machen. Er sagte
ihm voraus, **er werde ein Schultheiß und was sie mehr im Dorf
haben, würde irgendein oberster Knecht über die anderen sein**
(TR V, 6251). Die Eltern ahnten nicht, was später aus dem Sohn
wurde: **Mein Vater und Mutter haben nicht gedacht, dass sie einen Doctor Martin Luther bringen wollten. Das ist einzig Gottes
Wahl, die uns verborgen ist.** (TR IV, 4773)
   Die Erziehung im Elternhaus war streng. Prügelstrafen waren
an der Tagesordnung. Vater und Mutter stäupten ihn hart, und
sei es nur um einer Nuss willen. Martin verkroch sich, war ver-
schüchtert und zornig: **Es ist ein bös Ding, wenn um der harten
Strafen Kinder den Eltern gram werden.** (TR II, 1559; TR III, 3566)
Bei aller Strenge sprach er ihnen den guten Willen nicht ab. Seine
Schulbildung lag ihnen sehr am Herzen. Seit 1488 besuchte er die
Lateinschule in Mansfeld. Dort litt er unter der Strenge und Un-
gerechtigkeit der Lehrer. Die Rute führte Regiment. Einmal bekam er fünfzehn Schläge nacheinander, er sollte deklinieren und
konjugieren, obwohl er es noch nicht gelernt hatte. Manche Lehrer hätten sich wie Herrscher aufgespielt. Eintönig war das Pauken der lateinischen Schulgrammatik des «Donatus». Die Lateinschule war ihm als **Eselsstall und Teufelsschule** verhasst, geleitet
von **Tyrannen und Stockmeistern.** 1497 durfte er die renommierte
Domschule in Magdeburg besuchen. Im Jahr darauf wechselte er
an die Pfarrschule St. Georg in Eisenach. Er erhielt Kost und Logis im Haus des Bürgermeisters Conrad Cotta. Obwohl er nicht
darauf angewiesen war, bettelte er in der Kurrende, dem Chor

der bedürftigen Schüler: **Ich bin ein solcher Partekenhengst** (so der Spottname für die jungen Sänger) **gewesen und hab das Brot vor den Häusern genommen, besonders zu Eisenach, meiner lieben Stadt.** (WA 30 II) Martin war sensibel und ängstlich. Das zeigt ein Vorfall beim Kurrendesingen, der ihm zeitlebens im Gedächtnis blieb. Als er und ein Mitschüler vor den Türen sangen und um Würste bettelten, schrie sie ein Bürger erbost an: «Was macht ihr, ihr Buben?» Was als Scherz gemeint war, nahm Luther ernst und suchte erschrocken das Weite. Erst nach gutem Zureden nahm er die Würste schließlich an. Später folgerte er daraus: **So geht es uns mit Gott. Er schenkt uns Christus mit all seinen Gaben, und dennoch fliehen wir ihn und glauben, er wäre unser Richter.** (TR I, 137)

Im Mai 1501 begann Luther das Studium an der Universität Erfurt. Mit 20 000 Einwohnern zählte die Bischofs- und Handelsstadt zu den bedeutendsten des Reiches. Überragt wird sie bis heute vom gotischen Ensemble des Domes und der Severikirche. Die bereits 1392 gegründete Universität war zur Lutherzeit ein Zentrum des Humanismus. So berühmt sei sie gewesen, dass alle anderen dagegen als klein erschienen (TR II, 2788 b). Mit siebzehn Jahren trat Martin in die Georgenburse ein und absolvierte das Grundstudium der «Artes liberales». Der Lehrkanon der Freien Künste bestand traditionell aus dem «Trivium» von Grammatik, Rhetorik und Dialektik und dem anschließenden «Quadrivium» von Arithmetik, Geometrie, Musik und Astronomie. Martin war ein eifriger und fleißiger Student, aber auch ein «hurtiger und fröhlicher Gesell», der gern zur Laute griff.

Damals hatte er ein schlimmes Erlebnis. Als er mit einem Kommilitonen auf dem Weg von Erfurt zu den Eltern war, verletzte er sich in der Nähe von Wittenberg lebensgefährlich mit dem eigenen Schwert. Das Blut floss in Strömen. In Todesnot rief er aus: **O Maria hilf!** Ein herbeigerufener Chirurg behandelte ihn.

Als in der Nacht die Wunde wieder aufbrach, rief er erneut die Gottesmutter an (TR I, 119). Der Vorfall lässt bereits das Klostergelübde ahnen, das er wenig später ablegen sollte.

An der Universität war Luther frei von der strengen Zucht des Vaters. 1505 wurde er zum Magister Artium promoviert, als Zweitbester von siebzehn Kommilitonen. Mit Nostalgie erinnerte er sich an die Erfurter Studentenjahre: **Was für eine Herrlichkeit war die Promotion der Magister mit den Fackeln, die man ihnen vorantrug.** Diese feierliche Tradition war Jahrzehnte später dahin: **Ich wollte, dass man's noch hielte.** (TR II, 2788 b) Doch der Zwang des Elternhauses holte ihn wieder ein. Kategorisch schrieb der Vater den weiteren Berufsweg vor. Martin sollte Jura studieren und den Aufstieg des Vaters fortsetzen. Auch eine Braut hatten die Eltern schon für ihn ausgeschaut.

2. «Der Welt abgestorben»

Ein Gewitter macht Weltgeschichte

Aber es kam anders. Grund war Luther zufolge ein gefährliches Reiseerlebnis. Am 2. Juli 1505 war er nach einem Besuch bei den Eltern in Mansfeld zu Fuß auf dem Rückweg nach Erfurt. Wie vom Vater verlangt, hatte er das Jurastudium bereits begonnen. Auch die Bücher waren beschafft. Grund der Reise zu den Eltern im Semester war wohl das ungeliebte Jurastudium. Luther wollte es abbrechen, der Vater beharrte auf Fortsetzung. Auf der Rückreise war Martin aufgewühlt vom Streit mit den Eltern und der Ungewissheit über seine Zukunft. Da geriet er beim Dorf Stotternheim vor den Toren von Erfurt in ein schweres Gewitter. Ein Blitz ging dicht neben ihm nieder und warf ihn zu Boden. In Todesangst rief er aus: **Hilf du, heilige Anna, ich will Mönch werden!** (TR IV, 4707; TR V, 5373) Nach Kirchenrecht war ein in Todesnot abgelegtes Gelübde nicht zwingend bindend. Zudem war das Gelöbnis zweideutig. Gott habe es, so Luther, hebräisch verstanden, wo «Channah» (Anna) Gnade bedeutete. Freunde rieten ihm, es als nichtig anzusehen. Doch für Luther war es eine Fügung, sich dem Vaterwillen zu entziehen. In den Tischreden bestätigte er später, dass der Eintritt ins Kloster damit zusammenhing: **Und durch diese harte Zucht** (im Elternhaus) **trieben sie mich schließlich ins Kloster.** (TR III, 3566 a) Er bekannte, das Gelübde habe ihn gereut und er sei nicht gern Mönch geworden (TR II, 2286).

So stellte Luther selbst seine Entscheidung fürs Kloster dar. Eine Variante ist von seinem Freund Justus Jonas überliefert. Danach habe er im benachbarten Gotha die Bücher für das Jurastudium in Erfurt gekauft. Auf dem Rückweg sei er Zeuge einer «erschrecklichen Erscheinung vom Himmel geworden, welche er … deutete, er sollte ein Mönch werden». Nach der Rückkehr habe er in Erfurt die Fachbücher verkauft. Sein unvermittelter Schritt hat die Fantasie der Zeitgenossen stark beschäftigt. Zahlreiche Legenden rankten sich um das Gelübde. Am glaubwürdigsten ist das, was er selbst darüber berichtete.

Luther im Kloster

16. Juli 1505: Am Vorabend des Heiligen Alexius lädt Luther in Erfurt seine engsten Freunde zu einer kleinen Feier ein. Unvermittelt eröffnet er ihnen, er werde am nächsten Tag ins Schwarze Kloster der Augustinereremiten eintreten. Er bittet sie, ihn dorthin zu begleiten. An der Klosterpforte nimmt er am 17. Juli Abschied: **Heute seht ihr mich und nimmermehr!** (TR IV, 4707) Die Entscheidung war für ihn unumstößlich: **Niemals habe ich daran gedacht, das Kloster zu verlassen. Ich war der Welt rein abgestorben.** Mit Sinn für Symbolik hatte er wohl bewusst den Namenstag von St. Alexius für den Klostereintritt gewählt. Der Legende nach war der Heilige von den Eltern zur Ehe bestimmt, doch am Hochzeitstag verließ er die Braut und floh nach Edessa. Luther entzog sich dem Elternwillen durch Flucht ins Kloster. Der Vater war außer sich: **Da wollte mein Vater toll werden.** (TR V, 5373) Er pochte auf Gehorsam: **Mein Sohn, weißt du nicht, was du deinem Vater schuldest? Wenn's nur nicht ein Gespenst mit dir wäre.** Er vermutete wohl eine Eingebung des Satans (TR III, 3556 a). Es kam zum Zerwürfnis: **Er sagte mir alle Gunst und väterlichen**

Willen ab. Seit Luther Magister war, hatte er den Sohn achtungs-
voll mit «Ihr» angeredet, aber jetzt kehrte er zum «Du» zurück.
Da brach die Pest im Land aus, eine schwere Prüfung für den
Vater. Er verlor zwei Söhne. Noch dazu erhielt er fälschlich die
Nachricht, auch Martin sei gestorben. Dazu Luther: **Lebe aber
noch, so lang als Gott will.**

Zunächst lernte er als Gast im Klosterhospiz das strenge Leben
der Augustinereremiten kennen. Demut wurde verlangt. Schon
vor zwei Uhr morgens begannen die Stundengebete, es herrschte
striktes Redeverbot, und die Mönche lebten in engen Einzelzel-
len. Auch kleinste Verfehlungen, wie Zuspätkommen zum Chor-
gebet, wurden bei der wöchentlichen Generalbeichte geahndet,
etwa mit Ausschluss aus der Tischgemeinschaft.

Im September 1505 wurde Luther Novize, Mönch auf Probe.
Er erhielt die Tonsur und das Gewand des Novizen. Im Jahr darauf folgte die endgültige Aufnahme in den Orden mit Ablegung
der Profess. Luther gelobte Armut, Keuschheit und Gehorsam.
Vor dem Hochaltar der Augustinerkirche in Erfurt fiel er nieder
auf der Grabplatte von Johannes Zachariae. Der Theologe hatte
1415 auf dem Konstanzer Konzil den tschechischen Reformer
Jan Hus als Irrlehrer angeklagt, worauf dieser als Ketzer verbrannt wurde. Zachariae erhielt als Auszeichnung die «geweihte
Rose». Dass er selber schon bald auf den Spuren von Hus wan-
deln würde, daran hatte Luther bei der Ordensaufnahme sicher
nicht gedacht. Auf Wunsch des Ordens sollte er Priester werden
und Theologie studieren. Am 3. April 1507 erhielt er in einer
Kapelle des Erfurter Doms die Priesterweihe. Der Vater reiste
mit großem Gefolge an und stiftete dem Kloster 20 Gulden. Er
bemühte sich um Versöhnung und schien stolz auf seinen Sohn,
aber für dessen Lebensweg zeigte er auch weiterhin kein Verständnis: «Ich muss allhier sein, essen und trinken, wollt aber
lieber davon sein» (zit. nach Scheel). Martin hatte sich für das

Kloster und das Priesteramt entschieden. Doch er war unsicher, ob der Schritt richtig war. Bei der Weihe erfasste ihn am Altar Verzweiflung. Am anderen Tag war seine Stimmung umgeschlagen. Er sagte zum Vater, warum er ihm zürne, **so es doch alles wohl geraten.** Wieder war die Antwort des Vaters: **Du kennst das vierte Gebot nicht: ehre Vater und Mutter.** (TR IV, 4574)

Im Kloster war Luther Lernender und Lehrender zugleich. Er studierte Theologie, vertiefte sich bis tief in die Nacht in die Lektüre der Bibel und der Kirchenväter. Als Magister hielt er philosophische Vorlesungen im Grundstudium der «Artes liberales». Die Belastung mit Studium, Lehre und Seelsorge machte ihm zu schaffen. Er kam mit den Stundengebeten in Verzug: **Dann sammelte ich meine Horen** (Gebete) **oft eine ganze Woche bis auf den Sonnabend, je zwei oder drei Wochen, dass ich mich (dann) je drei ganze Tage einsperrte und nichts aß und trank, bis ich ausgebetet hatte.** Der Druck führte zu psychischen Störungen: **Da war mir der Kopf so toll davon, dass ich in fünf Nächten kein Auge zutat und darniederlag bis auf den Tod und kam von Sinnen. Wenn ich mich aber schnell wieder erholte, wenn ich wollt lesen, da ging mir der Kopf um.** (TR I, 495) Dass er als geistlicher Bruder etwas «Besseres» war, neideten ihm die Laienbrüder. Dabei blieben ihm die Niederungen des Mönchseins nicht erspart: Obwohl bereits Magister, musste er auf den Straßen um Käse betteln und im Kloster die Latrine reinigen. Die Universität Erfurt intervenierte. Aber nur wenige Ordensbrüder hatten Mitleid. Die meisten riefen: **Nicht viel Studierens! Den Bettelsack auf den Rücken und durch die Stadt!** Noch in Wittenberg und bereits Doktor, musste er das Kloster anheizen (TR V, 5375).

Luther fiel auf durch theologische Gelehrtheit, Wortgewandtheit und Geschick im Umgang mit Menschen. Im Winter 1508 wurde ihm für ein Semester die Vertretung des Lehrstuhls für Moralphilosophie an der Universität Wittenberg übertragen. Von

Erfurt reiste er im November 1510 in einer Ordensmission nach Rom. Nach der Rückkehr wurde er im Herbst 1511 endgültig nach Wittenberg versetzt. Sein Mentor Johann von Staupitz übertrug ihm seine Bibelprofessur.

Im Oktober 1512 promovierte er zum Doktor der Theologie. Wenn man ihm glauben darf, mit Widerstreben: **Ich … Doktor Martinus bin dazu berufen, dass ich musste Doktor werden, ohne meinen Dank** (gegen meinen Willen), **aus lauter Gehorsam, da habe ich das Doktoramt müssen annehmen und meiner allerliebsten Heiligen Schrift schwören und geloben, sie treulich und lauter zu predigen und lehren.** (WA 30, 3) In Erfurt nahm man ihm den Wechsel nach Wittenberg übel. Doch rasch wurde er an der jungen Universität zum Starprofessor, mit vielbeachteten Vorlesungen über das Buch Genesis, die Psalmen, den Römer- und den Galaterbrief. Zusätzlich wurden ihm Leitungsaufgaben im Orden übertragen. Ihm unterstanden die Augustinerkonvente in Sachsen und Thüringen. 1516 besuchte er sie auf einer Visitationsreise. Staupitz erleichterte ihm das strenge Mönchsleben durch Erlass der Nachtgebete (Matutinen) und besorgte ihm einen Famulus. In den Tischreden rechnete Luther später scharf mit dem Klosterleben ab: **Wehre dich bei Leib und Leben, dass man Klöster nicht anrichte! Denn es ist die Hölle … Klöster und Zölibat wollten wir nicht halten. Das glaubt jetzt niemand, dass ein solcher Jammer in Klöstern gewesen ist.** (TR V, 5375)

Die Romreise

Luther war im Kloster **der Welt abgeschieden.** Erst nach fünf Jahren kam er wieder mit ihr in Berührung. Im Herbst 1510 brach er, von einem Mitbruder begleitet, nach Rom auf. Es war keine Wallfahrt, sondern eine Dienstreise. In der Heiligen Stadt sollte interner Streit der Augustinereremiten geschlichtet werden. Die beiden Mönche machten sich mit 10 Goldgulden Zehrgeld zu Fuß auf den Weg. Sie gingen nicht nebeneinander, sondern hintereinander, der Ordensregel entsprechend, schweigend und mit niedergeschlagenen Augen. Trotzdem beobachtete Luther mit wachen Sinnen das bunte Leben auf den Landstraßen. Übernachtet wurde, wenn möglich, in Niederlassungen des Ordens. Über Nürnberg ging es nach Ulm. Das Münster war ihm, ähnlich wie die Peterskirche in Rom und der Kölner Dom, zu weiträumig und **ungeeignet für die Predigt ... Feine mäßige Kirchen mit niedrigen Gewölben sind die besten für die Prediger und Zuhörer.** (TR III, 3781) Für die Majestät der Alpen fehlte ihm der Blick. Die Bergwelt erschien ihm bedrohlich und feindlich, wie damals den meisten Menschen. Petrarca, der den Mont Ventoux in Südfrankreich bestieg, und Leonardo da Vinci, der im Monte-Rosa-Gebiet unterwegs war, waren Ausnahmen. Wie erhaben und schön das Gebirge ist, wurde erst gut zweihundert Jahre später entdeckt. Albrecht von Haller rühmte es in seinem Gedicht *Die Alpen*, Goethe inspirierte es zu seinen Schweizer Reisen.

Nach Luther war die Schweiz ein unfruchtbarer Landstrich (TR III, 3621). Doch die Wege seien gut und sicher. Ins Auge fiel, wie solide die Häuser gebaut waren. Über den Septimerpass, bis heute ein Fußpfad, erreichten die beiden Mönche Oberitalien. Die Lombardei pries Luther als **fruchtbarstes Land in Europa,** durchzogen vom Po als dem lieblichsten aller Flüsse: **Die Ernten hier sind üppig, man braucht nicht nachzurechnen, ob sie ausreichen, wir Deutschen müssen zählen, wie viel Scheffel Gerste und Liter Bier das Jahr abwirft.** (TR IV, 4573; TR V, 6142) Erstmals im Leben sah er Zitronenbäume. Ihr Holz war als Heilmittel gegen Schlangenbisse geschätzt. Später machte er daraus eine Metapher: Wie das Holz des Zitronenbaums helfe das wahre Evangelium gegen Bisse der Natter, also des Teufels. In Oberitalien erkrankte er an einem gefährlichen Fieber. Es rächte sich, so glaubte er, dass er nachts das Fenster offen ließ, denn so konnte die **pestilenzische italienische Luft ins Zimmer eindringen.** Doch Granatäpfel brachten wunderbare Heilung (TR IV, 4104).

Der Weg nach Rom führte über Mailand, Bologna und Florenz, aber bei Luther findet sich kein Wort über die Architektur und Kunst der Renaissancestädte. Mailand sei **eine wohlhabende Stadt, die jährlich eine Million Gulden einbringt.** Als Zankapfel der politischen Mächte gleiche sie einer **Hadermetze,** einem streitsüchtigen Weib, um das sich die Bewerber schlügen. In St. Benedikt bei Padua lernte er die Üppigkeit des italienischen Klosterlebens kennen. Allein für Gastereien würden 12 000 Dukaten ausgegeben: **Ich, Martin Luther, wurde dort ehrenvoll aufgenommen.** (TR V, 6042) In Florenz lobte er das Findelhaus Ospedale degli Innocenti, **wo man die Kinder aufs allerbeste behaust, nährt, unterweist. Sie schmücken sie alle mit ein und derselben Kleidung und versorgen sie aufs väterlichste.** Stets hatte Luther ein Herz für Kinder. Im Krankenhaus des Klosters Santissima Annunziata bewunderte er den hohen Standard der Patientenversorgung: **Königliche Häuser, Speise und Trank aufs Beste, die sorgfältigsten Pfleger, hochgelehrte Ärzte. Wenn ein Kranker hinzukommt, so zieht man ihm zunächst seine Kleider aus, und die werden in Gegenwart eines Notars wohl verwahrt. Dann zieht man ihm einen weißen Kittel an, legt ihn in ein schön gemachtes Bett und in reine Tücher. Alsdann kommen zwei Ärzte. Diener bringen Speise und Trank in reinlichstem Glasgeschirr, wobei sie sie nicht mit einem kleinen Finger berühren, sondern auf einem Teller tragen.** (TR IV, 3940) Von solcher Hygiene war man in Deutschland damals weit entfernt.

Ablass und Reliquien in der Ewigen Stadt

Regen und Schnee behinderten die Winterreise. Nach zwei Monaten kam Luther schließlich Ende 1510 in Rom an. Beim Anblick der Ewigen Stadt soll er auf die Knie gefallen sein mit den Worten: **Salve, Sancta Roma – sei mir gegrüßt Heiliges Rom!** (Zit. nach Michels) Über die Milvische Brücke, die an den Sieg des Christentums unter Kaiser Konstantin erinnert, betrat er die Hauptstadt der Christenheit, mit rund 40 000 Einwohnern nur doppelt so groß wie Erfurt. Sie machte einen wenig ansehnlichen Eindruck. Die antike Stadt, er nannte sie **Rattennest** oder **Leichnam,** lag in Trümmern; weit erstreckten sich Ruinenfelder und Weideflächen. Der 1506 begonnene Neubau der Peterskirche war eine einzige Baustelle. Luther ahnte nicht, dass die Finanzierung des gewaltigen Bauvorhabens mit dem Peterskirchenablass wenige Jahre später die Reformation auslösen würde.

Da sich die Verhandlungen über die Ordensprobleme hinzogen, hatte Luther viel Zeit. Er absolvierte das Pflichtprogramm der Romwallfahrer, wie es der gedruckte Reiseführer über die *Mirabilia urbis Romae* (Wunderlichkeiten der Stadt Rom) vorsah: vor allem die sieben Hauptkirchen mit ihren unzähligen Reliquien; in der Lateranbasilika das Grab des Apostels Johannes, Teile des brennenden Dornbuschs, in dem Gott Moses erschienen war, der Tisch, an dem Judas die 30 Silberlinge ausgezahlt wurden; in San Paolo fuori le Mura das Grab des heiligen Paulus sowie die Ketten, mit denen er während seiner römischen Gefangenschaft gefesselt war; in San Sebastiano alle Catacombe ein Stein, in dem die Füße Christi bei der letzten Begegnung mit Petrus ihre Spuren hinterlassen hatten … Er sah auch das Grab des heiligen Petrus, wegen der Bauarbeiten an der Peterskirche war es nur provisorisch abgedeckt. Eifrig besuchte er die

Gnadenstätten und erwarb Ablass. Die Generalbeichte über sein ganzes Leben sollte sein Gewissen erleichtern, und den kurz zuvor verstorbenen Großvater wollte er aus dem Fegefeuer erlösen. Dazu rutschte er auf Knien die Scala Santa hinauf, die Treppe, auf der in Jerusalem Christus zum Haus des Pilatus gestiegen sei. Auf jeder der 28 Stufen betete er ein Vaterunser.

Luther war in Rom hautnah mit den Missständen der Kirche konfrontiert, mit Auswüchsen des Heiligenkultes, Missbrauch des Ablasses, Pfründen- und Ämterschacher, Vetternwirtschaft und Sittenverfall. Dennoch ist von ihm keinerlei Kritik unter dem unmittelbaren Eindruck der Reise überliefert. Er schwieg aus Loyalität zur Kirche, der er damals noch treu ergeben war. Erst Jahre später äußerte er Selbstkritik und Zweifel: Er sei **wie ein toller Heiliger durch alle Kirchen und Klüfte** (Gräber und Katakomben der Märtyrer) **gelaufen … Bei St. Calixt sind die Leichname von 176000 Märtyrern und von 45 Päpsten begraben. Den Ort nennen sie Krypta, die Höhle. In einer Gasse** (Vicus Papessa) **habe ich ein steinernes Monument gesehen des Papstes, der eine Frau war und ein Kind an dieser Stelle geboren hat. Den Stein habe ich gesehen und wundere mich, dass die Päpste es ertragen können.** (TR V, 6447) Gemeint ist die angebliche Päpstin Johanna (Agnes). Alles habe er geglaubt. Doch das war **erstunken und erlogen, als da sind der Strick, daran sich Judas erhangen, oder der Stein, in den St. Peter eine tiefe Rinne geweint habe, nachdem er Christus verleugnete.** Sein Resümee: **Wer nach Rom kam und brachte Geld, der kriegte die Vergebung der Sünden. Ich, als ein Narr, trug auch Zwiebeln nach Rom und brachte Knoblauch wieder** – ein schlechtes Geschäft, kein Gewinn, sondern Verlust. In einer Predigt von 1545 erinnerte er sich, wie er die Heilige Treppe emporgestiegen war: **Als ich aber an die Spitze gelangte, kam mir der Gedanke: wer weiß, ob es wahr ist?**

Als Reformator übte Luther schärfste Romkritik: **Rom, einst** die heiligste Stadt, ist jetzt die schlimmste geworden. (TR IV, 4391) **Wenn es eine Hölle gibt, so steht Rom darauf.** (TR II, 1612) Die Oberflächlichkeit der römischen Priester stieß ihn ab. Sie könnten **so sicher und so fein rips raps Messe lesen, als trieben sie ein Gaukelspiel.** Wenn er selber Messe las, habe man ihm zugerufen: **Passa, passa, mach schnell!** Heftig prangerte er die Sittenlosigkeit der Renaissancepäpste an: **Unter Julius II. war die Unzucht und Hurerei maßlos.** (TR IV, 3201) So abstoßend sie auch waren, nicht **um hundert Tausend Gulden** wollte er auf seine Erlebnisse und Erfahrungen in Rom verzichten. **Ich hätte nicht geglaubt, wie groß dort die Gottlosigkeit und Bosheit ist, wenn ich es nicht gesehen hätte.** (TR IV, 4391; TR III, 3582 a)

3. «Durch den Glauben neu geboren»

Der Mann mit dem stechenden Blick

Luther beeindruckte durch seine äußere Erscheinung. Der Humanist Petrus Mosellanus erlebte ihn bei der Leipziger Disputation von 1519, bei der er die Eröffnungsrede hielt: «Martinus ist nur mittelgroß, hager und von Sorgen ebenso wie von vielem Studieren so ausgemergelt, dass man in der Nähe alle Knochen am Leib zählen kann. Aber er steht noch im frischen Mannesalter. Seine Stimme klingt hell und klar.» Das war noch ganz der Mönch Luther, gezeichnet vom Klosterleben mit Fasten, Kasteien, schlaflosen Nächten, Anfechtungen, Seelenqual und Ringen um den gnädigen Gott. Der Luther mit kantigem Gesicht und Tonsur, wie ihn Cranachs Kupferstich von 1520 zeigt (siehe Abbildung auf Seite 8). Als er zwei Jahre später inkognito von der Wartburg nach Wittenberg aufbrach, begegneten ihm in Jena Schweizer Studenten, unter ihnen Johannes Kessler aus St. Gallen. Wie dieser später in seiner *Chronik Sabbata* berichtete, beeindruckte Luther durch seinen aufrechten Gang, den Kopf mehr nach hinten als nach vorn geneigt, das Antlitz gegen den Himmel gerichtet, mit tiefen schwarzen Augen, die so blitzten («blintzend und zwitzerlend»), dass man ihnen nicht lange standhalten konnte.

Luther, der Aufrechte. Der Mann mit dem stechenden Blick. Nie gelang es Cranach, der ihn so oft porträtierte, eine Idee von seinem durchdringenden Blick zu geben, kritisierte der Kultur-

historiker Jacob Burckhardt. Kessler bemerkte beim Reformator
auch eine «ziemliche Feiste», einen ersten Ansatz zur Korpulenz.
Der Bewegungsmangel und die gute Kost auf der Wartburg hatten Spuren hinterlassen. Die Wandlung vom Mönch zum Reformator lässt sich an der Kleidung ablesen. Für seine Predigt am
9. Oktober 1524 legte er die Mönchskutte ab, erstmals trug er die
«Schaube». Der dunkle, lange gürtellose Überrock verlieh Würde
und Unnahbarkeit. Die Denkmäler des 19. Jahrhunderts zeigen
ihn in dem faltenreichen Gewand. Die Schaube wurde zur Amts-
kleidung der evangelischen Geistlichen.

Luthers neues Glaubensverständnis

Als Mönch hielt Luther sich streng an die Gelübde von Armut,
Gehorsam und Keuschheit. Er betete, meditierte, kasteite sich
und schaute keine Frau an. Und doch fand er keine innere Ruhe,
sondern litt unter Depression und Seelenqual. Er fühlte sich
klein, minderwertig und schuldig vor Gott. Später bekannte er:
**Ich hatte furchtbare Angst vor dem Jüngsten Tag und begehrte
doch von Herzensgrund selig zu werden.** (*Rückblick 1545*) Luther,
der Zweifler und Sucher. In der Einsamkeit des Wittenberger Augustinerklosters quälte ihn, in Tagen, Nächten und Jahren, die
bohrende Frage: **Wie bekomme ich einen gnädigen Gott?** (TR I,
122) Die Antwort ging ihm 1516 (eventuell schon eher) einer Erleuchtung gleich im «Turmerlebnis» auf, benannt nach der nicht
mehr erhaltenen Turmstube des Klosters: **Diese Kunst hat mir
der Heilig Geist auf diesem Turm eingegeben,** oder gar: **auf
dieser Cloaca auf dem Turm.** (TR III, 3232 a–c) Das Klo als Ge-
burtsort der Reformation? Die Turmstube nannte er später sein
armes Stüblein, daraus ich doch das Papsttum gestürmt habe
(TR II, 2540 a). Nach Jahrzehnten erinnerte er sich: **Endlich ach-**

tete ich in Tag und Nacht währendem Nachsinnen durch Gottes Erbarmen auf die Verbindung der Worte, nämlich «Die Gerechtigkeit Gottes wird ihm offenbart, wie geschrieben steht (Hab. 1,4): Der Gerechte lebt aus dem Glauben.» Da habe ich angefangen, die Gerechtigkeit Gottes so zu begreifen, dass der Gerechte durch sie als durch Gottes Geschenk lebt, nämlich aus Glauben. Nun fühlte ich mich ganz und gar neugeboren und durch offene Pforten in das Paradies selbst eingetreten. (*Rückblick 1545*)

Durch den Glauben neu geboren. An die Stelle von Düsternis und Verzweiflung traten Licht und Hoffnung. Statt Gottverlassenheit spürte er Gottes Nähe. Nicht durch äußerliche Werke, fromme Stiftungen und Wallfahrten oder Ablass und Geld, sondern allein durch den Glauben, die Gnade und das Evangelium kann der Mensch vor Gott bestehen. Die Reformation war geboren. Mit den drei Säulen: Sola fide, Sola gratia und Sola scriptura. Unerschütterlich war Luthers Vertrauen in das Evangelium: **Ich hab ein Weib, drei Kinder und um 200 Gulden Becher, aber das alles will ich lassen, ehe ich auf das Wort Gottes im geringsten verzichten würde.** (TR II, 1527) Es gab ihm Kraft und Orientierung: **Ich wünsche ohne Gotteswort nicht im Paradies zu leben, und mit dem Gotteswort ist es mir leicht, selbst in der Hölle zu leben.** (TR V, 5862) Die Verkündung der reformatorischen Botschaft wurde zur Berufung: **Himmlischer Vater, ich danke dir, dass du mich erweckt hast, dass ich den Teufel, Papst und Türken und die ganze Welt angegriffen und erzürnt habe. Hilf mir weiter und lass mich nicht sinken.** (TR III, 3448)

Luther, der Erweckte, Abgesandter Gottes im Dienst der reinen und wahren Lehre. Gottvertrauen und der Glaube an seine göttliche Mission gaben ihm Selbstvertrauen, wie Petrus Mosellanus 1519 beobachtete, war «er stets sicher und freudig, wie arg ihn auch seine Widersacher bedrohen mögen».

Kampf gegen den Ablass

Bis 1517 war Luther ein ergebener Anhänger des Papstes. Er bekannte später: **Ich war damals ... ein Mönch und ein ganz unsinniger Papist, so trunken von den Lehren des Papstes, ja ertrunken in ihnen, dass ich ganz und gar bereit gewesen wäre, womöglich jeden zu ermorden, der ... dem Gehorsam gegenüber dem Papst Abbruch tat ... Solch ein Saulus war ich damals.** (*Rückblick 1545*) Im Nachhinein kritisierte er seine Gutgläubigkeit: **Die Irrtümer des Papstes vor der Zeit des Evangeliums waren ungeheuerlich und trotzdem haben wir sie angebetet** – «Heiltümer» wie die Hosen des heiligen Josef oder das Unterkleid des heiligen Franziskus (TR V, 6466). Grenzenlos war die Geldgier der Kurie: **Papa hat alles zu Geld gemacht: Gott, die Heiligen, die Gnade etc.** (TR V, 5460)

Durch Einführung des Jubeljahres, verbunden mit Ablass, konnte die Kurie ihre Einkünfte immens steigern. Der Papst verkürzte die Intervalle von hundert auf fünfzig und schließlich auf fünfundzwanzig Jahre **aus Geldgier. Danach schufen sie das Jubeljahr in Aachen, da schneite es Geld.** (TR III, 3597b)

Mit der Kritik am Ablass wollte er sich als gehorsamer Diener des Papstes erweisen: **Ich war mir ganz gewiss, in diesen Dingen einen Schutz beim Papst zu haben, auf den ich damals mit Zuversicht vertraute.** (*Rückblick 1545*) 1517 verkaufte der Dominikanermönch Johannes Tetzel Ablassbriefe vor den Toren von Wittenberg, in der Stadt Jüterbog. Sie gehörte als Exklave zum Hochstift Magdeburg des Erzbischofs Albrecht von Mainz. Tetzel durfte in Kursachsen nicht auftreten. Doch die Leute liefen ihm aus Wittenberg in Scharen zu. Kurfürst Friedrich dem Weisen war das ein Dorn im Auge, für die Verehrung seiner Reliquiensammlung ließ er selbst Ablass gewähren. Konkurrenz sah er nicht gern, zumal Tetzel Routine im Ablasshandel hatte. «Wenn das Geld im Kasten klingt, die Seele aus dem Fegfeuer springt», war sein reißerischer Slogan. Derb rühmte er die Kraft seines Ablasses: **Tetzel machte es so grob, dass man's musste greifen** (angreifen). **Er lehrte, der Ablass wäre die Versöhnung zwischen Gott und Mensch … der Ablass sei so stark, dass selbst einer, der die Jungfrau Maria geschwängert habe, Vergebung finde. Er versprach auch Vergebung der Sünden in der Zukunft.** (TR V, 6201) Der Ablasshandel setzte auf die Ängste der Menschen vor dem Jüngsten Gericht, vor Fegfeuer und Höllenpein. Durch Ablass wollten sie ihr Gewissen beruhigen. Mit Brief und Siegel wurde ihnen urkundlich Erlösung garantiert. Seelenheil gegen klingende Münze, ein lukratives Schachergeschäft der Kirche. Noch heute existieren mehrere Geldtruhen, die angeblich von Tetzel stammen («Tetzelkästen»). Nach kirchlichem Verständnis bedeutete Ablass den Nachlass zeitlicher Sündenstrafen, nicht aber der Sünden selbst. Eine Sündenstrafe im Diesseits war zum Beispiel der Ausschluss vom Sakramentsempfang. Gefürchtet war das Fegfeuer im Jenseits. Ablass konnte Verstorbene davon erlösen. Möglich waren Ablässe, weil Christus und die Heiligen durch ihr Wirken einen «Gnadenschatz» angesammelt hätten. Wer daran teilhaben wolle, müsse fromme Werke tun, Gebete, Wallfahrten oder Pilgerreisen. Am Vorabend der Reformation war dies zum reinen Geldgeschäft entartet.

Seelenheil durch äußere Werke – das lehnte Luther seit dem «Turmerlebnis» entschieden ab. Nur durch den Glauben konnte der Mensch Gnade erlangen. Den Entschluss, gegen den Ablass einzuschreiten, fasste er nach eigenem Bekunden nach (in Wahrheit vor) Allerheiligen 1517 zu Fuß auf dem Weg nach Kemberg nahe Wittenberg. Der Jurist Hieronymus Schürff, der ihn begleitete, warnte: «Wollt ihr gegen den Papst schreiben? Was wollt ihr machen? Man wird's nicht leiden.» **Ich sagte: Wie wenn man's**

muss leiden? (TR III,3722) Konsequent trat er Tetzels Ablassgeschäft entgegen: **Im Jahr 1517 wurden in unserer Gegend Ablässe
verkauft ... um des schändlichen Gewinnes willen! Ich, damals
Prediger und ein junger Doktor der Theologie ... begann den
Leuten abzuraten und ermahnte sie, dem lauten Geschrei der Ab-
lasskrämer keine Beachtung zu schenken ... Ich war mir ganz gewiss, in diesen Dingen einen Schutz beim Papst zu haben ...
gleich schrieb ich zwei Briefe** (an die Oberhirten) **und bat, der
Schamlosigkeit der Ablasshändler Einhalt zu tun. Aber das arme
Mönchlein verachtete man nur. Da ich das merkte, veröffentlichte
ich den Zettel mit den Streitsätzen.** (*Rückblick 1545*) Die Streit-
sätze waren die 95 Thesen. Er verfasste sie als Seelsorger und als
theologische Autorität der Universität. Sie enthielten eine scharfe
Absage an den Ablass: **Daher irren alle die Ablassprediger, die da
sagen, dass durch des Papstes Ablass der Mensch von aller Strafe
los und selig werde.** (These 21) Stattdessen gilt: **Ein jeder Christ,
der wahre Reue empfindet über seine Sünden, hat völlige Vergebung von Strafe und Schuld, die ihm auch ohne Ablassbriefe gehört.** (These 36) Und schließlich: **Der wahre Schatz der Kirche ist
aber das heilige Evangelium der Herrlichkeit und Gnade Gottes.**
(These 62)

Luther, bis dahin treuer Diener der Kirche, fiel der Protest ge-
gen den Ablass nicht leicht: **Ich fiel auf die Knie und betete zu
Gott, dass er mir beistehe ... ich schrieb zwei Bittbriefe an den
Bischof von Brandenburg und den Erzbischof von Mainz mit der
Androhung, wenn sie dieses Übel nicht beseitigen, werde ich dagegen schreiben.** (TR V, 6431) Den Briefen fügte er Abschriften
der Thesen bei. Die Bischöfe gaben sein Schreiben Tetzel zur
Kenntnis. Dann schickten sie die Briefe an Luther zurück. Der
Abt von Kloster Lehnin befahl Luther Schweigen. Eine Antwort
der Oberhirten blieb aus. Was Luther nicht wusste: Der Erz-
bischof war Nutznießer eines kirchlichen Geldgeschäftes im

großen Stil und mit System. Tetzel und die Ablassprediger waren die Handlanger. Albrecht hatte zunächst das Erzbistum Magdeburg und das Bistum Halberstadt inne, 1514 wurde er außerdem Erzbischof von Mainz. Die Ämterhäufung war nach kanonischem Recht verboten. Doch der Kirchenfürst erhielt von der Kurie eine Ausnahmeregelung, Dispens gegen hohe Gebühren. Das Bankhaus Fugger lieh ihm dafür 30 000 Gulden. Zur Abzahlung nutzte er den Jubiläumsablass zum Neubau der Peterskirche in Rom, den er in seinen Bistümern verkaufen ließ. Für Papst und Erzbischof war es eine «Win-Win»-Situation. Die Hälfte der Ablassgelder ging nach Rom, die andere an Albrecht und die Ablassprediger.

Mit den Thesen machte sich Luther deshalb in der Kirche alles andere als beliebt. Seine Ablasskritik hatte er zunächst intern unter Einhaltung des «Dienstwegs» geübt. Erst als sie ohne Echo blieb, ging er an die Öffentlichkeit. Er lud, wie an Universitäten üblich, zu einer Disputation über die Thesen ein. Das Streitgespräch kam aber nicht zustande. Die Thesen gelangten an Freunde, wurden ins Deutsche übersetzt und in Wittenberg, Nürnberg und Basel gedruckt. Unter das Volk kamen sie, knapp zusammengefasst, im *Sermon von Ablass und Gnade* vom März 1518. Die Schrift wurde 25-mal nachgedruckt mit einer Gesamtauflage von über 25 000 Exemplaren. Die Thesen, erinnerte sich Luther später, durchliefen Deutschland, **als seien die Engel selbst Botenläufer gewesen.** Auf einen Schlag trat er ins Rampenlicht der Öffentlichkeit, fand begeisterte Zustimmung, aber auch scharfe Ablehnung: **Das hieß nun den Himmel stürmen und die Welt in Brand setzen. Man verklagt mich beim Papst und zitiert mich nach Rom: gegen mich, einen einzelnen Mann erhebt sich die ganze Macht des Papsttums.** (*Rückblick 1545*) Ein gewaltiger Druck lastete auf ihm. Bischof Schulz von Brandenburg warnte: «Doktor, ich habe euch gesagt, dass ihr still steht; ihr werdet euch zu schaffen machen, es trifft die heilige Kirche an.» Luther hielt dagegen: **Ich mein, ich hab mir zu schaffen gemacht. Ich, einst der Stillste, habe mir den Hass der ganzen Welt zugezogen.** (TR II, 2474) Aber er war auch von einer Woge der Sympathie getragen.

Der Thesenanschlag fand nicht statt

Am 31. Oktober 1517 hat Luther seine 95 Thesen an die Tür der Schlosskirche in Wittenberg angeschlagen. Bis heute lernt man dies in der Schule oder im Konfirmandenunterricht. Heinrich Boehmer, evangelischer Kirchenhistoriker, wusste es um 1900 noch genauer. Am Reformationstag sei Luther kurz vor 12 Uhr vom Schwarzen Kloster zur etwa eine Viertelstunde entfernten Schlosskirche gegangen. Dort habe er an der nördlichen Eingangstür das Plakat mit den 95 Thesen angeschlagen. Boehmers Kollege, Otto Schulze, kommentierte im Kriegsjahr 1917 die Hammerschläge: «Licht, Sonne, ein neuer Frühling war dem deutschen Volk aufgegangen.» Gott habe «unsere Wiedergeburt, die Reformation der deutschen Kirche und des deutschen Glaubens geschenkt».

Der Thesenanschlag, eine urdeutsche Tat, Akt deutscher Kraft und Größe. 1540 berichtete Luther in der Rückschau: **Durch solche gottlosen Reden** (Tetzels) **bewegt, begann der Doktor dem Volk abzuraten von den Ablässen und disputierte zu Hause mit sich selbst, befragte die Bücher, konsultierte die Rechtsgelehrten, aber sah nichts Vernünftiges, nichts Sicheres in den Ablässen. Deshalb verfasste er die Thesen.** (TR V, 5349) Über einen Anschlag dieser Thesen an die Schlosskirchentür von Wittenberg findet sich jedoch kein einziges Wort. Dabei liebte Luther demonstrative Auftritte und sprach gern darüber.

Erstmals erwähnt ist der Thesenanschlag 1544 in einer Notiz von Luthers Sekretär Georg Rörer: «Am Vorabend des Allerheiligenfestes im Jahre des Herrn 1517 sind von Dr. Martin Luther Thesen gegen den Ablass an die Türen der Wittenberger Kirchen angeschlagen worden». Rörer war aber kein Augenzeuge, 1517 war er nicht in Wittenberg. Die zweite Nachricht stammt von Melanchthon. 1546, nach Luthers Tod, behauptete er: «Et has (propositiones) publice Templo quod arci Witenbergensi contiguum est, affixit pridie festi omnium sanctorum anno 1517 – Und diese Thesen schlug er öffentlich an die Schlosskirche von Wittenberg am Vorabend des Festes Allerheiligen im Jahr 1517.» Melanchthon war ebenfalls ein unsicherer Gewährsmann, erst 1518 kam er nach Wittenberg. Anschlag an die Türen der Wittenberger Kirchen oder nur an die Schlosskirchentür? Die Angaben der selbsternannten Gewährsmänner widersprachen sich.

Doch die Legende von den Hammerschlägen war geboren. Zu Lebzeiten hatte sich Luther immer wieder mit PR-Aktionen ins Licht gesetzt. Folglich musste, so waren sich Rörer und Melanchthon sicher, auch die Reformation spektakulär begonnen haben. Der von Luther nie bezeugte Thesenanschlag verfestigte sich über die Jahrhunderte zur unumstößlichen Wahrheit. Erst auf dem Berliner Historikertag 1964 kam er auf den Prüfstand. Der evangelische Kirchenhistoriker Hans Volz wollte ihn auf den 1. November 1517 verlegen. Sein Kollege Kurt Aland hielt am 31. Oktober fest. Dagegen behauptete der katholische Kirchenhistoriker Erwin Iserloh mit fundierter Begründung: Der Thesenanschlag fand nicht statt. Unter Einhaltung des Dienstwegs habe Luther zunächst Briefe mit den Thesen an Erzbischof Albrecht von Mainz und an den Bischof von Brandenburg geschickt. Erst als seine berechtigte Kritik kein Echo fand, habe er die Thesen öffentlich gemacht und zur Diskussion gestellt. So sei er ohne Absicht zum Reformator geworden. Iserloh wurde auf evangelischer Seite heftig widersprochen. Ausgerechnet durch einen katholischen Forscher wurde das altvertraute Bild vom kraftvoll den Hammer schwingenden Reformator zerstört.

Der Thesenanschlag ist historisch nicht durch authentische Quellen belegt. Trotzdem kann sich die evangelische Kirche nicht von der Geschichtslegende verabschieden. Hammerschläge, die es nie gab, hallen bis heute nach. Unbekümmert verkündete die Evangelische Kirche in Deutschland (EKD): «Am 31. Oktober ist Reformationstag, bald können wir das 500-jährige Jubiläum des Wittenberger Thesenanschlags feiern» (*Chrismon-Spezial* zum 31. Oktober 2012). Ständig werden neue spitzfindige Argumente gesucht, um den Anschlag an der Wittenberger Schlosskirchentür zu retten.

Aus Luthers Ablasskritik erwuchs die bis heute schmerzlich empfundene Glaubensspaltung. Beide Parteien trugen das Ihre dazu bei. Die von den Protestanten gegen alle historische Einsicht verteidigten Hammerschläge suggerieren, dass Luther von vornherein, jäh und mit Vorsatz, die Trennung von der Kirche betrieb. Versagt hat 1517 die katholische Kirche. Durch das Schweigen der Oberhirten auf seinen Protest gegen den Ablassmissbrauch fühlte sich Luther aus der Kirche verdrängt, der er bis dahin treu gedient hatte. Seine Ausgrenzung wurde wenig später durch den Kirchenbann besiegelt. Fünfhundert Jahre nach dem Schicksalsjahr 1517 ist über die ökumenische Annäherung hinaus eine Versöhnung der Konfessionen überfällig. Durch ein Abrücken vom Thesenanschlag würde sie erleichtert: Luther ohne Hammer wäre ein Reformator «ohne die Körperhaltung des Spalters» (Erwin Iserloh). Der Papst dagegen sollte den anachronistischen Bann über Luther aufheben, auch wenn dies nach Kirchenrecht für Verstorbene nicht vorgesehen ist. Das wäre ein Signal der Versöhnung.

Wittenberg – Rom der Protestanten

Um 1500 kannte kaum jemand im Reich Wittenberg. Für einen Kollegen Luthers war es ein Ort «am Rand der Zivilisation» (TR III, 3433). Doch seit 1517 wurde die kleine Landstadt mit gerade einmal 2000 Einwohnern zum Brennpunkt europäischer Geschichte. Als Luther seine Thesen veröffentlichte, war die Stadt plötzlich in aller Munde und wurde zur Geburtsstätte der Reformation. «Rom der Protestanten» wurde sie genannt. Ihre Anfänge waren eher unbedeutend. Am rechten Ufer der Elbe in einer weiten Aue wurde im 12. Jahrhundert zur Sicherung der deutschen Herrschaft gegen die Slawen eine Burg errichtet. Noch zu Luthers Zeit lebten vor den Toren von Wittenberg die ihm verhassten «Wenden». Die Burgsiedlung erhielt 1293 Stadtrecht. Die Lage an der Elbe war bedrohlich: **Die Elbe ist wegen des Sandes, den sie mit sich führt, ein unbeständiger und schmaler Fluss.** (TR IV, 4125) Alljährlich gab es gefährliches Hochwasser, Hütten und Baumstämme wurden angeschwemmt. Luther deutete es als Gottes Strafe für Unglaube, Undank und Geiz: **Es wäre kein Wunder, wenn sie** (die Elbe) **zu Schwefel und Feuer würde.** (TR IV, 4464) Seit 1423 war Wittenberg eine der Residenzen der sächsischen Kurfürsten aus dem Haus der Wettiner. Streitigkeiten der gemeinsam regierenden Brüder Ernst und Albrecht führten 1485 zur Landesteilung: Die albertinische Linie herrschte fortan im Gebiet um Meißen, Dresden, Freiberg und Leipzig; die ernestinische Linie im Wittenberger Land und in Teilen von Thüringen. Die Kurwürde erhielt der Ernestiner Herzog Friedrich III., der Weise. Er baute Wittenberg zur Residenz aus, mit neuer Elbbrücke (1487), Schloss (1489) und Schlosskirche (1496). Luther liebte sie übrigens wenig: **Sie ist sehr winkelig und man kann dort schlecht predigen.** (TR II, 1702) 1502 gründete der Lan-

desherr die Universität. Sie machte bald der fast ein Jahrhundert
älteren Universität Leipzig im Territorium seines albertinischen
Vetters Herzog Georg Konkurrenz.

1511 wurde Luther an die neue Hochschule berufen, 1518
folgte ihm Melanchthon. Studenten strömten in die abgelegene
Stadt. Kurfürst Friedrich der Weise holte Gelehrte, Drucker und
Künstler nach Wittenberg. Lucas Cranach der Ältere wurde Hof-
maler und als Künstler Botschafter der Reformation, zum Beispiel mit dem Altar der Wittenberger Stadtkirche. Er zeigt Luther
bei der Predigt und Melanchthon bei der Taufe. In der Cranach-
Werkstatt entstanden zahllose Lutherporträts, aber der Künstler
arbeitete als versierter Geschäftsmann ebenso für die Gegner der
Reformation. Er war ein früher «Allrounder», betrieb eine Druckerei, eine Apotheke und sogar Weinhandel. Zeitweilig war er
auch Bürgermeister. In der Stadt entfaltete sich eine reiche Bür-
gerkultur. Das großzügige Rathaus (1523), Renaissancehäuser
und die Cranachhöfe zeugen bis heute davon. Luther allerdings
genügte das nicht: **Es haben alle Kurfürsten ... viel darauf gewandt, noch will's nicht eine Stadt werden.** (TR IV, 4680)

Dass ausgerechnet das kleine Wittenberg zur Wiege des Protestantismus wurde, war Fügung: **Ich habe mich oft verwundert,
dass unser Gott sein Wort in die untreuen Wenden gen Wittenberg gegeben hat. Ich glaube, er habe es darum gen Jerusalem,
Wittenberg und die Gegend gegeben, damit er am Jüngsten Tag
aufzuräumen habe mit ihrer Undankbarkeit.** (TR II, 1847) Er
fürchtete, mit Wittenberg werde es ein schlimmes Ende nehmen:
**Wehe dir, liebes Wittenberg, in der ganzen Welt berühmt ... weil
Gott sein heiliges Wort durch mich Unwürdigen wieder ... hat er-
scheinen lassen ... Aber du hältst es nicht für nötig, Buße zu tun.**
(TR V, 6134) Stattdessen lebe die Stadt in Sünde, Völlerei, Hure-
rei und Wucher, deshalb drohe ihr Verfolgung und Vernichtung
(TR IV, 4681; TR V, 6134). Luthers Sorge war berechtigt. Die große

Zeit von Wittenberg endete bereits ein Jahr nach seinem Tod. Nur drei Jahrzehnte nachdem sie ins Licht der Geschichte gerückt war.

Im Schmalkaldischen Krieg zog Kaiser Karl V. 1547 in die Metropole der Reformation ein. In der Schlosskirche suchte er Luthers Grab auf; darum rankten sich später Legenden. Kurfürst Johann Friedrich I. von Sachsen musste sich bedingungslos dem Kaiser unterwerfen. Er verlor den größten Teil seines Landes und die Kurwürde. Sie fiel an seinen albertinischen Vetter Herzog Moritz von Sachsen. Im 17. Jahrhundert wurde die Wiege der Reformation in Verbindung gebracht mit Theologengezänk über die rechte Lehre. Dann fiel die Stadt in Vergessenheit, vollends als die Universität 1817 in preußischer Zeit mit der von Halle zusammengelegt wurde. Einen Abglanz des alten Ruhmes brachte die Lutherverherrlichung des 19. Jahrhunderts. 1760 war die Schlosskirche mitsamt der hölzernen Thesentür abgebrannt. König Friedrich Wilhelm IV. von Preußen stiftete 1858 eine neue Thesentür aus Bronze. Zum 400. Geburtstag des Reformators 1883 wurde die Kirche erneuert. Im Pogromjahr 1938 erhielt Wittenberg den offiziellen Beinamen «Lutherstadt». Wohl eine späte Huldigung der Nationalsozialisten an den Judenfeind Luther. An der Außenwand der Stadtkirche provoziert den Betrachter bis heute das Relief der mittelalterlichen «Judensau».

Der Beschützer: Friedrich der Weise

Die Reformation wurde zur Erfolgsgeschichte. Das verdankte sie nicht zuletzt Kurfürst Friedrich dem Weisen von Sachsen. Er wurde 1463 geboren und 1486 Regent von Kursachsen. Sein Bruder Johann «der Bedächtige» war Mitherrscher. Die beiden regierten in seltener Harmonie. Friedrich war höfisch und humanistisch gebildet, liebte Sprachen, Geschichte und Recht. Sein Hobby war das Drechseln. Er war integer und unbestechlich, abwägend, manchmal allzu zögerlich, aber diplomatisch geschickt und auf Ausgleich bedacht. Das brachte ihm den Beinamen «der Weise» ein. Luther spendete ihm höchstes Lob. Er sei klug und gewandt, hasse Pomp und Schein (TR IV, 4455). Seinen Räten hörte er mit geschlossenen Augen zu, dachte länger nach und traf dann kritisch und souverän seine Entscheidungen (TR II, 1934). Das Einzige, was Luther missfiel, war seine **Sanftmütigkeit, und wir hofften, dass ein noch besserer Fürst nachfolge** (TR I, 814). Doch die späteren Erfahrungen waren ernüchternd. Im Kolleg der sieben Kurfürsten hatte Friedrich Gewicht. Bei der Kaiserwahl von 1519 ging er aus dem ersten Wahlgang als Sieger hervor, nahm die Wahl aber nicht an. Damit machte er den Weg frei für den Habsburger Karl V., dem König Franz I. von Frankreich unterlag.

Vorbildlich regierte Friedrich sein Land. Luther rühmte ihn: **Ein einmaliges Geschenk ist ein guter und kluger Fürst, wie es Kurfürst Friedrich von Sachsen war, ein wahrer Vater des Vaterlands.** (TR III, 3287 c) Sprichwörtlich war seine Sparsamkeit: **Er sammelte ein mit Scheffeln und gab aus mit Löffeln.** (TR I, 653) So füllte er die Kornkammern. Mit umsichtiger Vorratshaltung beugte er Hungersnöten vor. Seine Bautätigkeit war rege, und dennoch hatte er Geld genug, **denn er war selber Schösser** (Steuerbeamter). Gastgelage bezahlte er aus der eigenen Schatulle – **so versah er sein Land mit einem gewaltigen Schatz** (TR III, 3287 c). Mit Frauen hatte er nicht viel zu schaffen, war unverheiratet, sittsam und keusch. Doch hatte er eine Bürgersfrau, die «Wantzlerinne» (wohl Anna Weller), zur Konkubine. Sie schenkte ihm drei Söhne und eine Tochter. Als ihm von seinem Adel geraten wurde, eine Herzogin von Jülich zu heiraten, sandte er seinen Vertrauten Staupitz aus, um die Braut in Augenschein zu nehmen. Dessen Fazit: «Sie reimt sich nicht zum Herzog» (TR IV, 4455). Siegessicher habe Friedrichs Lebensgefährtin erklärt: «Ich glaube nicht, dass er eine andere zur Frau nehmen wird, solange ich lebe.»

Friedrich schätzte Luther und bewunderte ihn wohl auch. Er finanzierte seine Promotion zum Doktor der Theologie: **Ist mein lieber Herr gewest und hat mich zum Doctor gemacht,** vermerkte Luther dankbar (WA, Briefe 12). Seine Berufung nach Wittenberg war für ihn ein Glücksfall. Mit vielbeachteten Vorlesungen füllte der wortgewandte junge Professor die Hörsäle der Universität und machte sie im Reich bekannt. Persönlich sind sich der Herzog und Luther nur selten, vielleicht nie begegnet. Sie standen aber im Briefwechsel. Religiös hielt Friedrich an der alten Kirche fest. Wie Kardinal Albrecht von Mainz war er ein leidenschaftlicher Reliquiensammler. Den Grundstock seines Reliquienschatzes hatte er 1493 bei einer Wallfahrt ins Heilige Land gelegt. Die Kostbarkeiten waren einmal im Jahr öffentlich für das Volk zugänglich, in Verbindung mit einem Ablass. In Tetzels Ablassgeschäft sah er eine unliebsame Konkurrenz, denn er fürchtete, dessen Machenschaften könnten den eigenen Ablass in Verruf bringen. Deshalb spricht einiges dafür, dass er Luther zum Einschreiten gegen Tetzel ermunterte. Luthers Ablasskritik ungeachtet, hielt er an seinen Reliquien fest. Und doch ebnete er der Reformation den Weg. Er wurde Luthers Beschützer: Als über ihn der Kirchenbann verhängt wurde, verhinderte er seine Auslieferung nach Rom und setzte durch, dass er stattdessen in Augsburg verhört wurde. Behutsam steuerte er 1521 Luthers Auftritt in Worms, für den er freies Geleit erwirkt hatte.

Als Luther im Wormser Edikt von 1521 für vogelfrei erklärt wurde und in Lebensgefahr geriet, inszenierte der Kurfürst einen Scheinüberfall und ließ ihn auf der Wartburg in Sicherheit bringen. Dieser Einsatz für einen Geächteten war riskant. Prompt betrieb der päpstliche Nuntius Aleander den Kirchenbann und die Absetzung Friedrichs. Wegen seiner Korpulenz verspottete er ihn als «fettes Murmeltier». Doch der Kaiser sagte zu, das Wormser Edikt solle für Kursachsen vorerst nicht gelten.

Der Kurfürst hielt unbeirrt an Luther fest, weil er ihm als Hochschullehrer unentbehrlich war und wohl auch aus menschlicher Wertschätzung. Luthers Predigten und Schriften beeindruckten ihn. In seinem Urteil über den rechten Glauben wurde er zusehends unsicher. Als christlicher Fürst wollte er nicht zum Unterdrücker der wahren Lehre werden. Dass er zum Reformator stand, brachte ihm bei vielen Reichsständen Sympathie ein. Die Luthersache (Causa Lutheri) bekam schon bald eine politische Dimension. Sie wurde zum Hebel für die Machtsteigerung der Reichsstände gegenüber dem Kaiser.

Der Gegner: Albrecht von Mainz

Wenn man Diebe hängen sollte, soll man vor allem den Bischof von Mainz an einen Galgen hängen, der siebenmal höher ist denn der Giebenstein. (TR III, 3750) Der Bannfluch des Reformators galt seinem Gegenspieler Albrecht von Mainz, der auf der Burg Giebichenstein bei Halle residierte. Das arme Mönchlein, wie Luther sich nannte, und der machtvolle Kardinal Albrecht von Mainz haben Weltgeschichte geschrieben. Als Luther am 31. Oktober 1517 an ihn seinen Protestbrief gegen den Ablass richtete, hatte Albrecht bereits eine steile Kirchenkarriere hinter sich. Er wurde 1490 als Sohn des Kurfürsten Johann Cicero von Brandenburg geboren. Nach dem Studium an der Universität Frankfurt an der Oder trat er in den geistlichen Stand, wurde Domherr in Mainz und 1513, erst 23-jährig, Erzbischof von Magdeburg, von Kaiser Otto I. 968 als Vorposten der Slawenmission gegründet.

Außerdem erhielt er das Bistum Halberstadt. Da er nach Kirchenrecht nur Oberhirte eines einzigen Bistums sein durfte, war er dort aber nur «Administrator». Noch dazu wurde er 1514 Erzbischof von Mainz. Luther kritisierte die Ämterhäufung (TR II, 1362; TR IV, 4389). Das Pallium, die Schmuckbinde als Amtszeichen, wurde Albrecht in einer Ausnahmeregelung verliehen. Gegen Geld war bei der römischen Kurie damals vieles, fast alles möglich. Den Dispens vom Verbot der Pfründenhäufung musste er dem Heiligen Stuhl abkaufen. Von den Fuggern erhielt er dafür ein Darlehen. Die Abzahlung erfolgte aus Mitteln des Petersdom-Ablasses, den Tetzel anpries. Als Erzbischof von Magdeburg und Mainz war Albrecht «Metropolit» der beiden Kirchenprovinzen im Herzen des Reiches, mit der Oberaufsicht über rund zwanzig Bistümer. Außerdem war er als Kurfürst von Mainz Vorsitzender des Kollegs der sieben Kurfürsten und Erzkanzler des Reiches. Nicht genug: 1518 wurde er zum Kardinal erhoben, obwohl er nicht das vorgeschriebene kanonische Alter von dreißig Jahren hatte. Albrecht war der höchste geistliche und weltliche Fürst des Reiches. Wie Herzog Friedrich der Weise von Sachsen war er ein leidenschaftlicher Reliquiensammler. Sein «Hallesches Heiltum» war eine der größten Reliquiensammlungen aller Zeiten und enthielt Raritäten wie ein Stück vom Dornenbusch, den Moses hatte brennen sehen (TR III, 3637b).

Im September 1521 lud Albrecht zu einer Ausstellung seines Reliquienschatzes nach Halle ein. Ablass gegen Geld war damit verbunden, wenngleich nicht im großen Stil wie zu Tetzels Zeiten. Luther erfuhr davon auf der Wartburg. Er war außer sich und wollte dagegen einschreiten. Das kam dem Erzbischof zu Ohren, der eine erneute Ablassschelte des Reformators scheute. Deshalb schickte er eine Gesandtschaft nach Wittenberg zu Melanchthon, Luthers Freund Justus Jonas, Kurfürst Friedrich und Spalatin. Der mahnte zur Mäßigung. Aber Luther blieb fest: **Ich**

werde mich nicht zurückhalten lassen, den Abgott zu Mainz privatim und öffentlich anzugreifen. Friedrich der Weise war erbost, ein Zerwürfnis mit seinem Schützling drohte. Als Luther seine Schmähschrift fertiggestellt hatte, ließ der Druck aber auf Intervention von Spalatin auf sich warten. Luther stellte Albrecht das Ultimatum, den Ablasshandel binnen vierzehn Tagen zu unterbinden. Der Erzbischof lenkte ein, die Sache sei bereits abgestellt. Er wolle sich «so halten, wie es einem frommen und christlichen Fürsten zusteht». Daraufhin verzichtete Luther auf einen direkten Angriff gegen Albrecht und münzte die Schrift um zu einer scharfen generellen Attacke *Wider den falsch genannten geistlichen Stand des Papstes und der Bischöfe.*

Albrecht liebte alles Schöne, besonders schöne Frauen. Daraus machte er kein Hehl, Zölibat hin oder her. Der erzkatholische Herzog Georg von Sachsen konfrontierte ihn 1526 mit Gerüchten, dass er «mit geistlichen und ehelichen Personen ein unzüchtiges Leben» führe. In seiner bemerkenswert offenen Antwort bestritt der Kardinal den Umgang mit Nonnen oder verheirateten Frauen, nicht aber den Verkehr mit ledigen, gleichsam «normalen» Konkubinen, wie er üblicherweise fürstlichen Herren zugestanden werde. Bis zu sieben Konkubinen werden ihm nachgesagt, erwiesen sind nur zwei. Mit ihnen lebte der Kirchenfürst gleichsam «monogam» in eheähnlichem Verhältnis. Aus der Beziehung mit Elisabeth («Leys») Schütz hatte er eine Tochter. Nach Elisabeths Tod um 1527 trat an ihre Stelle Agnes Pless. Die junge, 1502 geborene Witwe eines Frankfurter Metzgermeisters war eine wohlhabende Geschäftsfrau. Sie verkaufte die Fleischbank ihres verstorbenen Mannes und erwarb Grundbesitz, unter anderem in Halle nahe der Residenz ihres geistlichen Gebieters. Albrecht stattete sie üppig mit Kleidern und Geschmeide aus; sie besaß über 30 kostbare Röcke, 90 verzierte Gürtel und 300 Goldringe mit Edelsteinen. Der Erzbischof genoss es, auf Kunstwerken von Frauen umgeben dargestellt zu werden. Das Cranach-Gemälde «Herkules bei Omphale» von 1535 zeigt ihn inmitten von drei dekolletierten Frauen. Eine von ihnen, mit auffällig geschlitzten Augen, ist wohl Agnes Pless. Die Randschrift mahnt: «So beherrscht verderbliche Wollust mächtige Geister.»

Albrecht liebte Pracht und Glanz. Nach dem Vorbild italienischer Renaissancefürsten machte er aus seiner Lieblingsresidenz Halle einen Musenhof von Architektur und Kunst, mit Moritzburg, Dom und Neuer Residenz. Für den Dom bestellte er bei Lucas Cranach d. Ä. in einem gewaltigen Kunstauftrag 16 Altäre mit 142 Gemälden. Als Mäzen förderte er Albrecht Dürer, Matthias Grünewald und Hans Baldung Grien. 1515 berief er den kirchenkritischen Humanisten Ulrich von Hutten an seinen Hof. Das Renaissance-Idyll von Kunst- und Frauenliebe wurde von Luther durchkreuzt. Der Tragweite von dessen Ablasskritik war sich der Kirchenfürst anfangs wohl nicht bewusst. Er verhielt sich abwartend und wollte «kein Geschrei gegen Luther». Im Dezember 1517 reichte er jedoch in Rom Beschwerde ein wegen Verbreitung ketzerischer Lehren. Angesichts des gewaltigen Echos, das Luther auslöste, zog die Kurie das weitere Verfahren an sich. Albrecht sah es nicht ungern, denn Luther war ihm ein unbequemer Gegner. Und doch hatte er für ihn wohl einen Rest heimlicher Achtung und vielleicht auch Sympathie. Zur Hochzeit sandte er Luther 20 Gulden. Auf dem Wormser Reichstag von 1521 setzte er einen Vermittlungsausschuss durch, der Luther vielleicht vor dem Ketzertod bewahrte.

Luther wollte Albrecht für die Reformation gewinnen. Er setzte bei seiner Schwäche für Frauen und seinem Verstoß gegen den Zölibat an. In einem Brief vom Juni 1525 forderte er ihn auf, in den christlichen Ehestand zu treten. Seine Konkubine hätte es sicher gern gesehen. Die Hochstifte sollte er in weltliche Fürstentümer umwandeln und dem Evangelium Raum geben. Wäre er Luthers kühnem Rat gefolgt, hätte das ein konfessionelles Erdbeben ausgelöst mit einer radikalen Veränderung der kirchlichen Landkarte des Reiches zugunsten der Reformation. Doch der Appell blieb erfolglos.

Seit dem Bauernkrieg, der seine Territorien schwer heimgesucht hatte, ging Albrecht härter gegen die Reformation vor. Auch Luthers Ton wurde noch schärfer: **Es ist mir lieb, dass er bei seinem Leben zuschanden wird mit seinen ungeheuerlichen Betrügereien.** (TR III, 3779) **Ich wollt ihm, der doch mein ärgster Feind ist, wohl gönnen, dass er Papst wäre, denn ich zu diesem Amt keinen Besseren wüsste, dazu man nur die allerärgsten Buben und Schalke nimmt.** (TR I, 684 a) In Anspielung auf seine Leidenschaft für Reliquien und Frauen spottete er, Albrecht lasse seine verstorbenen Huren in Särgen wie Heiltümer (Reliquien) mit Kerzen und Fahnen in sein Hurenhaus tragen (TR IV, 4445). Nach dem Ablassstreit waren Albrechts Einnahmen aus dem Ablassgeschäft dramatisch eingebrochen. Seine Bauwut und Kunstliebe führten zu immensen Schulden. Die Untertanen im Stift Magdeburg nutzten die Zwangslage und trotzten ihm Religionsfreiheit ab, gegen Übernahme der Schulden. 1541 vertrieben sie den ungeliebten Oberhirten. Mit reichen Kunstschätzen im Gepäck floh er nach Aschaffenburg. Agnes Pless folgte ihm und hielt ihm bis zu seinem Tod 1545 in Mainz die Treue.

4. «Ein neues Feuer angezündet»

Kampf mit Wort und Bild

Für die Erfindung des Buchdrucks wurde Johannes Gutenberg 1999 an der Schwelle des neuen Millenniums von amerikanischen Journalisten zum «Mann des Jahrtausends» gekürt. Die Begründung: Ohne Gutenberg hätte Kolumbus (Platz 2 im Ranking) den Seeweg nicht gefunden, hätte Shakespeares Dichtergenius (Platz 5) sich nicht verbreitet und wären Martin Luthers (Platz 3) 95 Thesen ohne Wirksamkeit geblieben.

Luther nutzte den Buchdruck wie kein anderer zuvor. Er rühmte ihn als **höchstes und letztes Geschenk (summum et postremum donum), durch welches Gott die Sache des Evangeliums betreibt. Es ist die letzte Flamme vor dem Auslöschen der Welt.** (TR II, 2772 b) Der Buchdruck ein Gottesgeschenk. Andere Neuerungen wie die Bergbautechnik sah er mit Misstrauen. Zum Bestseller wurde die Luther-Bibel. Auf der Wartburg übersetzte er das Neue Testament ins Deutsche. Es erschien im September 1522 («Septembertestament»). Die hohe Erstauflage von 3000 Stück, gedruckt bei Melchior Lotter in Wittenberg, war rasch vergriffen. Bereits nach drei Monaten war eine Neuauflage nötig. Die gesamte *Biblia deutsch* mit Neuem und Altem Testament kam erst 1534 auf den Markt. Allein der Wittenberger Drucker hat davon rund 100 000 verkauft. Zu Lebzeiten Luthers kamen mehr als eine halbe Million Bibeln auf den Markt, so wird geschätzt. Allerdings konnten sich anfangs nur wenige eine

Luther-Bibel leisten. Das Neue Testament kostete anderthalb Gulden, so viel wie ein Pferd oder anderthalb Schweine. Günstiger waren seine Traktate und Sermone. Sie erschienen als schmale Flugschriften in hoher Auflage, das verbilligte sie. Trotzdem musste ein Handwerksgeselle für eine Flugschrift ein Drittel seines Tageslohns ausgeben. So waren Flugblätter und Flugschriften für die Drucker ein gutes Geschäft. Zwischen 1500 und 1530 erschienen rund 10000 Flugschriftentitel. Bei einer durchschnittlichen Auflage von 1000 pro Schrift kursierten damals etwa zehn Millionen Exemplare im Reich.

Sie machten die Gedanken des Reformators in Windeseile bekannt und lösten eine breite Diskussion aus. Die öffentliche Meinung pro und contra formierte sich. Manchmal setzte ein und derselbe Drucker seine Presse für oder gegen den Reformator in Gang; das brachte zusätzlichen Gewinn. Zum Renner wurde Luthers Reformschrift *An den christlichen Adel deutscher Nation* von 1520. Die Erstauflage von 4000 Stück war in wenigen Tagen verkauft. Ständig wurde sie nachgedruckt und in über 100000 Exemplaren verbreitet. Verkauft wurden die Flugschriften von «Buchführern» auf Messen und Jahrmärkten. Wanderdrucker konnten mit transportablen Pressen über Nacht Nachdrucke erstellen. Flugblätter und Flugschriften erreichten einen immensen Kreis von Adressaten. Sie wanderten von Hand zu Hand. Wer nicht lesen konnte, anfangs waren es noch rund 80 Prozent der Bevölkerung, dem wurden sie vorgelesen. Oft sprachen die Abbildungen für sich. Sie wurden zum «Comic» des gemeinen Mannes. Konjunktur hatten auch Berichte über Kriege und Hinrichtungen, Naturkatastrophen, Kometen, Missgeburten und andere «Kuriosa».

Luther wurde durch seine Schriften in deutscher Sprache populärer denn je. Auf die Titelseiten setzten die Drucker sein Porträt. Mit dem gedruckten Wort verband der Leser ein Gesicht.

«Martinus Luther Siebenkopf».
Titelholzschnitt zu einer Spottschrift auf Luther, 1529

Der Reformator wurde zum Medienstar. Eingeprägt hat sich der
Kupferstich von Lucas Cranach d. Ä. von 1520, dem Jahr der drei
großen Reformschriften. Das Porträt zeigt ihn noch als Mönch

mit Tonsur und asketischen Gesichtszügen, mit kritisch reflektierendem Blick (siehe Abbildung auf Seite 8). 1521, im Jahr des Wormser Reichstags, entstand der Holzschnitt «Martin Luther, ein Diener Jesu Christi und ein Wiederaufrichter christlicher Lehre» von Hans Baldung Grien. Luther ist auch hier noch Mönch, aber wie ein Heiliger ins Übermenschliche erhöht. Sein Antlitz ist von einem Licht- und Strahlenkranz umgeben. Darüber schwebt die Taube des Heiligen Geistes, von der Erleuchtung ausgeht. In der linken Hand hält er die Bibel, mit der rechten weist er auf den Text. Das Evangelium als Kern seiner Glaubensbotschaft ist ins Zentrum gerückt.

Bilder dienten der Verherrlichung, aber auch der Verteufelung des Reformators. Die Karikatur des Pamphlets *Martin Luther Siebenkopf* (1529) seines Intimfeindes Johannes Cochläus erinnert an die siebenköpfige Bestie der Apokalypse. Luther, der Mann mit den sieben Gesichtern, ist ein gefährlicher Ketzer. Er ist «Doctor, Martinus, Luther, Ecclesiast, Schwirmer (Schwärmer), Visitator und Barrabas», u. a. Gelehrter, Ungläubiger mit Türkenkopf, Kirchenmann mit schwärmerischen Gedanken, Visitator, der sich Kirchenaufsicht anmaßt, und schließlich Barrabas, der Verbrecher, der statt Christus hätte gekreuzigt werden sollen. Er schwingt die gezackte Keule, eine Anspielung auf den Bauernkrieg, den Luther verschuldet habe. Der Reformator – eine vielfach schillernde Person, die ein bedauernswert kleines Evangelium in Händen hält. Der Verspottete mokierte sich über die Polemik: **Ich will dem Cochläus auf sein Buch wider mich nicht antworten … dass er nicht die Ehre erlange, welche er durch mein Schreiben sucht. Und gefällt mir sonderlich wohl, dass er mir sieben Köpfe malt, aber das ist Schande, dass sieben Köpfe nicht einen Hals können zuwege bringen oder eines Halses wert sind!** (TR II, 2258 b) Für seine Gegner war Luther Sprachrohr des Satans. Drastisch zeigt das der Holzschnitt «Teufel mit Sackpfeife»

von Eberhard Schön um 1530. Mit dem Dudelsack bläst der Leibhaftige dem Ketzer Luther seine Eingebungen ins Ohr.

An den christlichen Adel deutscher Nation

Immer lauter wurde im Spätmittelalter der Ruf nach Veränderung, nach einer Reform von Kirche und Reich «an Haupt und
Gliedern». Ein unbekannter Autor verfasste 1439 auf dem Konzil
von Basel die *Reformatio Sigismundi*. Der Titel bezieht sich auf König bzw. Kaiser Sigismund (1411–1437). Die Schrift verbindet
scharfe Kritik an den Missständen der Zeit mit einem flammen-
den Appell für Reformen. 1476 erschien sie erstmals im Druck,
bis ins 16. Jahrhundert folgten weitere Auflagen. So war der Boden bereitet für Luthers große Reformschrift *An den christlichen
Adel deutscher Nation von des christlichen Standes Besserung* vom
August 1520. Adressat der Schrift war die weltliche Obrigkeit
des Reiches.

Heftig kritisierte Luther zunächst die Kirche. Er traute ihr keinerlei Reformwillen zu. **Die Romanisten haben drei Mauern …
um sich gezogen,** begann er bildhaft. Mauern, errichtet von Papst
und Kurie, um ihre Unfehlbarkeit zu verteidigen und Reformen
zu verhindern. Die erste Mauer: weltliche Gewalt habe kein
Recht über die geistliche. Die zweite: niemand außer dem Papst
dürfe die Schrift auslegen. Und drittens: nur der Papst kann ein
Konzil einberufen. Abschottung statt Veränderung. Mit einem
28-Punkte-Programm wollte Luther die Mauern zum Einsturz
bringen. Nicht theologisch abstrakt wie in den 95 Thesen, sondern konkret und lebensnah. Er zählte Missstände auf, unter denen viele litten. Das machte die Schrift so populär. Der erste
Punkt war eine scharfe Kritik an Prunk und Verweltlichung der
Päpste, wie sie Luther auf seiner Romreise ein Jahrzehnt zuvor

erlebt hatte. Der Papst, der sich **Allerheiligster und Geistlichster** nennen lasse, habe ein weltlicheres Wesen als die Welt selber. Rom sei ein Sündenpfuhl: **Da ist ein Kaufen, Verkaufen, Wechseln, Tauschen, Rauschen, Lügen, Trügen, Rauben, Stehlen, Prachten, Hurerei, Buberei** ... Grenzenlos die Geldgier. Die deutschen Lande würden ausgesaugt durch Annaten (Jahrgelder), Ablass, Beichtbriefe, Kirchenstrafen und Schacher mit Pfründen.

Luther kritisierte die Kirche, prangerte aber auch weltliche Missstände an. Bei den Deutschen seien Völlerei und Trunksucht eingerissen. Die Folgen: **Mord, Ehebruch, Stehlen, Gottes Unehre und alle Untugend.** Der Sittenverderbnis habe die Kirche Vorschub geleistet. Jahrtage, Begräbnisse und Seelenmessen seien nur **auf Geld, Fressen und Saufen gerichtet.** Weiter forderte er die Abschaffung der Kirchweihen, da sie **rechte Tavernen, Jahrmärkte und Spielhöfe seien.** Alle Feiertage außer den Sonntagen wollte er aufheben, da sie **mit Saufen, Spielen und Müßiggang** missbraucht würden. Ein Dorn im Auge waren ihm die neuen Wallfahrten, etwa zur Bluthostie von Wilsnack in Brandenburg oder zur Schönen Madonna in Regensburg. Sie seien mit Trunksucht, Hurerei und Geldverschwendung verbunden. Das arme Volk werde vom Klerus an der Nase herumgeführt.

Luther tadelte den Kleiderluxus der oberen Stände und predigte Genügsamkeit. Deutschland brauche nicht Samt, Seide, Goldschmuck und andere Importwaren, sondern habe reichlich Wolle und Flachs. Auch Essen und Trinken, köstlich und gut, gebe es genügend im Land. Deswegen müsse der Gewürzhandel eingeschränkt werden. Die Spezerei sei **eines der großen Schiffe, darinnen das Geld aus deutschen Landen geführt wird.** Als Anwalt der kleinen Leute rechnete Luther mit dem Frühkapitalismus der Zeit ab. Den Fuggern und Handelsgesellschaften müsse man **einen Zaum ins Maul legen.** Das größte Unglück deutscher Nation sei der Zinskauf, vom Teufel erdacht und vom Papst bestätigt. Durch ungerechten Zinsgewinn würden die Reichen noch reicher und vergeudeten das Geld mit dem Kauf von Luxuswaren. Überfällig war eine Schul- und Universitätsreform.

Mit der Schrift an den Adel hat Luther sich weit vorgewagt. Dessen war er sich bewusst: **Ich erachte auch wohl, dass ich hoch gesungen habe, viele Dinge vorgegeben, was als unmöglich wird angesehen, viele Stücke zu scharf angegriffen.** Doch er sah sich zu seiner Kritik verpflichtet. Es sei ihm lieber, die Welt als Gott zürne ihm. Nicht mehr als das Leben werde man ihm nehmen können. Nach dem Bauernkrieg von 1525 und der Wende zu den Obrigkeiten verstummte Luther in der Öffentlichkeit als Kritiker von Politik und Gesellschaft.

Hoffnungsträger der jungen Generation

Luthers Thesen verbreiteten sich wie ein Lauffeuer. Für die breite Öffentlichkeit hatte er sie im *Sermon von Ablass und Gnade* auf Deutsch zusammengefasst. Der Bischof von Brandenburg war alarmiert und verbot die Verbreitung der brisanten Schrift, doch ohne Erfolg. Auf Befehl von Rom wurde Luther im April 1518 zu einer ordensinternen Disputation über seine Thesen zum Generalkapitel der Augustinereremiten in Heidelberg geladen. Das Streitgespräch fand jedoch nicht im Kloster, sondern publikumswirksam im Hörsaal der Artistenfakultät der Universität statt. Unter den Zuhörern waren viele Studenten. Luther bewies in der Diskussion Sicherheit im Umgang mit der Bibel, zeigte Schlagfertigkeit, hatte Überzeugungskraft und Ausstrahlung. Rasch gewann er die Herzen und wurde Hoffnungsträger der jungen Generation. Ihm zu Füßen saßen unter anderen Johannes Brenz, Eberhard Schnepf und Martin Butzer. Sie wurden Wegbereiter der Reformation in Südwestdeutschland, die dort seitdem mehr von Luther und Wittenberg als von Zwingli und Zürich geprägt war.

In Heidelberg schlug Luther eine Woge der Sympathie entgegen. Das gab ihm Selbstvertrauen und Sicherheit. Der drohende Kirchenbann machte ihm keine Angst. Mit Ironie schrieb er an einen Freund: **Je mehr diese Leute mich bedrohen, umso größer ist meine Zuversicht. Für Weib und Kind habe ich gesorgt, Äcker, Haus und Besitz bereits verteilt, mein Ruf und Ansehen schon zerpflückt. Es bleibt nur noch eine Übung: mein elender Leib. Mögen sie den nehmen, das macht mich höchstens um ein oder zwei Stunden ärmer, die Seele können sie mir nicht rauben.** (Zit. nach Friedenthal) Hoffnungsvoll blickte er in die Zukunft: **Ich habe ein neues Feuer angezündet, aber so geschieht es mit dem Wort der Wahrheit.** Von Weib und Kind sprach er spöttisch. An Ehe und Familie dachte er damals noch nicht.

5. «Hier stehe ich»

Ein Kniefall in Augsburg

Ein halbes Jahr später war Luthers Optimismus verflogen. Im Juni 1518 hatte die Kurie das Verfahren gegen ihn eröffnet. Der Papst zitierte ihn nach Rom. Dort drohte der Scheiterhaufen. Kurfürst Friedrich der Weise setzte stattdessen ein Verhör in Augsburg durch. Auf dem letzten Reichstag von Kaiser Maximilian I. wurde Luther vom 12. bis 14. Oktober 1518 vom päpstlichen Legaten Cajetan verhört. Der Scheiterhaufen stand ihm vor Augen, und er fürchtete, den Eltern Schande zu bereiten. Er wusste, dass es um Kopf und Kragen ging. Die päpstliche Instruktion für Cajetan verlangte die Auslieferung nach Rom, falls er nicht widerrufe. Noch zwei Jahrzehnte später erinnerte sich Luther lebhaft an die vielleicht schlimmsten Stunden seines Lebens. Der Kurfürst hatte seinen Schützling den Augsburgern anvertraut: **Sie hatten ein Auge auf mich, dass ich mich nicht mit den Italienern einließ und ihnen vertraute, denn ich wüsste nicht, was ein Wale wäre.** Erst nach drei Tagen erhielt er Schutz durch kaiserliches Geleit (TR III, 3857). In Zermürbungstaktik wurde er unablässig bedrängt zu widerrufen – **Revoco, revoco.**

Schließlich der schwere Gang zum Legaten: **Da ging ich in Demut zu ihm, fiel zuerst nieder auf die Knie, dann sank ich auf die Erde und lag ausgestreckt. Als der Kardinal mir dreimal befohlen hatte, aufzustehen, da erhob ich mich. Das gefiel ihm sehr und er hoffte, ich würde mich fügen.** Tags darauf stand Luther wieder vor Cajetan, auch diesmal widerrief er nicht: **Aber die sechs Buchstaben REVOCO wollten mir nicht eingehen.** (TR II, 2668 b) Der Legat versuchte es mit Einschüchterung: **Was glaubst du, dass den Papst Deutschland kümmere? Glaubst du, die Fürsten werden dich mit Waffen verteidigen? Nein! Wo wirst du bleiben?** (TR III, 3857) Luthers unbekümmerte Antwort: **Unterm Himmel!** Er war vor dem Legaten auf die Knie zu Boden gefallen. Als Antwort auf die Demutsgeste erwartete er nicht den kühlen Befehl aufzustehen, sondern Zuwendung in brüderlicher Liebe. **Hätte der Kardinal in Augsburg bescheidener mit mir gehandelt und mich, als ich ihm zu Fuße fiel, angenommen, so wäre es nie so weit gekommen,** war sich Luther gewiss. Die theologischen Gräben hätten sich nach seiner Überzeugung damals noch überbrücken lassen: **Denn bis damals wusste ich noch wenig von den Irrtümern des Papstes. Hätte er geschwiegen, so hätte auch ich leicht geschwiegen.** Doch eine Rückkehr in den Schoß der Kirche ohne förmlichen Widerruf war Illusion. Luther stand weiterhin unter Ketzereiverdacht. Fluchtartig verließ er die Stadt und kehrte nach Wittenberg zurück, fühlte sich verlassen und wollte außer Landes gehen. Der Kurfürst schrieb ihm, er solle sich anderswohin begeben, aber nach einigem Zögern befahl er ihm zu bleiben. Er wusste, was er an Luther hatte. Dass er an ihm festhielt, war nicht zuletzt den Medien zu verdanken: Luthers **Resolutionen und Büchlein gingen, ja flogen in wenig Tagen durch ganz Europa.** Dadurch wurde der Kurfürst bestärkt: **Wollte die Mandate des Papstes nicht ausführen, sondern unterwarf sich dem Urteil der Heiligen Schrift.** (TR III, 3857)

Der Bruch mit Rom

Auch 1519 war Luther für seine Sache unterwegs. Sein erbitterter Gegner, der Ingolstädter Theologieprofessor Johannes Eck, hatte ihn zur Disputation herausgefordert. Der Einzug in die Messestadt Leipzig war spektakulär. In zwei Wagen passierten Luther, Melanchthon und der Wittenberger Universitätsrektor das Stadttor. Symbolisch gaben ihm zweihundert Wittenberger Studenten Geleit, mit Streitäxten und Hellebarden bewaffnet. Untergebracht war er bei Melchior Lotter, Drucker seiner Schriften. Fast drei Wochen wurden in der Herzogsresidenz Pleißenburg die theologischen Klingen gekreuzt. Eck stellte seinen Kontrahenten in eine Linie mit dem tschechischen Reformator Jan Hus. Das provozierte Luther zu der Aussage: **Auch Konzilien können irren.** Erregt sprang Herzog Georg vom Stuhl. Das Band zwischen den Disputanten war zerschnitten.

Mit seinen populären Flugschriften von 1520 rückte Luther noch stärker ins Licht der Öffentlichkeit. Seine Gegner waren aufgeschreckt. Ihm wurde von Rom der Kirchenbann angedroht, falls er seine Irrlehren nicht definitiv widerrufe. Er reagierte darauf mit Gespür für demonstrative Aktionen. Am 10. Dezember 1520 verbrannte er vor dem Wittenberger Elstertor, nahe beim Augustinerkloster, die päpstliche Bulle mit der Bannandrohung. Ins Feuer warf er auch den *Codex Juris Canonici*, die Sammlung des Kirchenrechts, sowie Schriften seiner Gegner. Das ewige Feuer möge das «gottlose Buch» verzehren, soll er nachgerufen haben. Er reihte sich so ein in die schlimme Tradition der Bücherverbrennungen, vom römischen Kaiser Diokletian über die katholische Inquisition bis hin zu den Nationalsozialisten und den Taliban.

Worms 1521

Anfang 1521 wurde der Kirchenbann über Luther verhängt. Nach Reichsrecht musste unverzüglich die Reichsacht folgen. Aber Friedrich der Weise setzte durch, dass er zuvor nach Worms zum ersten Reichstag von Kaiser Karl V. geladen wurde. Luther erhielt freies Geleit und Anhörung bei Kaiser und Reichsständen. So hatte er als wortgewandter Theologe Gelegenheit, seine Sache selbst zu vertreten. Er war 1521 populärer denn je. Von den Medien erhielt er kräftigen Rückenwind. Die Fahrt nach Worms wurde zum Triumph, begeistert feierten ihn seine Fans. In Leipzig wurde die Reisegruppe mit einem Ehrentrunk begrüßt und in Erfurt von der Universität empfangen. Ein kaiserlicher Herold begleitete die Kutsche. Doch es gab auch Ängste. Das Gerücht, der Kaiser habe Luther bereits verdammt und seine Bücher seien verbrannt worden, machte die Runde. Spalatin riet von der Fahrt ab (TR V, 5375b). Der kaiserliche Herold fragte ihn besorgt: **Herr Doktor, wollt ihr weiterziehen?** (TR III, 3357b; TR V, 5342b) Ein Mönch soll ihn an den Feuertod von Hus erinnert haben. Vor Worms riet ihm Martin Butzer ab weiterzuziehen, denn man wolle ihn verbrennen. Stattdessen solle er beim Reichsritter Franz von Sickingen Zuflucht nehmen (TR V, 5375b). Aber Luther ließ sich nicht beirren: **Wenn noch so viele Teufel zu Worms wären als Ziegel auf den Dächern, ich wollte doch hinein.** (TR V, 5375b) Später erinnerte er sich: **Ich war unerschrocken, ich fürchtete mich nicht. Gott kann einen wohl so toll** (freudig) **machen.** In Wahrheit kam er erschöpft und krank in Worms an. Als er am 16. April in Mönchskutte auf offenem Wagen einfuhr, war der Menschenauflauf gewaltig. Auf Schritt und Tritt begleitete ihn die Volksmenge. Viele stiegen auf Häuser und Dächer, um ihn zu sehen. Zur Abschirmung wurde er über Geheimgänge zum Rathaus geführt. Um sein freies Geleit gab es ständiges Gerangel, was ihm nicht entging. Die Bischöfe verlangten, es im Namen des Papstes aufzuheben, die Mehrheit der Reichsstände beharrte darauf. Zuspruch erhielt er vom jungen Landgrafen Philipp von Hessen: **Lieber Herr Doctor, habt ihr Recht, so helfe euch Gott.** Doch er wollte zuvor noch Rat in sexuellen Nöten: **Herr Doctor, ich höre, ihr lehrt, wenn einer nicht kann, so mag die Frau einen anderen nehmen.** (TR III, 3357; TR V 5352)

Am 17. April spätnachmittags trat Luther vor Kaiser und Reichsstände. Zwei Fragen wurden ihm vorgelegt: Ob er sich als Verfasser der vor ihm liegenden Schriften bekenne, und ob er bereit sei, sie ganz oder in Teilen zu widerrufen. Vorschnell wollte er die erste Frage bejahen. Der Jurist Hieronymus Schürff verlangte jedoch die Verlesung der Buchtitel. Danach bekannte Luther: **Ja, sie sind mein.** Für die zweite Frage bat er um Bedenkzeit. Sie wurde bis zum nächsten Tag gewährt. Am 18. April war das Zuschauergedränge noch größer als tags zuvor: **Wie ich nun wieder in den Reichsrat gefordert wurde, da war im Saal eine große Anzahl Volks, denn jedermann wollte meine Antwort hören, und waren viele brennende Fackeln, denn es war Nacht. Des Getümmels … war ich nicht gewohnt.**

Friedrich der Weise war in Sorge. Er befürchtete einen impulsiven Auftritt seines Schützlings vor großem Auditorium, wie es seinem Naturell entsprach. Deshalb hatte er ihm ausrichten lassen, «dem Reichstag nicht dräuend und trotzend, wie ein neuer Elias entgegenzutreten, sondern immer recht höflich, ehrerbietig und demütig sich zu betragen» (zit. nach Schubert). In der Enge und Hitze des Saales kam er ins Schwitzen. Trotzdem bewahrte er Fassung und befolgte den Rat des Kurfürsten. Spalatin lobte: «Er antwortete aufs alleruntertänigste und demütigst, er schrie nicht heftig, sondern redete fein sittig, züchtig und bescheiden, doch mit großer christlicher Freudigkeit (Mut) und Beständig-

keit und also, dass die Widersacher wünschten …, er hätte ver-
zagter und kleinmütiger geredet.» Die Mischung aus Bescheidenheit, Mut und Geradlinigkeit kam an. In der Sache ließ Luther
sich nicht beirren. Seine Schriften könne er nicht zurücknehmen.
Wo er sich aber im Irrtum befinde, bitte er, ihn aus der Heiligen
Schrift zu belehren. Als schließlich eine eindeutige Aussage verlangt wurde, ob er widerrufe oder nicht, gab er, wie er bildhaft
formulierte, die Antwort **ohne Hörner und Zähne.** Wenn er nicht
durch Zeugnisse der Schrift und Vernunftgründe überzeugt
werde, so könne und wolle er nichts widerrufen und nichts gegen sein Gewissen tun. Und fügte hinzu: **Gott helfe mir, Amen.**
Die Medien setzten noch eins drauf: **Hier stehe ich. Ich kann
nicht anders!** Der Satz ist nicht bezeugt. Dennoch begründete er
den Mythos der Standhaftigkeit des Reformators.

Als er in seiner Herberge zurück war, atmete er erleichtert auf:
Ich bin hindurch, ich bin hindurch. Doch die Tage bis zur Abreise
wurden zum Spießrutenlaufen. Trotzdem blieb er unbeugsam
und gelassen, im Vertrauen auf Gott: **Wäre seine Sache von Menschen gemacht, so würde sie nicht lange bestehen, wäre sie aber
von Gott, so könnten sie die Lehre nicht unterdrücken.** (TR V,
5342 b) Am 25. April wurde ihm eröffnet, der Kaiser müsse gegen
ihn vorgehen, da alle Ermahnungen erfolglos geblieben seien.
Das Geleit solle nur noch für drei Wochen gelten. Alles Predigen
und Schreiben habe er sofort zu unterlassen. Ohne Aufsehen verließ Luther Worms schon am folgenden Tag. Mundtot aber ließ
er sich nicht machen. Mehrfach predigte er auf der Rückreise,
und stets waren die Kirchen überfüllt. Am 8. Mai erließ der Kaiser das Wormser Edikt, in dem Luther als Ketzer geächtet und
die Reichsacht über ihn verhängt wurde. Er war vogelfrei. Niemand durfte ihm beistehen, wer seiner habhaft wurde, sollte ihn
gefangen nehmen und ausliefern.

Gesandter und Werkzeug Gottes

Im Rückblick erscheint der Verlauf der Reformation als konsequente Entwicklung. Der Anfang: Luthers Kampf gegen den Ablass. Die Erkenntnis, nicht durch fromme Werke, sondern allein durch den Glauben kann der Mensch vor Gott bestehen. Luthers zweiter Schritt: Die kirchlichen Autoritäten, Kirchenväter, Päpste und Konzile werden in Frage gestellt. Danach der Bruch mit Rom: Es kommt zur Glaubensspaltung. Schließlich: der Neuaufbau eines evangelischen Kirchenwesens, die Konfessionsbildung.

Und doch war der Gang der Reformation von Luther nicht vorausgeplant. Auf keinen Fall wollte er die Kirche spalten. Über das breite Echo seiner Thesen war er überrascht: **Das Lied wollte meiner Stimme zu hoch werden.** Zu Beginn wollte er nur den Ablass kritisieren: **Gott weiß, dass ich nicht gedacht hab, so weit zu greifen wie geschehen; ich gedachte nur den Ablass anzugreifen.** (TR II, 1654) **Wenn mir jemand auf dem Wormser Reichstag gesagt hätte, dass ich nach dem siebten Jahr ein Ehemann wäre, der Frau und Kinder haben würde, den hätte ich ausgelacht.** (TR III, 3177)

Seine Ablasskritik bekam Eigendynamik. Schrittweise entwickelte sich ein neues Glaubensverständnis. **Ich habe meine Theologie nicht auf einmal gelernt, sondern habe immer tiefer und tiefer grübeln müssen.** (TR I, 352) Noch in Augsburg wäre 1518 eine Umkehr möglich gewesen, wenn ihn Cajetan besser behandelt hätte, beteuerte er später.

Gott lenkt, Gott schützt. Daran glaubte Luther unerschütterlich. Er sah sich als Werkzeug des Allmächtigen: **Gott hat mich plötzlich in das Wesen geführt.** (TR V, 5349) Gemeint ist das neue Glaubensverständnis. Durch bohrendes Fragen wurde es ihm zuteil: **Als ich anfing, weiß Gott, da verstand ich's nicht.** Sein Leben deutete er als wundersame Fügung. Keine der damals so beliebten «Prognostiken», der astrologischen Horoskope, hätten ihm seinen Weg voraussagen können: Als Bauernsohn wurde er Bakkalaureus und Magister. Das braune Juristenbarett legte er ab und wurde Mönch, dem Vater habe er damit große Schande gebracht. Und schließlich der Konflikt mit der Kirche: **Bin ... dem Papst in die Haare gefallen und er mir ebenso, habe eine entlaufene Nonne zur Frau genommen, wer hat das in den Sternen gelesen?** (TR V, 6250)

Kompromisslos kämpfte er für das Evangelium: **Meine Sache ist die Sache Gottes und sein Wort ... Ich hab mein Leben darangesetzt, und ich will darüber sterben ... Darum, wer sich wider mich setzt, der muss zugrunde gehen.** (TR II, 1484) Durch seine Kritik an Papst und Kirche machte er sich die Mächtigen zum Feind: **Es hat Papst und Kaiser wider mich ... getobt.** (*Ermahnung zum Frieden*) Er zählte sich zu Gottes Häuflein, das Verfolgung leide um seines Wortes willen (TR V, 5537). Sogar nach dem Leben habe man ihm getrachtet. Doch Luther blieb standhaft: **Aber dabei bin ich geblieben, dass ich's Gott gar anheimgestellt und allzeit auf seine Hand tröstlich mich verlassen, darum hat er mich ... bei dem Leben erhalten, welches viele ... für ein großes Wunder ansehen und ich selbst auch bekennen muss, sondern mein Evangelium immer lassen mehr und weiter zunehmen.** (*Ermahnung zum Frieden*) Luther hatte die Welt in Bewegung gesetzt: **Habe ich einzelner Mann nicht genug Tumult ausgelöst? Ich habe nicht umsonst gelebt,** schrieb er im August 1521 von der Wartburg an Melanchthon.

6. «Ich schlaf bei einer schönen Frau»

Erste Erfahrung mit Frauen

Über Luthers frühe Beziehungen zu Frauen ist wenig bekannt. Die Mutter hatte wohl nicht viel Zeit für Martin. Sie musste eine kinderreiche Familie versorgen, sogar Holz habe sie im Wald gesammelt. Ihr Porträt von Lucas Cranach d.Ä. zeigt eine abgearbeitete Frau mit harten Gesichtszügen. Bei der Erziehung war sie streng wie der Vater, der das Sagen in der Familie hatte. Etwas von der Liebe, die er im Elternhaus entbehrte, wurde ihm während seiner Eisenacher Schulzeit im Haus des Bürgermeisters Conrad Cotta geschenkt. Dessen Frau Ursula, geb. Schalbe (ca. 1450–1511), nahm Martin, schon in der Pubertät, liebevoll auf, mit Kost und Logis. Luthers früher Biograf Johannes Mathesius hielt die Begegnung mit Ursula fest: Den Kurrendeschüler, der vor den Häusern um Brot sang, nahm «eine andächtige Matrone zu sich an ihren Tisch, dieweil sie um seines Singens und herzlichen Gebets willen eine sehnliche Zuneigung zu dem Knaben trug». Waren es Muttergefühle, die Ursula Cotta, eine reife Frau von fünfzig, für den Fünfzehnjährigen hatte – oder mehr, wie von seinen Gegnern unterstellt? Für Luther jedenfalls blieb Eisenach zeitlebens **seine liebe Stadt.**

Frauen schenken Geborgenheit. Drei Jahre später, als Student in Erfurt, sah er es anders: Frauen sind Gefahr und Bedrohung. Wie das Bier hielten sie vom Studium ab. Beides, Bier und Hurenhäuser, gab es in Erfurt reichlich. Luther mahnte: **Rechtschaf-**

fene Studenten laufen Weibern nicht nach und beflecken sich nicht mit Unzucht. Jahre später wetterte er als Professor gegen **Huren und Speckstudenten** in Wittenberg. Der Teufel habe die Huren in die Stadt geschleust. Dort prostituierten sie sich **grätzig, schäbig, stinkend, garstig und französisch.** Studenten, die von der Hurerei nicht ablassen könnten, werde der Kurfürst hart bestrafen. Wäre er, Luther, ein Richter, würde er die Huren rädern lassen (TR IV, 4857 m).

Im Kloster hielt er sich peinlich genau an das Keuschheitsgelübde: **Die Weiber schaute ich nicht einmal an, wenn sie beichteten; ich wollte nicht einmal die Gesichter derer kennen, die ich hörte.** In seiner ganzen Klosterzeit waren das, wie er später gestand, allerdings nur drei. Keusch habe er gelebt, wenn auch nicht ganz ohne sexuelle Regung: **Als Mönch habe ich nicht viel die Begierde gespürt.** (TR I, 121) Er hatte nächtlichen Samenerguss, «Pollutionen», **aus körperlichem Zwang,** nicht durch Selbstbefriedigung. Mit Selbstkasteiung und kalten Bädern kämpfte er dagegen an. Geholfen habe es nicht, im Gegenteil: **ich bin desto mehr entbrannt, je mehr ich mich peinigte.** Samenergüsse waren, eher gewollt als ungewollt, offensichtlich regelmäßige Begleiter des Mönchslebens bei Nacht: **Damit wurden die Brüder heftig geplagt.** (TR IV, 3921) Da sie dann als befleckt galten, durften sie tags darauf keine Messe halten. Doch als der Mönchssamen immer öfter floss, mussten immer mehr Messen ausfallen. Deshalb durften sie schließlich doch auch von Befleckten gelesen werden. Luther empfand Abscheu und zog einen Schluss: **Pfui dich mal an, sollte man doch nur um der schändlichen Pollution willen alle Klöster und Stifte zerstören ... Lieber Gott, behüt uns vor diesem Gräuel und lass uns in dem heiligen Ehestand bleiben.** (TR IV, 3921)

Priesterehe statt Zölibat

Nach 1517 war für Luther nichts mehr wie vor 1517. Das galt auch für das Klosterleben. Über ein Jahrzehnt hatte es ihm kaum Probleme bereitet. Jetzt übte er heftige Kritik – Maßstab war das Evangelium: **In den Klöstern ist kein Studium, sondern Verfinsterung der Schrift.** Die Klosterfrömmigkeit sei oberflächlich: **man murmelt und pröppelt nur die Stundengebete.** Er war überzeugt: **Der Mönchstand ist gottlos.** (TR IV, 3973) Mönche und Nonnen seien Ausgeburten des Teufels. Anekdotisch fügte er an: Als Gott die Priester gemacht hatte, wollte es ihm der Teufel gleichtun. Dabei hat er aber die Platte, eine kahle Stelle auf dem Kopf, in Anspielung auf die Tonsur, zu groß gemacht, und ein Mönch ist daraus geworden (TR IV, 4322). Heftig attackierte er den Zölibat. Die Ehelosigkeit von Priestern, Mönchen und Nonnen sei biblisch nicht begründet und überaus verderblicher Aberglaube. Am Anfang hätten die Kirchenväter in der Ehe gelebt, so auch Petrus und Paulus. Erst mit dem Laterankonzil von 1139 wurde der Zölibat Kirchengebot. Fortan war es «unwürdig für Geistliche, dass sie dem Ehebett und der Unreinheit dienen». Doch nicht nur Sittenverderbnis, sondern auch Vererbung von Kirchengut an leibliche Nachkommen sollten verhindert werden. Luther kritisierte, die Kirche mache, wie aus allem, auch aus dem Zölibat Geld: **Haben doch die Bischöfe schier in allen Stiften einen großen Teil ihrer jährlichen Zinsen von eitel Pfaffenhuren. Denn wer ein Hürlein haben will, der muss ein Jahr einen Gulden davon dem Bischof geben, und ist unter ihnen ein Sprichwort: keusche Pfaffen sind dem Bischof nicht zuträglich ... Ein Kaufmann hat Würze und Tuch feil; die Bischöfe müssen Hurenfleisch feilhaben, wie sollten sie sich sonst ernähren?** (*Wider den falsch genannten geistlichen Stand des Papsts und der Bischöfe*)

In Luthers Augen war der Zölibat widernatürlich, denn die Sexualität war Teil des Menschen. Wie beim Tier nannte er sie **Brunft** (TR V, 6317). Der Verzicht darauf sei schwerer als Gefängnis zu ertragen. Auch die Kirchenväter hätten fleischliche Lust gehabt, war Luther sich sicher. Augustinus klagte über nächtliche Pollutionen. Hieronymus schlug bei fleischlicher Anfechtung seine Brust mit Steinen, Franziskus machte Schneebälle, und Benedikt legte sich unter die Dornen (TR III, 3777). Die Folgen des Zölibats waren verheerend. Viel Gutes, wie **das Kinderzeugen, das Staatswesen und den Hausstand habe er verhindert** (TR I, 239). Schreckliche Verbrechen seien daraus erwachsen, Hurerei, Unzucht und Ehebruch. Mehr noch: **Der Zölibat ist eine Art heimlichen Mordes, wie die Ärzte die Leute erwürgen. Darum nur aufgehoben den Zölibat!** (TR II, 1587) Im Spätmittelalter waren Verstöße gegen die Ehelosigkeit bei vielen Klerikern zur Gewohnheit geworden. Geistliche lebten mit Konkubinen zusammen, in heimlicher oder sogar öffentlicher Ehe: **Schließlich ist es so weit gekommen, dass alle Priester ohne Scham Konkubinen hielten … Ihre Konkubinen nannten sie in Erfurt in den Badestuben und bei Hochzeiten ehrerbietig Frau Decanissa, Frau Pröpstin.** (TR III, 3548) Aus Bayern kam 1522 die Klage, das Konkubinat sei «jetzt allenthalben bei allen Priestern … allgemein worden, dass sie ohne Scheu ihre Konkubinen und auch Kinder bei ihnen haben».

In der Leipziger Disputation von 1519 verkündete Luther: Nicht nur einzelne Kirchenlehrer, sondern auch Papst und Konzil können irren. Damit war das Zölibatsdekret von 1139 zu Fall gebracht. In seiner populären Reformschrift *An den christlichen Adel deutscher Nation* verlangte er 1520 die Freigabe der Priesterehe: **Da ist nun der römische Stuhl aus eigenem Frevel darauf verfallen, dem Priesterstand zu verbieten, ehelich zu sein. Das hat ihnen der Teufel befohlen … dadurch ist viel Jammer geschehen**

**und ist Ursache gewesen, dass die griechische Kirche sich abson-
derte. Ich rate, man lasse jedem die Freiheit, ehelich zu sein.** In
der zweiten Schrift von 1520 *Von der Babylonischen Gefangenschaft
der Kirche* berief er sich auf Paulus: **Ich weiß, dass er gebietet: Ein
Bischof soll eines Weibes Mann sein! ... Darum lassen wir all
diese verfluchten Menschensatzungen fallen, die allein zur Ver-
mehrung größerer Gefahr, Sünde und Bosheit in die Kirche ein-
geschlichen sind.**

Luther zeigte Verständnis für die Gewissensnöte derer, die in
kirchlich nicht gebilligten Partnerschaften lebten – und das waren viele. Einfühlsam gab er in seiner Schrift *An den christlichen
Adel* den Geistlichen Trost, **die da jetzt mit Weib und Kindern ...
in Schänden und schweren Gewissen sitzen, dass man sie eine
Pfaffenhure, die Kinder Pfaffenkinder schilt.** Man finde manchen
frommen Pfarrer, der sich nichts hat zuschulden kommen lassen,
außer mit einer Frau zusammenzuleben. Luther riet in diesem
Fall: **Er nehme sie zum ehelichen Weib, behalte sie und lebe sonst
redlich wie ein Ehemann.** Vor Gott sei das Paar ehelich.

Sein Plädoyer für die Ehe kam bei den Betroffenen gut an, die
bisher gegen ihren Willen ehelos leben mussten. Er zeigte ein
Herz für Konkubinen; mit der Heirat hatte ihr Spießrutenlaufen
ein Ende. Sie waren jetzt nicht mehr illegitim, sondern «Uxores»,
legale Ehefrauen. Mit dem Einsatz für die Priesterehe wurde
Luther zum Anwalt der Ausgegrenzten und Stigmatisierten. Das
machte seine Lehre für sie attraktiv. Ehemalige Mönche und
Nonnen kämpften an vorderster Front dafür.

Raus aus dem Kloster, rein in die Ehe

Luthers publizistische Offensive von 1520 zeigte rasch Wirkung.
Eine Welle von Klösteraustritten setzte ein, zunächst bei den

Augustinereremiten, bald auch bei anderen Orden. Bereits 1521 kehrten fünfzehn Ordensbrüder dem Wittenberger Augustinerkonvent den Rücken. Wenig später löste sich die sächsische Provinz der Augustiner auf. Luther hatte beim eigenen Orden ganze Arbeit geleistet. 1523 setzte er eine spektakuläre Klosterflucht in Gang. In der Osterwoche verließen zwölf Nonnen, von seinen Schriften motiviert, das Zisterzienserinnenkloster Mariathron in Nimbschen bei Grimma. Drei Nonnen kehrten direkt zu ihren Eltern zurück. Für die übrigen, unter ihnen Katharina von Bora, schickte der Reformator einen Planwagen. Fluchthelfer war der Torgauer Kaufmann Leonhard Koppe, Lieferant des Klosters. Ob die Nonnen in Heringsfässern versteckt waren, ist nicht verbürgt. Die Aktion war höchst riskant. Die Entführung von Nonnen wurde mit der Todesstrafe geahndet. Die Fahrt ging zunächst nach Torgau. Nach einem Ruhetag war Wittenberg das Ziel. Der Einzug der Klosterfrauen erregte Aufsehen – und so war es von Luther gewollt. Die Befreiung der Nonnen aus Klostermauern nutzte er medienwirksam. Schon wenige Tage später rechtfertigte er die Flucht in der Schrift *Ursache und Antwort, warum Jungfrauen die Klöster mit göttlichem Recht verlassen dürfen*. Er bekannte sich als Urheber der Aktion, mit der er Zeichen setzte: **Wollte Gott, ich könnte auf solche oder andere Weise alle gefangenen Gewissen erretten und alle Klöster leer machen.** Die Flucht sei aber auf ausdrücklichen Wunsch der Nonnen erfolgt, vor allem, weil ihnen im Kloster das Evangelium vorenthalten werde. Überhaupt sei das Klosterleben gegen Natur und Bestimmung der Frau: **Ein Weibsbild ist nicht geschaffen, Jungfrau zu sein, sondern Kinder zu tragen, wie Gott** (1. Mose 1,28) **sprach nicht allein zu Adam, sondern auch zu Eva: Seid fruchtbar und mehret euch; wie das auch die weiblichen Gliedmaßen, von Gott dazu eingesetzt, … beweisen.**

Der Austritt aus der Klosterklausur – alles andere als Emanzi

pation. Einzig in der Mutterschaft sah Luther die «Selbstverwirk-
lichung» der Frau. Das fand nicht überall Anklang. Die Äbtissin
des Nürnberger Klarissenklosters Caritas Pirckheimer und ihre
Mitschwestern wehrten sich standhaft gegen die neue Lehre und
die Auflösung ihres Klosters. Auch in Nimbschen hielten 1525
noch zwanzig Frauen am Klosterleben fest. Der Austritt aus dem
Kloster war ein Schritt in materielle Unsicherheit. Wenn sie nicht
heirateten, mussten sich ehemalige Nonnen als Mägde verdin-
gen oder konnten Hebamme und mit etwas Glück Schulmeiste-
rin werden. Es drohte aber auch der Abstieg in Armut und Prostitution.

Kinder statt Kirche, hatte Luther propagiert. Vier der Nonnen
aus Nimbschen unter seiner Obhut war daran wohl weniger gelegen. Sie kehrten zu ihren Familien zurück. Für die übrigen
fünf, alle im Heiratsalter, galt es, Männer zu finden. Die Ehever-
mittlung nahm Luther selbst in die Hand. Er wurde zum «Hei-
ratsmakler». Wie er später bekannte, fühlte er sich beim Ehestif-
ten unwohl: **Ich habe heute des Tages eine Ehe gestiftet. Gott
gebe, dass sie wohl gerate. Man darf wohl beten, denn der Teufel
ist diesem Stand feind und greift die Ehe bald mit giftigen Zangen an.** (TR III, 3538) Die Aufnahme ins Kloster hatten Eltern und
Verwandte der Nonnen mit Geld und Besitz erkauft. Dafür waren sie zeit ihres Lebens materiell versorgt. Das war jetzt hin-
fällig, die Klosterfrauen waren mittellos. Da eine Mitgift nicht
zu erwarten war, waren sie für potentielle Ehepartner wenig
attraktiv. Verdächtig machte sie die Klosterflucht, ein bis dato
ungewöhnlicher Schritt von Selbstbestimmung, der nicht dem
gängigen Bild von Frauengehorsam entsprach. Der Bruch der
Gelübde, besonders der Keuschheit, machte die Nonnen zusätzlich suspekt. So wurde es für Luther schwer, Ehekandidaten zu
finden. Magdalena von Staupitz, Schwester seines Mentors Johann von Staupitz, sollte Georg Spalatin heiraten, Luthers Mit-

telsmann zu Friedrich dem Weisen. Doch das zerschlug sich. Luther verschaffte Magdalena schließlich die Leitung der Mädchenschule in Grimma. Erst Jahre später ging sie eine Ehe ein. Erfolgreich war er bei Vanetha von Gohlis, sie heiratete einen Pfarrer. Auch für Margarethe von Schönfeld wurde ein Mann gefunden. Auf ihre Schwester Ave von Schönfeld hatte Luther selbst ein Auge geworfen. Doch sie zog Basilius Axt vor, Apothekergehilfe bei Lucas Cranach d. Ä. und später in Königsberg Leibarzt des Herzogs von Preußen.

Schwieriger war es bei Katharina von Bora. Wie Ave von Schönfeld war sie wohl im Haus von Cranach untergekommen. Dort machte sie Bekanntschaft mit Wittenberger Professoren und Studenten. Wie ein Tanzmädchen habe sich die «treulose Hure» aufgeführt, wurde sie von Luthers Gegnern in den Schmutz gezogen. Der katholische Priester Johan Oldecop, der bei Luther studiert hatte, verunglimpfte sie in sexueller Anspielung als «gekonnte Nonne». Noch im Jahr der Flucht lernte Katharina Hieronymus Baumgartner kennen. Der Sohn einer Nürnberger Patrizierfamilie hatte bis 1521 in Wittenberg studiert. 1523 war er zurückgekommen, um Melanchthon zu besuchen. Katharina verliebte sich leidenschaftlich in Baumgartner, «krank aus Liebe» sei sie geworden. Ihr Liebesschmerz hielt an, als Hieronymus Wittenberg längst wieder verlassen hatte. Ein Jahr später verlangte Luther von Baumgartner eine Entscheidung, sonst werde Katharina einen anderen zum Mann nehmen. Doch eine Antwort blieb aus.

Martin Luther heiratet

Um Katharina endlich unter die Haube zu bringen, wollte ihr Luther den schon ältlichen Pfarrer von Orlamünde, Kaspar Glatz, schmackhaft machen. Aber Katharina winkte ab, sie könne den alten Geizhals nicht lieben. Das brachte Luther in Rage: **Welcher Teufel will sie denn haben? Mag sie den Glatz nicht, so mag sie noch eine Weile auf einen anderen warten.** Das wollte Katharina auch nicht. Unter vier Augen mit Luthers Freund Amsdorf erklärte sie ultimativ: **Sie wolle, wenn es geschehen könnte und Gottes Wille wäre, Doktor Martinus oder Herrn Amsdorf ehelich nehmen.** (Zit. nach Kroker)

Und Luther wurde es dann auch. Dabei hatte er zunächst überhaupt nicht heiraten wollen. Und wenn, dann nicht Käthe. **Wenn ich vor 14 Jahren eine Frau hätte heimführen wollen, dann hätte ich die Gattin von Basilius** (Axt), **Ave von Schönfeld, gewählt. Meine** (Käthe) **habe ich damals nicht geliebt, stets habe ich sie des Hochmuts verdächtigt, aber Gott hat es so gewollt, dass ich mich ihrer erbarmte, und mir wurde mit Gottes Gnade die glücklichste Ehe geschenkt.** (TR IV, 4786) So war Katharina für Luther nur zweite Wahl, umgekehrt war der Reformator für Katharina vielleicht nur dritte Wahl. Und doch wurde daraus Liebe.

Die Trauung durch Johannes Bugenhagen fand am 13. Juni 1525 im ehemaligen Wittenberger Augustinerkloster im engen Kreis statt; anwesend waren unter anderen Justus Jonas sowie das Ehepaar Cranach. Die Hochzeitsfeier mit Kirchgang und Festmahl wurde zwei Wochen später begangen. Kurfürst Johann der Beständige schenkte den Neuvermählten 100 Gulden. Luthers Gegner, Kardinal Albrecht von Mainz, sandte 20 Gulden. Der Bräutigam wies das Geschenk zurück, Käthe aber soll es ohne Skrupel eingestrichen haben. Das Ehepaar wohnte im

Martin Luther und Katharina von Bora:
Lucas Cranach d. Ä. malte 1526 ein Hochzeitsbild, das in seiner
Werkstatt vielfach kopiert wurde.

verwaisten Augustinerkloster, das der Kurfürst ihm überlassen hatte.

Als Luthers Heirat bekannt wurde, schlugen die Wogen hoch. Für seine Gegner, darunter Eck und Cochläus, war sie Provokation und Skandal. Sie verteufelten die «fleischliche Verbindung zwischen Mönch und Nonne». Aber auch Lutherfreunde waren entsetzt. Hieronymus Schürff, Luthers Rechtsbeistand, warnte: «Wenn der Mönch heiratet, so wird alle Welt und auch der Teufel lachen und sein Vorhaben (Reformation) wird scheitern.» Für Melanchthon war der Schritt in die Ehe übereilt und unbedacht: «Unerwarteter Weise hat Luther die Bora geheiratet, ohne auch nur einen seiner Freunde über seine Absichten zu unterrichten.» Luther sei Frauenlist erlegen: «Der Mann ist überaus leicht zu verführen, und so haben ihn die Nonnen … umgarnt, … und das Feuer bei ihm auflodern lassen … Denn wie ich recht sehe, lag bei ihm ein natürlicher Zwang zur Heirat vor.» Also Fleischeslust das Ehemotiv! Übelgenommen wurde auch der Zeitpunkt der Heirat, kurz nach dem Tod von Friedrich dem Weisen und mitten im Bauernkrieg.

Ein Gutes könnte die Hochzeit nach Melanchthon aber haben, nämlich: «dass der Ehestand ihn würdevoller macht und dass er dadurch die Possenreißerei verliert, die wir oft getadelt haben …» (Zit. nach Treu). Possen waren für den feinsinnigen Humanisten Melanchthon wohl Luthers Schauakte wie die Nonnenbefreiung aus dem Kloster Nimbschen. Im Nachhinein sah sich Luther bestätigt: **Ich rate, nach der Verlobung möglichst rasch zu heiraten. Aufschieben ist nämlich gefährlich, wegen der Verleumdungen, die der Satan ausstreut. Nur flugs zusammen! Wenn ich nicht heimlich geheiratet hätte, hätten alle meine Freunde geschrien: nicht jene, sondern eine andere, non illam, sed aliam!** (TR III, 3179)

Mit der Heirat verband er Werbung in eigener Sache. Anders als von Melanchthon behauptet, sei die Ehe **nicht in fleischlicher Liebe oder Hitze erfolgt, sondern zu bekräftigen, was ich gelehrt habe.** Es ging um die eigene Glaubwürdigkeit; den vielen Worten vom Heiraten musste die Tat folgen. Er wollte Zeichen setzen. Andere sollten es ihm gleichtun, besonders Kardinal Albrecht von Mainz. Der machte aus seiner Liebe zu Frauen kein Hehl. Anfang Juni 1525, wenige Tage vor seiner eigenen Hochzeit, forderte Luther ihn auf zu heiraten. Er ermunterte ihn, **aus dem lästerlichen, stets mit der Gefahr der Unkeuschheit verbundenen geistlichen Stand hinüberzutreten in den christlichen Ehestand und so durch Umwandlung seiner Hochstifte in weltliche Fürstentümer dem Evangelium Raum zu geben.** Er selbst, so ließ Luther mündlich mitteilen, habe vor, **mit seiner eigenen bal-**

digen Eheschließung dem Erzbischof als Stärkung zum Exempel vorzutraben. Doch der Appell fand kein Echo.

Bei Albrechts gleichnamigem Vetter, Deutschordensmeister in Preußen, war Luthers Werben dagegen erfolgreich. Er wandelte 1525 den Ordensstaat in ein weltliches Herzogtum um und heiratete im Jahr darauf.

Luthers Eheglück

Katharina und Martin fanden rasch zueinander. Nach der Hochzeit gestand er Amsdorf: **Ich empfinde nicht hitzige Liebe oder Leidenschaft für meine Frau, aber ich habe sie sehr gern.** Im Jahr darauf rühmte er sich **als glücklicher Ehemann und Katharina als die beste Frau und das geliebte Weib.** 1531 machte er Käthe eine Liebeserklärung, wie sie schöner nicht sein konnte: **Ich wollte meine Käthe nicht um Frankreich noch um Venedig geben.** (TR I, 49) Die Ehe, ein Geschenk Gottes. Für beide war sie eine neue Erfahrung. Mönch und Nonne hatten viele Jahre als «Singles» in der Einsamkeit der Klosterzelle verbracht. Bei der Hochzeit war er im gestandenen Alter von einundvierzig, sie immerhin schon sechsundzwanzig. Altersunterschiede von fünfzehn Jahren und mehr waren damals üblich. Frisch verheiratet zu sein war für Luther schön, aber ungewohnt: **Im ersten Jahr des Ehestandes hat einer seltsame Gedanken. Wenn er am Tisch sitzt, so denkt er: vorhin warst du allein, nun aber bist du zu zweien; im Bett sieht er ein paar Zöpfe neben sich liegen, das war vorher nicht.** (TR II, 1656) Erstmals erlebte er die angenehmen Seiten von Partnerschaft.

Die andere Erfahrung: **Also saß meine Käthe im ersten Jahr bei mir, wenn ich studierte, und da sie nicht wusste, was sie reden sollte, fing sie an und fragte mich: Herr Doctor, ist der Hochmeister** (Deutschordensmeister) **in Preußen des Markgrafen Bruder?**

(TR III, 3178 b) Er hatte jetzt eine Partnerin, die mit ihm reden wollte, anders als im Kloster mit Schweigepflicht. Käthe war wissbegierig und stellte Fragen, das konnte anstrengend sein. Im Scherz nannte Luther seine Käthe **Catena,** d. h. Kette (TR IV, 5069).

Sie umsorgte ihn im Alltag, machte ihm das Bett, pflegte die Kleidung und kochte das Essen. Bei all dem war sie einfühlsam. Er war oft schwierig im Umgang, konnte poltern und zornig werden, seine Stimmung jäh von Freude und Zuversicht in Melancholie und Pessimismus umschlagen. Zur Belastung wurden auch seine Krankheiten. Für all das hatte Käthe Geduld und Verständnis. Sie gab ihm auch sexuelle Erfüllung: **Ich schlaf oft bei einer schönen Frau am Bett, bei meiner Käthe** (TR I, 641), gestand er noch im achten Ehejahr.

Katharina von Bora wurde 1499 geboren. Sie stammte aus dem sächsischen Landadel. In ihrer Kindheit verarmte ihre Familie. Bereits mit zehn Jahren wurde sie in das Zisterzienserinnenkloster Nimbschen geschickt und erhielt Unterricht, auch in Latein. Sie war selbstsicher und zeigte Adelsstolz, das stieß Luther anfangs ab. Und sie war redegewandt. Darin übertreffe sie ihn bei weitem, spottete ihr Mann (TR IV, 4081). Sie vertrat ihren Standpunkt, bot dem berühmten Gatten Paroli und bewegte sich auf Augenhöhe mit ihm. Was sie wollte, betrieb sie hartnäckig. Dann war sie unbequem und lag Luther in den Ohren, dem **Geduld** abverlangt wurde (TR II, 2173). Gelegentlich gab es wohl auch Streit. Verbal drohte er Käthe schon einmal ein **Maulschellium** an (TR II, 2789 b).

Frauen waren generell weniger wert als Männer, das war Luthers Frauenbild. Doch Katharina schnitt deutlich besser ab als andere. Er erlebe oft, **dass mehr Mängel in anderen Frauen seien als in meiner Käthe; obwohl sie auch etliche** (Mängel) **hat, so sind doch viel größere Virtutes** (Tugenden) **dagegen** (TR I, 49). Es war das höchste Lob, das er ihr schenken konnte. Umgekehrt wollte er sein Licht nicht unter den Scheffel stellen: **Käthe, du hast einen frommen Mann, der dich lieb hat, du bist eine Kaiserin. Erkenne es und danke Gott.** (TR I, 1110) Das schönste Glück für Luther war der Kindersegen, den seine Frau ihm schenkte. Als sie wieder einmal schwanger war, schaute er sie fröhlich an: **Meine liebe Käthe, du tust es mir zu Ehren, dass du mich mit Gottes Segen und deiner Frömmigkeit zum Vater von sechs Kindern gemacht hast.** (TR III, 3319) Zwei von ihnen starben allerdings sehr früh.

Käthe sorgte für häusliche Behaglichkeit, und Luther war's zufrieden: **Und gedacht, wie gut Wein und Bier ich hab daheim, dazu eine schöne Frau oder sollt ich sagen: Herren?** (Luther an seine Frau, 1534). Die Frau im Haus, sie war der Herr im Hause Luther. Souverän schaltete und waltete sie: **Es grüßt dich mein Herr Käthe, die fährt, die Äcker bestellt, Vieh füttert und kauft, Bier braut.** (Luther 1535 an Justus Jonas) Arbeit über Arbeit. Rund um die Uhr rackerte Käthe sich im verlassenen Augustinerkloster beim Wittenberger Elstertor ab. Sie schätzte das weiträumige Anwesen. Ihr Mann, der dort schon als Mönch gelebt hatte, liebte es nicht: **Ich wohne in einem großen Haus, aber ich lebte lieber anderswo.** (TR III, 2877) Das Gebäude war für Wohnzwecke wenig geeignet. Die hohen Räume waren schwer zu putzen und zu heizen, die hygienischen Verhältnisse mangelhaft. Lange Zeit wurden die Abwässer der Latrine einfach ins Freie geleitet. Ständig waren Reparaturen und Umbauten notwendig; eine Wohnstube (Lutherstube) und Kammern wurden eingebaut. 1532 wurde nachträglich der Keller ausgehoben. Dabei stürzte eine Wand ein. Luther und seine Frau wären fast erschlagen worden. Als das Gröbste geschafft war, gab der Hausherr auf Wunsch seiner Frau das «Katharinentor» als Eingangsportal in Auftrag. Die Breite hatte sie mit einem Faden markiert: **Die gehauene Tür will Käthe so weit haben, wie dieses Maß ist … wollt bestellen, das beste ihr könnt!** (WA Briefe 8) Für seine Frau war ihm nichts gut genug. Auch eine Badestube mit Wanne wurde eingebaut. Über Jahre war das Lutherhaus eine einzige Baustelle, und Luther litt unter dem Lärm.

Herr Käthe

Katharina leitete einen Großhaushalt von fast fünfzig Personen. Er bestand aus der Familie, der Muhme Lene und einer Schar verwaister Nichten und Neffen. Außerdem erhielten zwanzig Studenten und Präzeptoren Kost und Logis gegen Bezahlung. Hinzu kamen Bedienstete: Luthers Sekretär, Hauslehrer, Hausmeister, Köchin, Knechte und Mägde, Kutscher und Hirt. Oft fanden sich Gäste ein. So war das abgestorbene Haus wieder von Leben erfüllt. Über die Verhältnisse der gut situierten Familie Luther geben rund 30000 Fundstücke Aufschluss, die bei neueren archäologischen Grabungen im Umfeld des Lutherhauses zutage kamen. Sie stammen überwiegend aus Käthes Haushalt: Kochgerät, Scherben von Tellern, Medizinfläschchen und Glasgefäßen. Tierknochen belegen den hohen Fleischkonsum. Dagegen waren Importwaren und teure Gewürze wenig geschätzt. Das entsprach der luxusfeindlichen Denkart des Reformators. Licht spendeten nicht teure Wachskerzen, sondern Kienspäne und Öllampen. Katharina führte in der Küche Regiment. Die Mahlzeiten wurden am späten Vormittag und am frühen Abend an einer langen Tafel im ehemaligen Refektorium eingenommen. Bei Tisch gab es eine feste Sitzordnung. Der Hausherr saß an der Stirnseite, neben ihm seine Frau und die ranghöchsten Gäste.

Mann und Frau hatten in der Ehe unterschiedliche Pflichten: **Der Mann soll erwerben, das Weib aber soll ersparen. Darum kann das Weib den Mann wohl reich machen und nicht der Mann das Weib, denn der ersparte Pfennig ist besser als der erworbene.**

Das beste Einkommen ist die Sparsamkeit. (TR IV, 4408) Eine Tugend, in der Luthers Frau Meisterin war. Anders dagegen ihr Mann. Er gab zu: **Ich kann mich in das Haushalten nicht richten.** Und doch sei seine Hauswirtschaft wunderbar, weil er mehr verbrauchen könne, als er einnehme (TR III, 2835). Einzig Käthe machte das möglich. Sie wirtschaftete umsichtig, wo möglich in Selbstversorgung. Im Herbst legte sie Vorräte an. Hausgeschlachtetes wurde durch Pökeln, Räuchern und Dörren haltbar gemacht. Schon bei den Zisterzienserinnen war ihr die Landwirtschaft vertraut. Das erleichterte den Aufbau ihres «Eigenbetriebs». Sie ließ den Klostergarten neu anlegen, kaufte Gärten, Äcker und Wiesen hinzu und baute Gemüse und Obst an. Selbst ihren Mann konnte sie für den Gartenbau erwärmen. Aus Nürnberg ließ er Sämereien besorgen. Sie betrieb auch intensive Viehhaltung: 1542 waren es zehn Schweine und drei Ferkel, fünf Kühe und neun Kälber, eine Ziege und zwei Zicklein. Dazu kamen Pferde und Geflügel. Die Familie Luther hatte so den größten Viehbestand in Wittenberg. Auch an der Fischzucht seiner Frau hatte er Gefallen: **Wir essen** (deine Fische) **mit größter Freude und Dankbarkeit. Käthe, du hast größere Freude über die wenigen Fische als mancher Edelmann, wenn er etliche große Teiche fischt mit viel Hundert Schock Fische.** (TR III, 3390 b)

Die Hausherrin braute sogar eigenes Bier. Der Kurfürst schenkte Luther noch dazu ein jährliches Deputat von Gerstenmalz für 4500 Liter Dünnbier. An elf Tagen im Jahr wurden jeweils ca. 400 Liter Bier gebraut. Der Verbrauch an Gerstensaft war hoch, bis zu zwei Litern pro Person am Tag. Es diente als Ersatz für hygienisch nicht einwandfreies Trinkwasser. Luther geizte nicht mit Lob für Katharinas Klosterbier, zog aber das gehaltvollere Torgauer oder Einbecker Bier vor.

Landbesitz wurde seiner Frau zur Leidenschaft. Auf ihr Betreiben erwarb er Liegenschaften in und um Wittenberg. Grundbesitz bedeutete ihr materielle Sicherheit. Zeitlebens stand sie unter dem Schock, den der Ruin des Vaters ausgelöst hatte. Bei seinem Tod hatte Luther auch den größten Grundbesitz von Wittenberg. Das «ganze Haus» war Katharinas Domäne und gab ihr Freiraum. Luther akzeptierte es: **Und ich erlaube ihr die ganze Herrschaft über die Hauswirtschaft – et ego concedo ei totum dominium oeconomiae.** Allerdings fügte er einschränkend hinzu: **Salvo meo jure – unbeschadet meines Rechts.** (TR III, 2847 b) De facto galt das eher nicht. Als es zum Beispiel zu Unstimmigkeiten mit dem Logiergast Veit Dietrich kam, wies Käthe, auf ihre Einnahmen bedacht, Luthers engen Vertrauten samt seiner Schüler kurzerhand aus dem Haus (TR IV, XXVIII). Ähnlich erging es seinem Tischgenossen Johannes Mathesius. Der Reformator nahm es hin.

Obwohl Luther von Frauen generell nicht viel hielt, hatte er vor Katharina Achtung und Respekt. Und er empfand Zuneigung und Mitgefühl. Als sie einmal einen Schwächeanfall hatte, bei ihrer Arbeitslast kein Wunder, betete er: **Liebe Käthe, stirb mir ja nicht!** (TR II, 2764 b) Im Testament machte er sie zur Alleinerbin. Das war ungewöhnlich und wurde nach seinem Tod erst durch ein Machtwort des Kurfürsten anerkannt.

Die Straße zwischen Torgau und Wittenberg, die sie 1523 in ein neues Leben außerhalb der Klostermauern geführt hatte, wurde Katharina Luther drei Jahrzehnte später zum Verhängnis. Als sie 1552 wegen der Pest aus Wittenberg floh, stürzte die Kutsche um, und sie verletzte sich schwer. In der heutigen «Katharinenstraße» von Torgau starb sie am 20. Dezember 1552 an den Folgen des Unfalls, sechs Jahre nach ihrem Ehemann. Ihr Grabstein in der Torgauer Pfarrkirche erinnert an die starke Frau an Luthers Seite. Von der Nachwelt viel bewundert und verklärt, gilt sie als Urmutter des evangelischen Pfarrhauses, die das Ideal des christlichen Hausstandes vorgelebt hat.

7. «Seid fruchtbar und mehret euch»

Ehe und Sexualität

Luther und Katharina von Bora schlossen den Bund fürs Leben aus freier Entscheidung. Das war damals die Ausnahme. Ehen wurden von Eltern, Verwandten oder Obrigkeiten gestiftet. Dabei ging es nicht um Liebe, sondern um Geld, Besitz und Macht. Oft kannten die Partner einander nicht einmal. Luther, dem Geld und Gut wenig bedeuteten, stellte die Ehe auf ein festeres Fundament, das Vertrauen der Partner zueinander: **Es ist kein lieblicheres Band als das einer guten Ehe. Reich ist, wer in glücklicher Ehe lebt, das ist ein seltenes Geschenk.** (TR I, 250; TR III, 3675) Das höchste Glück des Mannes: **Eine Gemahlin zu haben, der du alles, was du hast, anvertrauen kannst, mit der du Kinder zeugst.** (TR II, 2506)

Anders als in der katholischen Kirche ist die Ehe bei Luther nicht Sakrament, aber sie ist Geschenk und von Gott eingesetzt (TR IV, 4064). Bestimmung der Ehe sind die Kinder: **Kinder sind das lieblichste Pfand – der schönste Segen der Ehe sind die Kinder.** (TR III, 3456; TR V, 6318; TR IV, 4569) Der biblische Auftrag «Seid fruchtbar und mehret euch» (1. Mose 1,28) ist für Luther Befehl: **Nicht ein Gebot, sondern mehr als ein Gebot, nämlich ein göttlich Werk, das zu verhindern oder zu unterlassen nicht bei uns steht.** (*Vom ehelichen Leben*) Ehepartner können nicht frei über den Kinderwunsch entscheiden, denn **Samen und Mehren ist Gottes Schöpfung und nicht in deiner Macht – Kinder zeugen**

ist nicht in unserer, sondern in Gottes Gewalt (TR IV, 4773). Verhütung ist folglich tabu. Vom Zwang zur Fortpflanzung ausge-
nommen ist nur, wer von Natur aus untauglich zur Ehe ist. Klostergelübde sind kein Hinderungsgrund.

Die Sexualität als naturgegebene **Brunft** lenkte Luther in ge-
ordnete Bahnen. Nicht im Hurenhaus mit Prostituierten oder im
Pfarrhaus mit Konkubinen, sondern in der Ehe war der Ort der
Sexualität: **Durch die Ehe werden Hurerei und Unkeuschheit verhindert.** (*Vom ehelichen Leben*) Voreheliche Geschlechtsverkehr
lehnte er ab: **Wenn einer im Sinn hat, bei einem Weib zu schlafen,
der spar's auf, bis er ein eigenes Weib hat; es ist sonst nichts denn
Unflat und Verdammnis. Ich glaube, dass unser Herrgott froh
werde und Lust daran habe, wenn einer ein Weib nimmt und ge-
denkt, ein Kind zu machen.** (TR II, 1497) Regelmäßiger Beischlaf
lasse die Brunft rasch abklingen (TR III, 3456; TR V, 6317). Die Ehe
bringt Ordnung ins private wie ins öffentliche Leben: **Hauswesen, Wirtschaft, Polizei und Religion können nicht bestehen ohne
Ehestand.** (TR I, 1216)

Bei allem Lob: Luther sah auch Mühe und Last des Ehelebens.
Als an einem Neujahrstag eines seiner Kinder unablässig schrie
und weinte, **da war der Doktor mit seiner Hausfrau eine ganze
Stunde traurig; danach sprach er: Das ist die Beschwerlichkeit des
Ehestandes, weswegen alle die Ehe meiden. Der Eigensinn der
Frauen, das Kindergeschrei, die Sorgen, die bösen Nachbarn, alles fürchten wir. Deswegen wollen wir frei sein und nicht gebunden, dass wir freie Herren bleiben und genießen die Hurerei.**
(TR III, 2867 b) In der Ehe **muss man die Windeln waschen, Betten
machen, Gestank riechen, die Nächte durchwachen, auf (des Kin-
des) Schreien achten, seinen Grind und Blattern heilen, danach
die Frau pflegen, sie ernähren** ... Luther ist hier, ganz modern,
fürsorglicher Familienvater, der die Lasten mitträgt. **Alle diese
geringen, unlustigen, verachteten Werke ... mit göttlichem Wohl-**

gefallen wie mit dem köstlichsten Gold und Edelsteinen ge-
schmückt sind. (*Vom ehelichen Leben*)

Die Rollenverteilung der Ehepartner war ungleich. Der Mann
hatte das Sagen: **Frauen dürfen nichts anderes hören als ihres
Mannes Wort zu Hause und zu Bette. Hört sie eines anderen Wort,
ist sie gewisslich eine Hure.** (*Wider Hans Worst*) Der Mann hatte
die Lust, die Frau meist die Last, mit Kindern und Haushalt. Bei
Geburtsnöten fand Luther wenig tröstliche Worte: **Denke daran,
liebe Greta, dass du ein Weib bist und Gott dies Werk an dir gefällt … Gib das Kind her und tue das deine mit aller Macht dazu;
stirbst du darüber, so fahr hin: wohl dir, denn du stirbst bestimmt
bei einem edlen Werk und im Gehorsam Gottes.** (*Vom ehelichen
Leben*)

Im Bund der Ehe wünschte sich Luther eine Harmonie der
Partner. Dafür genüge das Beischlafen (Copula carnalis) nicht.
Sinn und Herz, Sitten und Leben der Partner müssten überein-
stimmen. Einer müsse den anderen für gut halten und Geduld
mit ihm haben. Die Ehe, keine einfache Sache. Luther wusste es
aus eigener Erfahrung, auch als «Eheberater» für andere. Er beklagte, **lieber Gott, was hat's Mühe mit uns allein in Ehesachen,
was kostet es uns Mühe und Arbeit; bis man sie zusammenbringt,
danach viel größere Sorge, dass man sie beieinander hält … o, wie
wohl steht's, wenn sie miteinander zu Tisch und Bett gehen, ob
sie gleich zuweilen miteinander murren, das kommt vor. Adam
und Eva werden weidlich oft die 900 Jahre miteinander gescholten haben: Du hast den Apfel gefressen. Er dagegen: Warum hast
du ihn mir gegeben!** (TR III, 3675) Es gibt Ehestreit, dem Satan
zur Freude. Anlässe sind oft nur Kleinigkeiten, etwa ein Nagel
an der Wand, **daran sie ihren Schleier will hängen, da ich meinen
Hut hinhänge** (TR III, 3412b). Manchmal werden im Streit die
Partner rabiat. Eine Frau beklagte sich, sie werde von ihrem
Mann oft verprügelt. Darauf dieser: **Weil sie mich zuvor mit dem**

Wäschespleuel geschlagen hat. (TR III, 3464 g) Als Lebensweisheit fügte Luther an: **Ein Weib ist bald genommen; aber stets lieb zu haben, das ist schwer.** (TR V, 5524)

Luther war Theologe, aber auch Sexologe. Er schaute dem Volk nicht nur aufs Maul, sondern unter Hose und Rock. Als Richtmaß für Sex soll er die viel zitierte, aber nicht gesicherte Empfehlung gegeben haben: **In der Woche zwier, das schadet weder ihm noch ihr.** Beim Sex sollten die Partner einander treu sein und monogam leben. Ehebruch verabscheute er. Wer mehrfach die Partnerin für eine andere verlässt, **dem soll man den Kopf vor den Arsch legen** (TR IV, 4499). Noch ohne eigene Eheerfahrungen verfasste er 1522 seinen Traktat *Vom ehelichen Leben.* Als die Moral- und Sexualordnung der alten Kirche mit Zölibat und Konkubinat zu Fall gekommen war, setzte er neue Normen für Ehe und Geschlechtsleben. Sie waren einseitig auf die Bedürfnisse des Mannes ausgerichtet. Wenn ein **halsstarriges Weib** sich ihrem Mann dauerhaft verweigere und er deswegen in Unkeuschheit falle, dann galt: **Hier ist es Zeit, dass der Mann sage: Willst du nicht, so will eine andere, will die Frau nicht, so komme die Magd.** (*Vom ehelichen Leben*) Zuvor müsse die Ehefrau wegen Verstoß gegen die ehelichen Pflichten wiederholt ermahnt werden. Falls das nicht helfe, dürfe die Obrigkeit Zwang ausüben und sogar den Tod androhen.

In der katholischen Kirche war die Ehe unauflösbar. Luther dagegen ließ Scheidung zu, wenn die Ehe körperlich nicht vollzogen werden konnte. Krankheit allein war kein Scheidungsgrund. Doch bei Lepra dürfe sich der gesunde vom kranken Partner trennen und eine neue Bindung eingehen, unter der Bedingung, dass für die Leprakranken gesorgt werde (TR IV, 5052).

Ehen konnten ebenfalls getrennt werden bei dauerhafter Verweigerung des Beischlafs und bei Ehebruch. Wenn es zur Scheidung kam, war das bitter, **denn Gott will keine Ehescheidung**

(TR I, 2017). Gott schuf den Menschen als Mann und Frau
(1. Mose 1,27). Der Mensch kann es nicht verändern: **Es steht
nicht in unserer Gewalt, dass ich mich zu einem Weibsbild oder
du dich zu einem Mannsbild machst, so sind wir: Ich ein Mann,
du ein Weib.** (*Vom ehelichen Leben*) Dabei dachte er wohl an Per-
versionen wie diese: **Eine Frau in Männerkleidung und mit fal-
schem Penis hatte zwei Ehefrauen. Das war eine satanische Bosheit.** Dafür kam die Frau auf den Scheiterhaufen (TR V, 6335).

Den biblischen Auftrag «Seid fruchtbar und mehret euch»
müssen die Menschen rasch in die Tat umsetzen. Luther war für
ein frühes Heiratsalter: **Frühe aufstehen und frühe freien, das soll
niemand gereuen.** (*Vom ehelichen Leben*) Mädchen sollen zwischen fünfzehn und achtzehn, Jünglinge spätestens mit zwanzig
heiraten. Das sollten möglichst viele, auch die in Armut lebten
wie Handwerksgesellen und Knechte. Ihnen machte er Mut: **Wer
aber auf christliche Weise ehelich sein will, der darf sich nicht
schämen, arm und verachtet zu sein, geringe Werke zu tun.** Seine
fromme Hoffnung: Gott werde ihn ernähren. **Es ist nur darum zu
tun, dass wir arbeiten und nicht müßiggehen, ernährt und beklei-
det sind wir gewiss. Gott macht Kinder, der wird sie wohl auch
ernähren.**

Gravierende Altersunterschiede zwischen den Partnern lehnte
er ab, besonders, wenn ein alter Mann eine junge Frau heiratete:
**Ein Greis, der ein junges Mädchen zur Frau nimmt, tötet sich
selbst.** (TR II, 2012) Derartige Verbindungen seien **ein hässliches
Spektakel und wider die Natur. Es ist nichts Schönes noch Star-
kes.** (TR IV, 4474) Solche Ehen waren damals an der Tagesordnung. Das Lebensrisiko für Frauen war hoch. Viele starben im
Kindbett. Witwer verheirateten sich wieder, oft bis ins hohe Alter. Alter Mann und junge Frau, ein beliebtes Thema in der Kunst
der Zeit. Aber auch umgekehrt galt für Luther: **Jünglinge tun
nicht gut, wenn sie eine reife Frau heiraten.** (TR V, 5264)

Luther stiftete Ehen, zum Beispiel für die Nonnen, die aus dem Kloster in Nimbschen geflohen waren. Das sprach sich herum, und so hoffte eine Witwe darauf, dass er ihr einen Gatten vermittle. Das empfand er als Zumutung: **Soll ich den Weibern auch Mannen geben? Ich mein, sie halten mich für einen Hurenwirt. Pfui dich, du Welt!** (TR II, 1525) Mehr als bedenklich war sein Verhalten in der Ehesache des Landgrafen Philipp von Hessen, engagierter Förderer der Reformation. Der Landgraf war verheiratet und hatte sieben Kinder. Da verliebte er sich in ein Edelfräulein. Deren Mutter bestand auf Heirat. Philipp aber wollte sich nicht scheiden lassen. Deshalb wandte er sich an Luther und wünschte dessen Segen für eine Doppelehe. Sonst sehr eindeutig in solchen Fragen, gab der Reformator eine gewundene Antwort. Der Landgraf verstand sie als Zustimmung. Die Doppelehe wurde geschlossen. Die Zweitfrau schenkte ihm viele Kinder. Ein krasser Fall von Bigamie. Darauf stand die Todesstrafe.

Auch zur Schlichtung von Partnerstreit wurde Luther bemüht. So führte er ein Paar wieder zusammen, das sich zerstritten hatte, weil der Bräutigam die Braut durch vorehelichen Geschlechtsverkehr **(dass ihr der Kranz verdörrt sei)** in Verruf gebracht hatte (TR IV, 4497).

Die Frau, das minderwertige Wesen

Starke Frauen kämpften für Luther, aber Kirchenämter verweigerte er ihnen: **Darum fordert die Ordnung, Zucht und Ehr, dass Weiber schweigen, wenn die Männer reden.** Nur widerstrebend wich er von diesem Grundsatz ab: **Wenn aber kein Mann predigt, wäre es von Nöten, dass die Weiber predigten.** (WA 8) Das war ein «Notmandat», wichtig in den Anfangsjahren der Reformation, schon bald aber stillschweigend wieder außer Kraft gesetzt.

Luther und die Frauen: In seinem Frauenbild wirkten Frauen-
verachtung und Frauenhass der Kirchenlehrer nach. Für sie waren Frauen minderwertige Wesen. Nach Ambrosius müsse die
Frau ihr Haupt verhüllen, weil sie nicht Ebenbild Gottes sei.
Ähnlich herabgesetzt wurde sie von Augustinus: «Das Weib ist
ein minderwertiges Wesen, das von Gott nicht nach seinem
Ebenbild geschaffen wurde.» Thomas von Aquin war überzeugt:
«Ein Weib verhält sich zum Mann wie das Unvollkommene und
Defekte zum Vollkommenen.» Abfällig urteilte Albertus Magnus: «Die Frau ist ein missglückter Mann und hat im Vergleich
zum Mann eine defekte und fehlerhafte Natur.» Für Tertullian
war zwar das Äußere der Frau verlockend wie ein Tempel, das
Innere aber abstoßend wie eine Kloake. Verteufelt wurde der
weibliche Körper als Ansammlung von Schleim und Feuchtig-
keit. Frauen seien schlecht und sittenlos. Albertus Magnus behauptete: «Die Frau ist zur Sittlichkeit weniger als der Mann geeignet.» Der Grund: sie enthalte mehr Flüssigkeit als der Mann.
Nicht nur unrein seien Frauen, sondern auch verlogen, betrüge-
risch und verführerisch: «Vor jeder Frau muss man sich hüten,
wie vor einer giftigen Schlange und dem gehörnten Teufel»,
warnte Albertus Magnus.

Luther war in der Wortwahl nicht ganz so drastisch wie die
Kirchenväter, doch auch für ihn waren Frauen minderwertig. Bei
einem Geplänkel mit seiner Frau, die ihm ihre Klugheit beweisen
wollte, ließ er sich halb scherzhaft, halb ernst über den Unterschied im Körperbau von Mann und Frau aus: **Gott schuf den
Mann mit breiter Brust und schmalen Hüften, damit großzügig
Platz für die Weisheit sei. Die Kloake für die Ausscheidungen
aber machte er klein. Bei der Frau ist das gerade umgekehrt. Deshalb haben die Frauen viel Ausscheidungen, aber wenig Weisheit.** (TR II, 1975) Breites Gesäß und Hüften hätten sie auch, **dass
sie sollen still sitzen** (TR I, 55). Die größte Auszeichnung der

Frauen sei, dass die Männer von ihnen geboren würden. Er spöttelte: Mädchen wüchsen schneller als Knaben, denn **Unkraut wächst schnell.** Dem weiblichen Geschlecht mangele es an Kraft, aber auch an Geist und Begabung, **defectus virium et ingenii** (TR IV, 4783). Er ließ kaum ein gutes Haar an den Frauen. Zänkisch und schwatzhaft seien sie, noch dazu herrschsüchtig und ungehorsam (TR I, 891, 1054; TR IV, 4081). Für ihn stand fest: Frauen müssen sich dem Mann unterordnen. Dass das nicht funktionierte, musste er in der eigenen Ehe erfahren. Sein selbstironisches Fazit: **Wenn ich noch einmal heiraten würde, so wollt ich mir ein gehorsam Weib aus Stein hauen.** (TR II, 2034)

Frauen kann man nicht vertrauen, denn sie sind nicht verschwiegen. Kein Geheimnis kann man ihnen anvertrauen: **Das, was den Weibern zu den Ohren einfällt** (hereinfällt), **das fällt ihnen wieder zum Maul heraus.** (TR IV, 4434) Frauen gehen Männern auf die Nerven, durch Weinen, Lügen und Widerrede, besonders dann, wenn sie eine flinke Zunge besitzen. Da dachte Luther wohl auch ein wenig an Käthe (TR IV, 4786). Es gab eine klare Rollenverteilung zwischen den Geschlechtern. Frauen müssen Kinder gebären und erziehen, Männer müssen ernähren und wehren (TR IV, 4783). Benachteiligt waren Frauen bei Besitz und Erbe: **Darum soll man den Töchtern Geld, den Söhnen die Güter, Haus und Acker überlassen.** (TR II, 2465) Bestimmung und höchste Auszeichnung der Frau ist die Mutterschaft: **Die größte Ehre der Frau ist, dass durch sie die Kinder geboren werden.** (TR IV, 4138) Schwangerschaften tun den Frauen wohl: **Die fruchtbar sind, sind gesünder, reinlicher und lustiger, schwach und ungesund die unfruchtbaren Weiber.** Geburten sind auch gut für die Psyche der Mutter. Als seine Pflegetochter Margarethe mit Bräutigam zu Besuch war, wurde Luther sehr direkt: **Setz dich her, Frau Braut! Man kann einer jungen Metze nichts Besseres antun, als man macht ihr ein Kind, so vergehen ihr viele Gedanken**

(d. h. das Grübeln), **denn die Weiber, die Kinder stillen, sind die fröhlichsten Frauen.** (TR III, 3466) Nicht zuletzt, um sie der Mutterrolle zuzuführen, unterstützte er Nonnen bei der Klosterflucht. Ehe und Kinder seien besser als Müßiggang und Meditation. Er sah aber auch das Risiko von Schwangerschaften. Der Fötus müsse sich den Weg bahnen durch das Becken, das so eng sei, dass kaum ein Apfel hindurchgehe (TR II, 2560). Doch Frauen müssen Kinder gebären, koste es, was es wolle: **Wenn sie sich auch müde und zuletzt tot tragen, das schadet nichts, lasse sie sich nur tot tragen, sie sind dazu da.** Sein hartes Fazit: **Es ist besser kurz gesund, als lange ungesund leben.** (*Vom ehelichen Leben*) Dennoch hatte er Mitleid mit Käthe, als sie noch während der Stillzeit schwanger wurde: **Es ist schwer, zwei Gäste zu ernähren, einen im Haus, den andern vor der Tür.** (TR I, 1016) Infolge fehlender Verhütung kam das damals nicht selten vor.

Gott hat die Frauen geschaffen, damit sie die Männer erfreuen, in der Ehe auch sexuell. Luther hatte einen Blick für Frauenschönheit, für langes Haar, Zöpfe und noch mehr. Die Wittenberger Männerrunde nach Tisch machte sogar die weibliche Büste zum Thema: **Brüste sind die Zierde der Frauen, wenn sie Proportion haben.** (TR IV, 4105; TR V, 6101; TR II, 1554) Mit Blick auf die Mutterschaft war nicht nur die Form wichtig, sondern ebenso die Milchleistung: **Große und fleischige Brüste sind nicht die besten ... versprechen viel, aber geben wenig. Brüste, die voller Adern und Nerven sind, obwohl klein ... haben viel Milch zum Stillen.** (TR IV, 4105) Daraus wurde ein Gleichnis: **Große Brüste sind der Welt Figur, welche viel verheißen und wenig geben.** (TR III, 3315 a) Die Mütter sollten ihre Kinder selbst stillen. Gegen Ammen hatte er Bedenken: **Ich glaube, wenn die Kinder grobe Ammen haben, dass auch grobe Kinder danach geraten.** (TR II, 5054)

Für Kinder und Küche war die Frau zuständig. Wie unentbehrlich sie war, führte ihm Käthe täglich vor Augen, als Managerin eines mittelständischen Allround-Betriebs: **Ohne Frauen würden Haus und Haushalt zusammenbrechen und in der Folge sogar Wirtschaft und öffentliche Ordnung.** (TR I, 1006; TR II, 1656) Bei der Hausarbeit konnten weibliche Eigenschaften ausgelebt werden, die Luther weniger liebte: **Frauen reden vom Hauswesen mit Holdseligkeit und Lieblichkeit der Stimme, übertreffen in ihrer Beredsamkeit dabei Cicero.** (TR I, 1054) Mit dem Mund sind sie den Männern überlegen: **Von Natur aus beherrschen die Frauen die Redekunst, die sich die Männer mit großer Mühe aneignen müssen.** (TR II, 1979) Da hatte er die eigene Frau im Ohr! Als ein gelehrter Engländer an der Tischrunde teilnahm, der kein Deutsch konnte, empfahl ihm Luther seine Frau als Sprachlehrerin: **Sie ist äußerst wortgewandt, sie kann's so vollkommen, dass sie mich weit damit übertrifft.** (TR IV, 4081)

Frauenregiment war strikt auf das Haus begrenzt. Alles andere war Männerdomäne. Die Männer waren geschaffen zu Herrschaft, Krieg und Gericht, zur Ausübung der «Polizei», der Sorge für das Gemeinwohl (TR I, 1054). Frauen taugten dazu nicht: **Wenn sie über Politik reden, reden sie so verworren und läppisch, dass nichts darüber geht.** (TR I, 1054) Frauenherrschaft habe seit Anfang der Welt nichts Gutes gebracht, gemäß dem Sprichwort: **Weiberregiment nimmt selten ein gut End.** Als Gott Adam zum Herrn über alle Kreaturen gesetzt habe, **da war alles noch wohl und recht, und alles wurde aufs Beste regiert.** Als aber die Frau kam, **da geriet alles durcheinander** (TR I, 1046). Also: die Frauen sind schuld an allem Weltenübel.

Luthers Wunschbild: Frauen sollen sich willig dem Mann unterordnen. Sie müssen fromm und züchtig sein. Ausdrücklich lobte er die Sitte, dass Jungfrauen verschleiert das Sakrament empfangen (TR I, 711; TR III, 3207). Ihre Klugheit soll sich in Grenzen halten: **Es ist kein Rock, der einer Frau oder Jungfrau so übel ansteht, als wenn sie klug sein will.** (TR II, 1555) Frauen müssen die Zunge hüten: **Beredsamkeit ist an ihnen nicht zu loben; es steht ihnen besser an, dass sie lallen und stammeln.** (TR IV, 4081) Nur eingeschränkt sollte es Unterricht und Bildung für sie geben. An den Schulen sollten **des Tags die Mägdelein eine Stunde das Evangelium hören, es wäre deutsch oder lateinisch.** Aus der Seele gesprochen war dem Reformator «das Lob eines weisen und frommen Weibes» in den Sprüchen Salomons, Kapitel 31 (TR IV, 4783). Er las daraus in der Tischrunde vor:

Wem ein tugendhaftes Weib bescheret ist, die ist viel edler denn die köstlichsten Perlen (Vers 10).

Ihres Mannes Herz darf sich auf sie verlassen, und Nahrung wird ihm nicht mangeln (Vers 11).

Sie tut ihm Liebes und kein Leides sein Leben lang (Vers 12).

Sie gehet mit Wolle und Flachs um und arbeitet gern mit ihren Händen (Vers 13).

Sie ist wie ein Kaufmannsschiff, das seine Nahrung von ferne bringet (Vers 14).

Sie steht des Nachts auf und gibt Futter ihrem Hause und Essen ihren Dirnen (Vers 15).

Sie denkt nach einem Acker und kauft ihn und pflanzt einen Weinberg von den Früchten ihrer Hände (Vers 16).

Sie gürtet ihre Lenden fest und stärkt ihre Arme (Vers 17).

Ihr Mann ist berühmt in den Toren, wenn er sitzt bei den Ältesten des Landes (Vers 23).

Ihr Schmuck ist, dass sie reinlich und fleißig ist, wird hernach lachen (Vers 25).

Sie tut ihren Mund auf mit Weisheit … (Vers 26).

Sie schauet, wie es in ihrem Hause zugehet, und isset ihr Brot nicht mit Faulheit (Vers 27).

Ihre Söhne kommen auf und preisen sie selig, ihr Mann lobet sie (Vers 28).

Viele Töchter bringen Reichtum … (Vers 29).

Diesem Idealbild kam die Frau an Luthers Seite in vielem sehr nah. Katharina war tugendhaft und verlässlich, proper und reinlich, zupackend und über die Maßen arbeitsam. **(Isset ihr Brot nicht mit Faulheit.)** Liebevoll umsorgte sie ihren Gemahl, hatte Söhne und Töchter, und sie hatte einen berühmten Mann, den großen Martin Luther. Das war die eine Seite von Katharina. Die andere: Sie war eine Frau, die wusste, was sie wollte. Eine Partnerin auf Augenhöhe. Sie war kritisch, schlagfertig und humorvoll – besaß die für Frauen seltene Gabe der **Weisheit.** Als Luther einmal flachste, es werde noch dazu kommen, dass ein Mann mehr als eine Frau nehmen werde, entgegnete die **Doktorissa,** wie er sie nannte: «Das glaube der Teufel.» Darauf der Doktor: **Der Grund sei, eine Frau könne im Jahr nur ein Kind tragen, aber der Ehemann könne mehrere zeugen.** Dagegen verwies Käthe auf Paulus: Qui libet habeat uxorem propriam – Jeder habe seine eigene Frau. Luther präzisierte: Eine eigene, aber nicht eine einzige. Das stehe nicht bei Paulus. So ging es hin und her, bis die Doktorissa es schließlich leid war: «Bevor ich das mitmachen würde, würde ich lieber wieder ins Kloster zurückkehren und Euch und die Kinder im Stich lassen» (TR II, 1461). Katharina von Bora, selbstbewusst und resolut. Dass Luther sie deshalb **Herr Käthe** nannte, war in ihren Augen vielleicht das schönste Kompliment, das er ihr machen konnte.

Starke Frauen der Reformation

Luthers Frau war kein Ausnahmefall. In der bewegten Epoche vom Mittelalter zur Neuzeit kam auch das traditionelle Rollenbild der Geschlechter ins Wanken. Frauen standen ihren Mann, als Regentinnen, Herrscherwitwen und Erzieherinnen oder aber im Armenwesen sowie in Handwerk und Handel. Die neue

Frauenmacht schreckte die Männerwelt auf. Geschlechterkampf und Weiberregiment wurden zum Sujet der Künstler. Spottbilder hatten Konjunktur wie zum Beispiel das Thema von Aristoteles und Phyllis, die peitschenschwingend auf dem Rücken des Philosophen reitet, dargestellt von Hans Baldung Grien (1513), Lucas van Leyden (1513/14) oder Hans Brosamer (um 1538). Lucas Cranach d. Ä. führte in seinem Gemälde «Herkules bei Omphale» (1535) den verweichlichten Mann vor, umgeben von starken Frauen. Von Lucas Cranach d. Ä. stammen auch verschiedene Varianten vom alttestamentarischen Schreckensbild der «Judith mit dem Haupt des Holofernes». Um Volk und Jerusalem zu retten, enthauptete Judith den von ihr betörten Feldherrn Holofernes. Mit dem Griff zum Schwert, das dem Mann vorbehalten war, verstieß sie eklatant gegen die überkommene Geschlechterordnung. Sogar ihre weiblichen Reize setzte sie als Waffe ein. Solche Warnungen stießen in der Männerwelt auf offene Ohren und gaben der Frauenfeindlichkeit Nahrung.

Die Reformation – reine Männersache. So war es zumindest von Luther gewollt. Wenn es um Frauen ging, hielt er starr am Alten fest, in Anlehnung an den Grundsatz **Frauen (puellae) sollen nicht öffentlich reden. Das ist gegen die Gewohnheit, und das Paulus-Wort verbietet: Mulieres non loquantur in ecclesia – Frauen dürfen in der Kirche nicht sprechen!** (TR V, 5210) Aber die Reformation wurde gegen seinen Willen auch zur Frauensache. Die Ehefrauen hielten den Reformatoren «den Rücken frei», wie die dienende Rolle von Frauen im Schatten bedeutender Männer umschrieben wird. Aber weit mehr: Sie waren in die Glaubensarbeit ihrer Männer einbezogen, durch kritisches Zuhören, Fragen und Gespräch. Sie teilten mit ihnen Freud und Leid, Erfolg, Anfeindung und Verfolgung. Frauen wie Anna Zwingli, Idelette Calvin oder Katharina Melanchthon. Wibrandis Rosenblatt war nach dem Tod ihres ersten Mannes dreimal mit Reformatoren verheiratet: mit Johannes Oekolampad, als dieser starb, mit Wolfgang Capito, und nachdem dieser der Pest erlag, schließlich mit Martin Butzer. Frauen, oft aus dem Adel, wurden zu Vorkämpferinnen für die neue Lehre. Sie gingen mit Flugschriften an die Öffentlichkeit. Die ehemalige Nonne Florentina von Oberweimar prangerte 1524, von Luther unterstützt, das Klosterleben an. Im gleichen Jahr kämpfte Ursula Weyda in Thüringen gegen den Zölibat und für die Priesterehe. Ursula von Münsterberg, Enkelin des böhmischen Königs Georg Podiebrad, rechtfertigte 1528 ihre Flucht aus dem Kloster und zog sich den Zorn Herzog Georgs von Sachsen zu. Seit 1523 warb in Bayern Argula von Grumbach für Luther. Sie forderte die katholischen Theologen der Universität Ingolstadt, voran Johannes Eck, zum Streitgespräch heraus. An Herzog Wilhelm IV. von Bayern richtete sie Sendbriefe. In dichter Folge veröffentlichte sie Flugschriften mit einer Auflage von fast 30 000 Exemplaren. Frauen bestiegen die Kanzel und hielten kraftvolle Predigten; den männlichen Kanzelrednern standen sie nicht nach. Katharina Zell, Gattin des evangelischen Münsterpredigers in Straßburg, übte ein «Helferamt» aus, um «das Evangelium zu bauen». Magdalena von Staupitz, die zusammen mit Katharina von Bora aus dem Kloster Nimbschen geflohen war, wurde auf Empfehlung Luthers Leiterin der Mädchenschule in Grimma.

Auch Fürstinnen engagierten sich für die Reformation. Katharina von Sachsen bekannte sich 1525 zur neuen Lehre. 1533 berief sie einen evangelischen Prediger nach Freiberg. Im Amt Freiberg herrschte ihr Mann, Herzog Heinrich von Sachsen. Landesherr im gesamten albertinischen Sachsen war sein Bruder, Herzog Georg, Verfechter des alten Glaubens und erbitterter Gegner Luthers. Da Heinrich, nicht mehr der Jüngste, den Konflikt mit dem Bruder scheute, gab er vor, er könne die Predigt von der Empore des Freiberger Doms akustisch nicht verstehen. Darauf ließ Katharina kurzentschlossen seinen Stuhl vor die Kanzel stellen, «damit er mit dieser Entschuldigung sich nicht mehr behelfen möchte». 1537 hatte Katharina ihren Mann schließlich so weit gebracht, dass er das Abendmahl in beiderlei Gestalt empfing. Als Nachfolger des Bruders führte er seit 1539 die Reformation im albertinischen Sachsen ein. Das brachte ihm den Beinamen «der Fromme» ein. Mit Katharina von Sachsen stand Luther im Gedankenaustausch. Als sie ihn in Wittenberg nach dem Tod ihres Schwagers Georg besuchte, fragte sie den Reformator vertrauensvoll, «ob es eine Sünde sei, dass sie nicht sehr um ihn trauere» (TR IV, 4622). Luthers Antwort ist nicht überliefert.

Elisabeth von Brandenburg, Gemahlin des katholischen Kurfürsten Joachim I., wurde lutherisch. Standhaft bewahrte sie ihren Glauben, auch wenn sie zur Strafe «eingemauert werden sollte». Sie floh nach Kursachsen. 1537 lag sie todkrank im Lutherhaus, der Reformator betete für sie: **Lieber Herrgott, erhör unser Gebet … Ach lieber Herr, wir sind dein, mach's, wie du willst, allein gib uns Geduld.** (TR V, 6015) Ihr Sohn, Kurfürst Joachim II., führte 1539 die Reformation in Brandenburg ein.

Eine unerschrockene Verfechterin der Reformation war auch Elisabeth von Rochlitz, Schwester des Landgrafen Philipp von Hessen. 1515 heiratete sie Johann von Sachsen, den ältesten Sohn Herzog Georgs. Unter den Augen ihres altgläubigen Schwiegervaters bekannte sie sich seit 1526 zu Luther. Daran hielt sie unbeirrt fest, obwohl ihr das Leben am Dresdener Hof schwer gemacht wurde. Der katholische Herzog musste hinnehmen, «den Feind im Haus zu haben». Furchtlos trat sie dem Schwiegervater nach dem Tod ihres Mannes entgegen. Der Herzog hatte dem Sterbenden das Abendmahl unter beiderlei Gestalt verweigert. Um den Sohn in der Todesstunde zu trösten, habe er, entgegen dem katholischen Glauben, auf die Rechtfertigung allein durch Christus ohne Werke und Heilige verwiesen. Als Elisabeth dies erfuhr, stellte sie Georg zur Rede: **Warum lasst ihr nicht zu, das öffentlich zu predigen?** Georgs Antwort: **Man soll's nur sagen den Sterbenden, nicht den Gesunden.** (TR III, 3581) Luther hatte die Episode von Kurfürst Johann Friedrich von Sachsen erfahren. Als Witwe führte Elisabeth 1537 in ihrer Herrschaft Rochlitz die Reformation ein. Daraufhin ermahnte der Bischof von Meißen sie, Veränderungen der Religion zu unterlassen, die Frau müsse in der Kirche schweigen. Elisabeth hielt entgegen: Da die Bischöfe ihr geistliches Amt nicht wahrnähmen und völlig stumm blieben, sei sie gezwungen, sich um das Seelenheil ihrer Untertanen zu kümmern. Luther war von ihrem unerschrockenen Auftreten gegen die geistlichen Obrigkeiten beeindruckt: **Wollen sie nicht Männer hören, so müssen sie Weiber hören und Kinder reden lassen.** (TR III, 3813)

Katharina Zell, Argula von Grumbach, Katharina von Sachsen, Elisabeth von Rochlitz und – wie die neuere Forschung eindrucksvoll ausweist – noch viele mehr engagierten sich für die Reformation. Nach ihrem Siegeszug gerieten die kämpferischen Frauen ins Abseits. Über Jahrhunderte waren sie vergessen. Bewusst verdrängten die Kirchenmänner ihren mutigen Einsatz. Nur den Männern der Reformation wurden Denkmäler gesetzt. Erst in jüngster Zeit gibt es Ausnahmen. Eine Statue im Hof des Wittenberger Lutherhauses zeigt Käthe kraftvoll schreitend. Auf dem imposanten Reformationsdenkmal in Genf steht seit 2002 der Name von Marie Dentière, einer unbequemen Verfechterin des reformierten Glaubens. An der Verbannung der Frauen aus dem öffentlichen Leben der evangelischen Kirche hatte der Reformator selbst kräftig mitgearbeitet. Nicht nur seine Glaubensbotschaften, sondern auch seine Vorurteile gegen Frauen schlugen Wurzeln. Einzig als Hüterin des Pfarrhauses waren die protestantischen Frauen willkommen. Schrittweise erkämpften sie sich den Weg ins geistliche Amt gegen viele Widerstände. So mussten Pfarrerinnen lange Zeit auf die Ehe verzichten. In der katholischen Kirche haben bis heute allein die Männer das Sagen.

Kinder sind die Zukunft

Kinderleben waren um 1500 Leben ohne viel Freude. Von Kindern wurde Gehorsam verlangt, sonst gab es die Rute. Schon früh mussten sie auf dem Feld oder in der Werkstatt mitarbeiten. Sie wurden auch zum Betteln geschickt. Für Spiele, Reifen, Kreisel und Murmeln blieb wenig Zeit. Kinder wurden wie Erwachsene behandelt und waren wie sie gekleidet. Auch Martin Luther wurde von den Eltern hart mit Schlägen erzogen. Sein Leben lang erinnerte er sich daran. Aus den Erziehungsfehlern der Eltern lernte er. Die eigenen Kinder erzog er mehr mit Liebe als mit Strenge. Sie waren ihm ein Schatz: **Kinder sind Gottes Segen, je mehr Kinder, desto größer das Glück.** (TR III, 3613) Kinderseelen sind rein: **Willst du ein Bild eines Engels sehen, so schaue ein feines frommes Herzlein wie ein Kleinkind an, das niemand Schaden getan hat.** (TR V, 5861) Er sah die Mühe, die Kinder machen. Die Geburt war das **schwerste Werk** der Mütter. Viele starben im Kindbett. Dann das Kleinkindalter mit schlaflosen Nächten der Eltern und Bangen, ob der Säugling das erste Lebensjahr überstehen würde (TR I, 1004). Luther erlitt es hautnah. Sechs Kinder kamen auf die Welt: 1526 Johannes (Hans), 1527 Elisabeth, 1529 Magdalena, 1531 Martin, 1533 Paul und 1534 Margarethe. Zwei starben schon im Kindesalter. Elisabeth wurde nicht einmal ein Jahr alt, Magdalena nur dreizehn Jahre. Mit anrührenden Versen tröstete Luther seine Frau über ihren Tod:

Hier schlafe ich, Magdalena, Doktor Luthers Tochter
Und ruhe in meinem Bettlein mit den Heiligen.
Ich war in Sünden geboren und musste sterben,
Aber nun lebe ich durch dein Blut, Jesu Christe, erlöset.

(TR V, 5490 a)

Luther liebte seine Kinder innig. Er nahm sie auf den Schoß, spielte, sang und musizierte mit ihnen. Weihnachten 1531 dichtete er für sie *Vom Himmel hoch*. Er beneidete das Kindermädchen Muhme Lehne, das ihm **die schönste Freude** wegnehme (TR IV, 4569). Kinder waren etwas Besonderes: **Sie leben in Unschuld, ohne Sünde, Neid, Unglaube und Todesfurcht.** (TR I, 660) Den Erwachsenen seien sie Beispiel. Christus sprach: «Wenn ihr nicht werdet, wie die Kinder, so werdet ihr nicht ins Himmelreich kommen.» (TR IV, 4627) Bei aller Arbeitslast war Luther für die Kinder da. **Martinlein, sein liebster Schatz** brauche mehr Hilfe als Johannes und Magdalena, die schon sprechen konnten (TR I, 1032). Als besorgter Vater wollte er nicht, dass Kinder mit Waffen spielen (TR III, 3415). Kinder dürften auch einmal über die Stränge schlagen: **Ein junger Mensch ist ein junger Most, er lässt sich nicht halten, er muss gären.** (TR I, 398)

Aber er braucht Erziehung, mit Tadel und Zurechtweisung: **Wer der Bosheit der Kinder schweigt und nicht schelte und strafe, der ist ihnen feind.** Strafe muss sein; seinen Sohn Hans wollte er drei Tage nicht sehen, bis er Reue zeigte: **Ich will lieber einen toten als einen ungezogenen Sohn haben.** (TR V, 6102) Wie überhaupt, verabscheute er Ungehorsam auch bei Kindern: **ein widerspenstiges Kind muss man enterben.** (TR V, 6104) Ohne Körperstrafen geht es nicht. **Aber man soll die Kinder nicht zu hart stäupen.** (TR II, 1559) Man darf ihnen nicht Essen und Trinken entziehen (TR V, 5571). Er unterschied zwischen leichten und schweren Vergehen. Kindliche Verfehlungen **(Puerilia)** wie

Früchteklauen sind milder zu bestrafen als Geld- oder Kleider-diebstahl (TR III, 3566). Nicht nur Strenge, sondern auch Beloh-nung braucht es: **Man muss also strafen, dass immer der Apfel neben der Rute liegt.** Körperstrafen dürfen nicht so hart sein, dass Kinder den Eltern Feind werden: **Reizt eure Kinder nicht zu Zorn.** Bei der Erziehung dürfen ehrgeizige Eltern sie nicht über-fordern: **Man soll ein Kind ziehen, wo Hoffnung ist. Wenn man aber sieht, dass keine Hoffnung da ist, dass er nichts lernen kann, soll mans darum nicht zu Tode schlagen, sondern an etwas ande-res gewöhnen.** (TR V, 5571) Luthers Maxime für die Jugend: **Junge Herren müssen gute Tage haben und einen frischen Mut, bis sie zwanzig sind, damit sie nicht verschüchtern.** (TR III, 3120 b) Als Kind hatte er in der Mansfelder Lateinschule unter der Rute zu leiden, oft zu Unrecht. Die Lehrer gingen mit den Kindern um wie die Henker. Mit ihrer Schroffheit zerstörten sie feinere Bega-bungen. Dabei sind Kinder die Zukunft. In den Nachkommen lebt der Mensch weiter: **Ist das doch der Eltern schönste Freude.** (TR IV, 4569)

Gute Schulen braucht das Land

Mit der Reformation verband Luther eine Bildungsoffensive. Er hatte die Bibel ins Deutsche übersetzt. Seine Landsleute sollten darin lesen. Doch das konnten damals nur wenige, in den Städ-ten höchstens jeder Dritte, auf dem Land noch weniger. Alpha-betisierung tat not. Deshalb drängte Luther auf die Einführung von Schulen. Dies machte er den Kommunen zur Aufgabe: **Die Städte müssen Cultum divinum** (Gottesdienst), **Schulen und Zucht erhalten. Der Adel kanns nicht tun, und tut es auch nicht.** (TR II, 1927) 1524 appellierte er: **An die Ratsherren aller Städte deutschen Landes, dass sie christliche Schulen aufrichten und** halten sollen. Für Luther **liegt einer Stadt Gedeihen nicht alleine darin, dass man große Schätze sammle, feste Mauern, schöne Häuser, viel Büchsen und Harnisch zeuge ... sondern das ist einer Stadt bestes und allerreichstes Gedeihen, Heil und Kraft, dass sie viel feiner, gelehrter, vernünftiger, ehrbarer, wohlerzogener Bürger hat ...** Die Flugschrift hatte Wirkung. 1542 stellte der Reformator befriedigt fest: **Es hat nun viel feine Leute und auch viel feinere Schulen.** (TR IV, 4809) Solche gebe es in Zwickau, Torgau, Wittenberg und anderswo. Für Schulzwecke sollten zusätzlich ehemals katholische Stifte herangezogen werden (TR V, 6301).

Schulen und Universitäten waren Voraussetzung für gute evangelische Pfarrer und Prediger – **Schulen sind die Basis der Kirche** (TR IV, 4033). Luther war zuversichtlich: **Wir haben, Gott Lob, neue Universitäten, die das Wort Gottes angenommen haben.** (TR IV, 4809) Dazu zählten um 1540 Wittenberg, Leipzig, Rostock, Kopenhagen, Erfurt und Tübingen. **Wir hoffen auf Mainz; für Köln gibt es keine Hoffnung.** (TR V, 5377) Für Luther, Magister, Doktor und Professor, hatten Studium und Wissenschaft höchste Priorität: **Bildung, Weisheit und die Schreiber regieren die Welt.** Wenn Gott in seinem Zorn die Gelehrten von der Welt nähme, so würden die Menschen zu wilden Tieren. Dann gäbe es **keine Vernunft, keine Religion, kein Recht, sondern nur Verwirrung und Raub, so wie die Menschen bei den Kannibalen, wo keine Polizey (Ordnung) ist, sondern nur Tiere sind** (TR III, 2832 a / b). Bildung bewahrt Ordnung und Werte. Deshalb darf an Schulen und Universitäten nicht gespart werden: **Wenn man Jahr für Jahr so viel aufwenden muss für Gewehre, Wege, Steige, Dämme und dergleichen unzählige Dinge mehr, damit eine Stadt Frieden und Ruhe habe, warum sollte man nicht viel mehr noch oder doch genauso viel für die arme bedürftige Jugend aufwenden?** (WA 15)

8. «Du hast ein böses Maul»

Viele Feinde ...

Wer bei Luther in Ungnade fiel, den beschimpfte und diffamierte er. Mit derben Worten, Polemik, Spott und Zorn. Im «Grobianismus» des 16. Jahrhunderts nahm er einen Spitzenplatz ein. Kurfürst Johann von Sachsen ermahnte ihn einmal: «Schweig still, du hast ein böses Maul.» Luther wetterte maßlos gegen die Päpste, so in seiner Hetzschrift *Wider das Papsttum zu Rom, vom Teufel gestiftet* (1545). Für das höchste Kirchenamt tauge nicht **ein frommer Mann, sondern ein Schalk und Bösewicht, denn ein Papst, der muss der nächste Bösewicht nach dem Teufel sein** (TR II, 1686). Seine Polemik kannte keine Grenzen: **Der Papst ist ein Esel oder ein Teufel. Ein Esel, weil er seine Irrtümer nicht einsieht. Ein Teufel, weil er sie hegt und pflegt.** (TR III, 3027) Seine Sprache wurde drastisch und obszön: **Der Papst täuscht alle Welt mit Eselsfürzen. Die fresse er selber.** (TR IV, 4382 a) Mit Aberglauben und Abgötterei würden die Päpste die Welt betrügen (TR IV, 4824). Judas habe den Herrn verraten, die Päpste verraten die christliche Kirche. Sie sind Tyrannen und Mörder: **Der Papst hat durch seinen Zölibat viele Tausend Kinder umgebracht.** (TR V, 6324) **Der Papst ist der Antichrist.** (TR I, 330; TR III, 3055 b; TR IV, 3487 u. a.) Dennoch sei er durch die Reformation besiegt worden. Nicht besser als die Päpste kamen Kardinäle und Bischöfe weg: **Es sind Bluthunde.** (TR III, 3038 b) Die Domherren leben sorglos in Saus und Braus,

und fahren danach fröhlich gen Himmel, dass es zischt (TR V, 6067).

Johannes Eck, seinem Gegner in der Leipziger Disputation von 1519, warf Luther ein Doppelspiel zwischen alter und neuer Lehre vor. **Um Bauches willen** neige **der Epikureer** (Genussmensch) mehr auf die Seite des Papstes: **Denn er ist eine Sau, nähme Geld ... und hielt es mit den Türken und Tartaren.** (TR V, 6051) Seinen Intimfeind Johannes Cochläus verhöhnte er lautmalerisch als **Kochlöffel** oder **Rotzlöffel**. Der streng altgläubige Theologe wollte Luther 1521 in Worms zur Umkehr bewegen. Als das misslang, wurde er sein erbitterter Gegner. 1549 verfasste er die erste Lutherbiografie *Commentaria de Actis et Scriptis Martini Lutheri – Über die Taten und Schriften Martin Luthers.* Sie strotzte von Polemik und Lügen. Der Reformator sei eine Ausgeburt des Teufels und ein Ketzer, voller Falschheit und Hoffart. Demagogie also auf beiden Seiten. Cochläus hat bis ins 20. Jahrhundert einseitig das katholische Lutherbild geprägt. Erst 1935 räumte Adolf Herte mit diesen Vorurteilen auf.

Auch mit Abweichlern aus den eigenen Reihen ging der Reformator streng ins Gericht. Andreas Karlstadt und Thomas Müntzer verdammte er als **Schwärmer, Rottengeister und Aufrührer.** Karlstadt, der 1512 als Dekan Luther promoviert hatte, disputierte 1519 in Leipzig gemeinsam mit ihm gegen Eck. Dabei habe er sich in den Vordergrund gespielt und keine Ehre eingelegt: **Denn er ist ein unseliger Disputator, hat einen wirren und stumpfen Kopf.** (TR IV, 4187) Luther verzieh ihm nie sein eigenmächtiges Vorgehen bei den Wittenberger Unruhen von 1521/22, als dieser überstürzt eine radikale Veränderung des Kirchenwesens betrieb: Weihnachten 1521 reichte Karlstadt in weltlicher Kleidung das Abendmahl unter beiderlei Gestalt; er schaffte Beichte und Fasten ab und rief zum Bildersturm auf.

Heftig bekämpfte Luther seinen frühen Weggefährten Thomas

Müntzer, der in Thüringen die gewaltsame Befreiung der Bauern und gesellschaftlichen Umsturz propagierte. Er beschimpfte ihn als Verräter am Evangelium, Verführer der Bauern und als **Mordpropheten.** Verdächtig waren dem Reformator auch Kollegen in Süddeutschland und der Schweiz, wie Martin Butzer in Straßburg, Johannes Oekolampad in Basel und Joachim Vadian in St. Gallen. An Butzer ließ er kein gutes Haar: **Das Leckerlein hat den Glauben bei mir verloren. Ich trau ihm nimmer. Er hat mich zu oft betrogen.** Beim Religionsgespräch in Regensburg habe er sich 1541 übel gehalten (TR V, 5461).

Für Huldrych Zwingli in Zürich empfand Luther anfangs Sympathie. Ein **feiner, fröhlicher, aufrechter Mensch** sei er gewesen. Doch die beiden Reformatoren trennte, heute kaum mehr nachvollziehbar, ein tiefer theologischer Graben im Verständnis des Abendmahls. 1529 machte Landgraf Philipp von Hessen einen Einigungsversuch. Er lud Luther und Zwingli zum Religionsgespräch nach Marburg ein. Begleitet wurden sie unter anderem von Melanchthon, Justus Jonas, den protestantischen Theologen Johannes Agricola und Johannes Brenz sowie von Oekolampad und Butzer. Drei Tage lang wurde auf Schloss Marburg erbittert über die Einsetzungsworte Christi «Dies ist mein Leib» diskutiert. Die Lutheraner verstanden den Satz real im Wortsinn, die Zwinglianer symbolisch. Für Luther war Christus in Brot und Wein leiblich anwesend, für Zwingli waren Brot und Wein nur symbolische Zeichen, das Abendmahl Erinnerungsfeier. Eine Einigung kam nicht zustande. Als das Gespräch gescheitert war, soll Luther der Legende nach das Tischtuch zwischen Zwingli und sich zerschnitten haben.

Luthers Ton wurde rau. Immer vermessener sei Zwingli geworden (TR IV, 4023). Sein Nachruf auf den Tod des Schweizer Reformators 1531 in der Schlacht bei Kappel: **Er ist gestorben wie ein Mörder, weil er andere zu seinen Irrtümern zwingen wollte,**

ist darüber in den Krieg gezogen und erschlagen worden. (TR II, 2692) In Marburg hatte sich gezeigt: Luther und Zwingli waren keine Brückenbauer. Das galt ebenso für Luthers Verhältnis zu Calvin, welcher der Reformation seit 1540 neuen Schwung verlieh. Dessen Abendmahlsauffassung lehnte sich an Zwingli an. Luther war er deswegen **sehr verdächtig des Irrtums halber vom Sakrament** (TR V, 6050). Über Jahrhunderte gingen lutherisches und reformiertes Bekenntnis getrennte Wege. Der Dissens über das Abendmahl ist seit 1973 in der Leuenberger Konkordie nur mühsam überbrückt.

Abfällig war auch Luthers Urteil über Erasmus von Rotterdam, Prediger von Toleranz und Frieden. Der Humanist und der Reformator waren sich persönlich nie begegnet, standen aber im Briefwechsel miteinander. Die Gesichtszüge auf dem bekannten Holbein-Porträt zeugten nach Luther für die Verschlagenheit von Erasmus: **Er sagt zwar große Worte, wie Heiliger Christus, Heiliges Wort, Heilige Sakramente, aber in Wirklichkeit ist er frostig kalt.** (TR II, 1319) Zum Bruch kam es im Streit über die Willensfreiheit. In seiner Schrift *De libero arbitrio – Vom freien Willen* (1524) nahm Erasmus Stellung gegen Luther. Nicht allein die göttliche Gnade entscheide über das Schicksal eines Menschen, sondern auch das eigene Handeln. Luther antwortete scharf in der Schrift *De servo arbitrio – Vom geknechteten Willen* (1525). Er verglich den menschlichen Willen mit einem Pferd, das der Teufel reitet oder das Gott lenkt. Das menschliche Schicksal sei vorherbestimmt und endet in der Hölle oder im Himmel, je nachdem, wer das Pferd führt. Luther missfiel, dass sich Erasmus in der Glaubensfrage nicht eindeutig festlege, sondern glatt wie ein Aal sei. Den feinsinnigen Humanisten traf der Bannfluch: **Erasmus ist ... der König zweideutiger Reden. Er hat ... Schwärmer und Epikureer gesät. Ich will ihn in der Kirche nicht wissen!** (TR III, 3392 b) Gegen Luthers Poltern gab Erasmus den Rat: «Immer muss man sich davor hüten, anmaßend oder parteilich zu reden oder zu handeln; so glaube ich, ist es dem Geist Christi angenehm.»

Über Freund und Feind urteilte Luther kurz und bündig. Beim Frühstück schrieb er einmal mit Kreide auf den Tisch:

Res et verba (Taten und Worte) **Philippus** (Melanchthon)

Verba sine re (Worte ohne Tat) **Erasmus** (von Rotterdam)

Res sine verbis (Taten ohne Worte) **Luther**

Nec res nec verba (Weder Taten noch Worte) **Karlstadt**

(TR III, 3619).

... wenige Freunde

Aus Luthers persönlicher Glaubenserfahrung wurde rasch eine öffentliche Bewegung: die Reformation. Luther war ihr Stratege. Dafür brauchte er Mitarbeiter und Mitstreiter. Bei der Übersetzung des Alten Testaments ins Deutsche benötigte er philologische Experten. Doch Dialog- und Teamfähigkeit waren nicht gerade seine Stärke. Gegner hatte er zuhauf, aber Freunde nur wenige. Mit Gott hielt er Zwiesprache, mit den Menschen oft nur Monologe. Er war ein Einsamer. Als er sich mit dem Eintritt ins Kloster gegen den Willen des übermächtigen Vaters gestellt hatte, war er über Jahre von Eltern und Familie isoliert. Im Kloster mit strengem Schweigegebot lebte er abgesondert. Zu einem der wenigen Vertrauten wurde ihm dort Johann von Staupitz, Generalvikar der deutschen Augustinereremiten. Er gab Luther Trost und Zuspruch, wenn er an Gott verzweifelte. 1511 machte ihn sein Mentor zum Nachfolger als Theologieprofessor in Wittenberg. Nach der Thesenveröffentlichung sprach er ihn vom Ordensgehorsam los. Doch ihre Wege trennten sich. Staupitz wurde Benediktinermönch und Abt des Klosters St. Peter in Salzburg.

Eine engere Beziehung hatte Luther auch zu Georg Spalatin. Der Theologe war Mittelsmann zu Kurfürst Friedrich dem Weisen von Sachsen.

Luthers Verhältnis zu seinen Mitstreitern war distanziert, geprägt von «freundschaftlicher Kollegialität» (Heinz Scheible). Keiner konnte es ihm ganz recht machen, an jedem hatte er etwas auszusetzen. Sein Weggefährte wurde Philipp Melanchthon (1497 – 1560), seit 1518 Professor für Griechisch in Wittenberg, später übernahm er zusätzlich eine theologische Professur. Er begleitete Luther zur Leipziger Disputation von 1519 und veröffentlichte 1521 die *Loci communes rerum theologicarum*, eine frühe Zusammenfassung der reformatorischen Lehre. Luther lobte das Werk in höchsten Tönen: **Nach der Apostel Zeit ist auf Erden kein schöneres Buch geschrieben worden von christlicher Lehre als dieses.** (TR V, 5825) 1529 nahm Melanchthon am Reichstag von Speyer und am Marburger Religionsgespräch teil. Für den Augsburger Reichstag von 1530 verfasste er die *Confessio Augustana*, das Augsburgische Glaubensbekenntnis. Da Luther in Acht und Bann war, konnte er am Reichstag nicht teilnehmen, was er nur schwer verschmerzte. Melanchthon musste ihn vertreten.

Der Reformator bewunderte Philippus' griechische und lateinische Gelehrsamkeit. Er sei ein **Doktor über alle Doktoren.** Keiner habe solche Gaben wie er: **Darum lasst uns den Mann groß achten.** (TR V, 5646) Aber Melanchthon war ein Leisetreter: **Selbst wenn er sündigt, tut er dies mit Sanftmut.** (TR V, 6443) Allzu zaghaft habe er für das Evangelium gekämpft: **Das Männlein ist fromm ... Er hat aber mit seiner Weise nicht viel ausgerichtet.** Gegen solchen Sanftmut lobte Luther seine eigene grobe und polternde Art: **So deucht mich, meine Weise sei noch die beste: geradeheraus gesagt und sie** (die Gegner) **gescholten wie die Buben.** (TR IV, 5091) In Augsburg habe Melanchthon es nicht fertiggebracht, die Papisten in Rage zu bringen. Er dagegen hätte es anders gemacht: **Kommen die Papisten mir, also, ich will sie anders stöbern.** (TR IV, 4577) 1542 sah er den Mitstreiter auf gutem Weg: **Er hat in 20 Jahren sehr zugelegt ... Aber Philippus ist noch nicht recht zornig wider den Papst.** Luther dagegen rühmte sich: **Mein Impetus stößt dem Fass den Boden aus, wenn ich komme ... so schlage ich mit Keulen.** (TR V, 5551) Mit feiner Ironie könne Melanchthon Nadelstiche versetzen: **Philippus sticht ... mit Pfriemen und Nadeln, die Stiche sind übel zu heilen und tun weh. Ich aber steche mit Schweinespießen.** (TR I, 348)

Einzig Luther war theologische Autorität, niemand sonst. Mitstreiter und Schüler mussten sich unterordnen. Nach Gutdünken verteilte er in der Tischrunde Tadel, seltener auch Lob. In Ungnade fiel zum Beispiel Johannes Agricola: **Das arme Männlein. Mich jammert nur seines Weibleins und Kinder.** Er wolle klüger sein als alle anderen (TR IV, 4912). Gelehrter als Agricola sei dagegen Caspar Cruciger. Bis über den Tod hinaus maß sich Luther ein Urteil an. Nur drei Theologen werde er hinterlassen: Johannes Bugenhagen, Johannes Brenz und Konrad Cordatus (TR III, 3426). Milde Ironie hatte er für seinen Intimus Justus Jonas, der zu den Mahlzeiten der Tischrunde notorisch zu spät kam: **Ihrer viele sollen nicht harren auf einen Narren, denn viele Gäste sollen essen und eines Narren vergessen.** (TR IV, 4320)

Der Erzrivale Thomas Müntzer

Martin Luther und Thomas Müntzer, sie kannten und hassten einander. Begegnet waren sie sich erstmals 1517 in Wittenberg. Ostern 1519 predigte Müntzer gegen Papst, Bischöfe und Mönche als «Verführer des Volkes», das war in Jüterbog, wo Tetzel seinen Ablass verkauft hatte. Im selben Jahr nahm er an Luthers Leipziger Disputation mit Johann Eck teil. Aus Sympathie wurde

rasch erbitterte Feindschaft: **So legte sich Müntzer gegen mich …
und ich musste gegen ihn, tat's nicht gern, sondern wurde dazu
gedrungen.** (TR II, 1841) Luther verdammte den einstigen Weggefährten als **Schwärmer, Rottengeist und Mordprophet,** der den
gemeinen Mann aufhetze. Beide lieferten sich erbitterte Wortge-
fechte. Luther schrieb gegen den **Allstedtischen aufrührerischen
Geist,** Müntzer «wider das sanftlebende Fleisch zu Wittenberg».
Luthers zynischer Kommentar: **So groß war die Dankbarkeit des
Mannes, der umkommen wollte.** (TR III, 2891 a)

Über Müntzers Herkunft ist wenig bekannt. Geboren wurde
er wohl in der Landstadt Stolberg am Harz, aber das Geburts-
datum ist ungewiss. Die DDR legte es auf den 20. Dezember 1489,
den Namenstag des Heiligen Thomas. 1989 wollte der «Arbeiter-
und-Bauern-Staat» gleich drei Jubiläen feiern: fünfhundert Jahre
Müntzer, zweihundert Jahre Französische Revolution und vor
allem vierzig Jahre DDR. Beim Festakt am 20. Dezember hatten
sich die Reihen in der Berliner Oper Unter den Linden gelichtet –
am 9. November war die Mauer gefallen.

Müntzer war zeit seines Lebens rastlos und getrieben. 1506, als
Luther schon im Kloster war, begann er das Studium in Leipzig.
Seit 1512 besuchte er die Universität Frankfurt an der Oder und
wurde Magister Artium. Nach der Priesterweihe 1514 ging er
nach Braunschweig. Dort trat er an die Spitze einer kirchenkritischen Reformbewegung. Noch vor Luthers Thesen wurde im
Kreis um Müntzer der Ablass kritisch diskutiert. Nach Wittenberg kam er, um Luther als Streiter gegen den Ablass kennenzu-
lernen. Auf dessen Vermittlung wurde er 1520 in die Handels-,
Tuchmacher- und Bergbaustadt Zwickau berufen. Als Prediger
an der Katharinenkirche erfuhr er hautnah die sozialen Nöte der
von Unternehmern abhängigen Kleinhandwerker. Unter dem
Einfluss des Tuchknappen Nikolaus Storch und der von Hus ge-
prägten «Zwickauer Propheten» ging er auf Distanz zu Luther.

Der Zwickauer Rat ermahnte den streitbaren Prediger, «Irrung und Gebrechen gütlich zu vertragen, damit Ärgernis und Aufruhr zuvorkommen (zu verhüten)». Müntzer musste Zwickau verlassen. Auf den Spuren des tschechischen Reformers ging er nach Prag und verfasste 1521 das *Prager Manifest*, das eine scharfe Kampfansage an die katholischen Geistlichen enthielt. Sie seien «verdammte Bösewichte, Hurenhengste und eine Plage des Volkes». Dem «toten Buchstaben» von Luthers Evangelium stellte er das kraftvolle «innere Wort» entgegen. Es werde durch den «lebendigen» Heiligen Geist vermittelt. Auch in Prag war Müntzer nicht willkommen. Ruhelos zog er nach Erfurt, Nordhausen, Halle und anderswo. Überall wurde er ausgewiesen. Schließlich fand er 1523 eine Anstellung in Allstedt. In der kleinen thüringischen Ackerbürgerstadt hielt er noch vor Luther einen Gottesdienst ganz in deutscher Sprache. Mit Sprachgewalt schuf er die erste deutsche Liturgie, denn der Gottesdienst sollte für jeden verständlich sein. Er heiratete noch vor Luther. Seine Frau Ottilie von Gersen war wie Katharina von Bora aus dem Kloster geflohen.

Theologisch ging er einen eigenen Weg. Doch es gab auch Übereinstimmung mit Luther. Beide erwarteten das Weltende in naher Zukunft. Sie hatten ein ausgeprägtes Sendungsbewusstsein. Müntzer nannte sich «Knecht, Bote und Gottes Prophet». Für seine Ziele kämpfte er «als Gerichtsprophet mit dem Schwert Gideons». Im Verständnis der Offenbarung Gottes unterschieden sie sich. Fundament des Glaubens war für Luther die Heilige Schrift. Müntzer dagegen offenbarte sich Gott nicht im Wort der Schrift, sondern in der «inneren Erleuchtung» durch den Heiligen Geist. Luthers Glaube war für ihn deshalb «toter Glaube». Prediger, die nur die «kalte und bloße Schrift» bieten, seien Diebe und Räuber. Umgekehrt war seine Theologie für Luther **Schwärmerei: Müntzer sagte, das äußerliche Predigtwort wäre nichts, der**

Geist sei notwendig … Niemand würde ein Christ, wenn Gott nicht zuvor mit ihm geredet hätte. (TR I, 1204) Das «innere Licht», so Müntzer, erlebe der Mensch nur, wenn er durch Leid, Kreuz und Not reif geworden sei für den Empfang des Heiligen Geistes: «Der Geist kann niemand gegeben werden, denn dem Trostlosen.» So hat Müntzer aus Luthers Sicht **dem Evangelium großen Schaden getan** (TR III, 3802). **Er richtete die erste Sekte an und verachtete das Evangelium im Wortlaut der Schrift.** (TR V, 5395)

Luther unterschied streng zwischen dem Reich der Welt und dem Reich Gottes. Böse war das Diesseits, herrlich das Jenseits. Müntzer aber hoffte auf eine Verwirklichung des Gottesreichs schon auf Erden: mit radikaler Verchristlichung und sozialer Veränderung. Anders als Luther war er Sozialrevolutionär. Zur Durchsetzung des Gottesreichs setzte er auf die «Auserwählten», sie sollten die Gottlosen vernichten. Für den Kampf brauchte er Werkzeuge. Er hoffte auf die Fürsten: «Suchet stracks Gottes Gerechtigkeit und greift die Sache des Evangeliums tapfer an», ermahnte er sie in der *Fürstenpredigt* von 1523: Wenn aber die Fürsten nicht gegen die Gottlosen kämpften, würde ihnen das Schwert genommen und dem Volk gegeben werden. Dieses hatte dann nicht nur das Recht, sondern auch die Pflicht zum Widerstand. Luther dagegen predigte unbedingten Gehorsam gegenüber der Obrigkeit, selbst wenn sie ungerecht war. Er diffamierte seinen Kontrahenten auch als Mensch: **Als er in Zwickau war, kam er zu einer Jungfrau und sagte, er sei durch die göttliche Stimme geschickt, dass er sie beschlafe. Wenn das nicht geschehe, könne er das Wort Gottes nicht lehren.** (TR I, 98) Ohne Sex keine Predigt!

Da er die Fürsten nicht gewinnen konnte, setzte Müntzer auf den gemeinen Mann. In der Reichsstadt Mühlhausen stellte er sich 1524 an die Spitze der Armen und Unzufriedenen, die sich gegen das Stadtregiment der Patrizier und Zünfte auflehnten.

Mit den Aufständischen gründete er den «Ewigen Bund Gottes».
Für Luther war das ein Angriff auf die von Gott gewollte Gesell-
schaftsordnung: **In seinem Hochmut lehnte sich Müntzer gegen
das weltliche Regiment auf, also dass die Grafen bei ihm zu Fuß
mussten laufen.** (TR V, 6210) Der Rat von Mühlhausen unter-
drückte den Aufruhr, und Müntzer musste fliehen. In Süddeutschland trat er in Verbindung mit den unzufriedenen Bauern und predigte «etliche Artikel, wie man aus dem Evangelium
herrschen soll». Nach der Rückkehr wurde er im Mai 1525 Prediger und Stratege der Bauern in Thüringen, die mit 7000 Mann bei
Frankenhausen lagerten. Die Fürstenheere umzingelten Frankenhausen und verlangten die Auslieferung des Bauernführers.
Gerade als er eine Kampfpredigt hielt, erschien ein Hof um die
Sonne, ähnlich dem bäuerlichen Aufstandssymbol des Regen-
bogens. Das machte den Bauern Mut, und sie vertrauten Müntzers Wort, dass ihnen die Kugeln der Fürsten nichts anhaben
könnten: **Mit dem Bauernheer wollte er die Fürsten vernichten
und so wurden 6000 Bauern erschlagen.** (TR I, 1204) An die ver-
heerende Niederlage vom 15. Mai 1525 erinnert bei Frankenhausen noch heute die «Blutrinne», der Weg hinauf zum Schlacht-
feld. Müntzer wurde gefangen genommen, unter der Folter
verhört und vor den Toren von Mühlhausen enthauptet. Der
Leichnam wurde aufgespießt und zur Schau gestellt. In Luthers
Augen hatte sein Erzrivale die gerechte Strafe gefunden.

Keine Gnade für Täufer

Luther, Zwingli und Calvin prägten den Mainstream der Reformation. Es gab auch Nebenströmungen. In Zürich etwa gingen
1523 manchen die Reformen Zwinglis nicht weit genug. Nicht
als Säuglinge, sondern erst als Erwachsene wollten sie die Taufe

empfangen, denn nur die Taufe im Erwachsenenalter sei wirksam. Für ihre Gegner war die Erwachsenentaufe dagegen «Wiedertaufe». Wer sie empfing, wurde als «Wiedertäufer» stigmatisiert. Heute hat sich die Bezeichnung Täufer durchgesetzt. Sie werden dem «linken Flügel» der Reformation zugeordnet. Gemeinden von Täufern bildeten sich in Süddeutschland, Straßburg, Tirol, Sachsen, Mähren, Ostfriesland und den Niederlanden (Mennoniten). Allgemein waren die Täufer friedfertig. Radikale Aktionen und Bilderstürme waren die Ausnahme. Sie waren weltabgewandt und wollten Gütergemeinschaft. Selbst die Gegner lobten ihre Ehrlichkeit, Demut und Aufrichtigkeit. So zeigte Luther anfangs Milde. Optimistisch hoffte er, die Abweichler für sein Evangelium zu gewinnen. In der Schrift *Von der Wiedertaufe* (1528) bedauerte er die Tötung von Täufern und predigte Toleranz: **Man soll einen jeglichen lassen glauben, was er will.**

Da sie den Gehorsamseid gegen die Obrigkeiten verweigerten, machten sich die Täufer zunehmend verdächtig. Massenhaft wurden sie von katholischer wie evangelischer Seite verfolgt und gefoltert, verbrannt oder ertränkt. Im mildesten Fall drohten Landesverweis und Einziehung des Besitzes. Der Reichstag von Speyer 1529 verordnete die Todesstrafe für Täufer, in seltener Einigkeit von katholischen und lutherischen Ständen. Auf die Frage seiner Tischrunde, ob man Wiedertäufer hinrichten solle, unterschied Luther: **Es gibt zweierlei Arten von Wiedertäufern: solche, die sich offen gegen die Obrigkeit auflehnen, die soll der Kurfürst zu Recht töten. Und solche, die schwärmerische Lehren verbreiten; für sie ist der Landesverweis angebracht.** (TR V, 5232b) Auch das war für die Betroffenen noch hart genug. Die radikale Richtung der Täufer war Luther seit dem Bauernkrieg höchst verdächtig. Als Ableger von Karlstadt und Müntzer verdammte er sie stereotyp als **Sakramentierer und Rottengeister,** hinter denen der Teufel **als Poltergeist und Rumpelgeist** stehe (*Der Wiedertäufer Lehre und Geheimnis*). Für obrigkeitstreue Täufer zeigte er Mitleid. Er war dagegen, **dass man solche elenden Leute so jämmerlich ermordet, verbrennt oder grausam umbringt, sofern sie allein im Glauben irren und nicht auch daneben aufrührerisch oder sonst der Obrigkeit widerstehen.** Manchmal urteilte er aber undifferenziert und verlangte kurz und bündig: **Die Wiedertäufer nur geköpft! Denn sie sind aufrührerisch und lassen nicht ab von ihrem Irrtum.** (TR I, 874) Erst 2010 legte der Lutherische Weltbund ein Schuldbekenntnis ab und bat Täufer und Mennoniten um Vergebung.

9. «Den Fuggern einen Zaum ins Maul legen»

An Gelddingen nicht interessiert

Luther lebte bescheiden. Da er die Schneider für schlecht und teuer hielt, wollte er sich keine neuen Hosen machen lassen: **Ich habe mein Paar Hosen selber viermal geflickt, will sie noch mehr flicken.** (TR IV, 3956) Selbst wird er jedoch wohl kaum Hand angelegt haben; dafür war seine Käthe gut. Geld bedeutete ihm wenig: **Ich will für meine Arbeit von der Welt nicht belohnt werden.** (TR II, 1776) Das betraf vor allem die Bibelübersetzung und seine Traktate, mit denen die Drucker gut Geld machten. Rechnen und Haushalten waren nicht seine Stärke, das konnte seine Frau umso besser. Materiell war er abgesichert. Sein Professorengehalt betrug 300 Gulden im Jahr, nicht gerade wenig. Ein Knecht dagegen verdiente nur 10 Gulden. Dazu kamen Naturalien: Holz, Heu für die Viehhaltung sowie Korn und Malz für die Bierbrauerei von Frau Käthe. Die Wohnung im Augustinerkloster war kostenlos, der Kurfürst hatte es dem Ehepaar Luther überlassen. Käthe steigerte die Einkünfte noch mit Kostgeld für Logiergäste und mit Landwirtschaft. Nach dem Testament von 1542 war die Familie wohlhabend, besaß Immobilien, Münzen, Schmuck und Geschirr. Geld und Gut waren dem Reformator verdächtig: **Der Mammon … macht uns in Zeiten von Wohlstand frei von Gottesfurcht, in Zeiten der Not lehrt er uns, Gott zu ver-**

suchen, zu fliehen und einen anderen Gott zu suchen. (TR III, 3434) Geld gibt keine Sicherheit: **Auf Geld und Gut soll man sich nicht verlassen.** (TR III, 2803) Der Konkurs des Vaters war ihm Warnung: **Gott und nicht Geld erhält allzeit die Welt. Gott nährt uns, nicht der Reichtum, denn Geld im Überfluss macht überheblich und faul … Geld macht niemand froh, es macht einen sehr betrübt und voll Sorgen.** (TR III, 3145 c) Ihm fehlte jeglicher Geschäftssinn. Von den Buchdruckern verlangte er kein Honorar, nicht einmal für die deutsche Bibel. Dabei warfen seine Schriften für die Drucker stattliche, sogar extrem hohe Gewinne ab. Melchior Lotter habe **mit einem Pfennig den anderen erworben** (TR II, 1343). Mit Melanchthon kam das Gespräch einmal aufs Geld. Käthe klagte: **Wenn mein Mann einen Sinn für Geld hätte, wäre er reich.** Darauf Melanchthon: «Das ist unmöglich, denn wem es um den gemeinen Nutzen geht, der kann nicht nach Eigennutz streben.» (TR III, 3692) Eine Antwort ganz in Luthers Sinn.

Zins und Wucher

Luther misstraute Handel und Wandel sowie Geld- und Zinswirtschaft: **Die ganze Welt besteht nur aus Händlern, Grafen, Fürsten etc. Wer 50 Gulden hat, der legt's im Handel an. Wie kann die Welt lange bestehen?** (TR II, 2516 a) Er verlangte, den Fuggern und anderen Handelsgesellschaften **einen Zaum ins Maul zu legen.** Anrüchig waren ihm die Bankiers seiner Zeit: **Wie ist's möglich, dass es solle göttlich und recht zugehen, dass bei eines Menschen Leben sollen auf einen Haufen so große, königliche Güter gebracht werden? Ich weiß die Rechnung nicht. Aber das verstehe ich nicht, dass man mit hundert Gulden mag des Jahres erwerben zwanzig, ja mit einem Gulden den anderen, und das alles nicht aus der Erde oder von dem Vieh … Das weiß ich wohl,**

dass viel göttlicher wäre, Ackerwerk zu mehren und die Kaufmannschaft zu mindern, und die viel besser tun, die der Schrift
nach die Erde bearbeiten und ihre Nahrung daraus suchen. (*An
den christlichen Adel*) Neue Formen der Geldanlage waren ihm
suspekt. Als sein Landesherr ihm zwei Kuxe, Anteilsscheine an
Bergwerken, schenken wollte, lehnte er dankend ab (TR V, 6374).

Beim Zinsgeschäft unterschied er zwischen **gerechtem Gewinn**
und **Wucher** (Usura). Einen Zinssatz von 5 Prozent hielt er für
noch vertretbar, wie von Johannes Eck 1514 in einem Gutachten
an die Fugger empfohlen. Scharf verurteilte er Wucherzinsen:
Die ganze Welt wird jetzt fast vom Wucher ertränkt. (TR IV, 4805)
Von der Kanzel wetterte er: **Die Wucherer sind die größten
Feinde, mit ihrem pestilenzischen Zins und Geiz töten sie die
Menschen.** (TR IV, 4496) Leipziger Kaufleute forderten 15 Prozent Zinsen, manche noch weit mehr. Luthers Kommentar: **Pfui
dich mal an!** (TR IV, 4036) Er kritisierte den Handel mit Luxuswaren. Die Spezerei, d. h. die begehrten Gewürze aus den neu entdeckten Kontinenten, sei **auch der großen Schiffe eines, darin das
Geld aus deutschen Landen gezogen** (*An den christlichen Adel*).
Wenn nicht so viel für Samt, Seide und Gewürze verschwendet
würde, wäre Deutschland um vieles reicher. In Halle und Leipzig herrsche sündhafter Kleiderluxus. Für jede Hochzeit gebe es
neue Seidenkleider, **und die Kleider einmal getragen, mussten
bald auf den Trödel … was will doch zuletzt daraus werden?**
(TR V, 6235).

Zinngeschirr, mit dem jetzt geprahlt werde, sei überflüssiger
Unrat und Verderb. Stattdessen riet er zur Bescheidenheit. An-
stelle von Bier genüge manchmal auch Wasser. Für ihn selbst
galt das allerdings wohl kaum. Dem Luxus leisteten die Frankfurter und Leipziger Messen Vorschub: **Leipzig ist die Pest der
Region, saugt alle Städte aus, ist ein rechtes Hurenhaus. Wer nicht
im Handel ist, der kann Leipzig nicht genießen, besonders im**

Geldhandel. Denn wer 100 Gulden hat, bringt sie mit Gewinn nach Leipzig. Summa, Leipzig ist der Wurm im Land. (TR V, 6393) Statt Geldwirtschaft und und Zinsgeschäft predigte er redliche Nahrung durch Landwirtschaft, mit der Hände Arbeit. Damit machte er sich zum Anwalt der kleinen Leute. Über Handel und Monopole wurde damals heftig gestritten, sogar auf dem Reichstag. Luther diskutierte lebhaft darüber, aber ihm fehlte das Verständnis für wirtschaftliche Zusammenhänge. Was er nicht sah: Es gab nicht nur Import, der das Geld aus dem Land zog, sondern auch Export, der Geld einbrachte. Aus den Agrargebieten des Ostens wurde Getreide in die stark bevölkerten Länder des Westens und nach England verkauft. Ebenso wurden Metallwaren exportiert. Der Handel brachte Gewinn für Produzenten sowie Lohn und Brot für Fuhrleute und Gastwirte. Zölle und Weggelder flossen in die Kassen, und es entwickelte sich das Postwesen.

10. «Wider die räuberischen und mörderischen Rotten der Bauern»

Die Not der Bauern

Luther war um 1520 populär wie kein anderer, er war zum Hoffnungsträger des Volkes geworden. Furchtlos war er Papst und Kirche entgegengetreten. Er hatte den Ablass angeprangert, der den kleinen Leuten das Geld aus der Tasche zog. Viele erhofften von ihm noch weit mehr: die Befreiung von Ausbeutung und Unterdrückung. 1522 machte er Front gegen die geistlichen Obrigkeiten: **Denn der gemeine Mann ... über alle Maße von ihnen aufs alleruntreulichst beschwert, hinfort solches nimmer leiden möge und noch wolle, und dazu redliche Ursache habe, mit Flegeln und Kolben dreinzuschlagen, wie der Karsthans drohet.** (*Ein treue Vermahnung;* Karsthans war der Name für den mit einem Karst, das heißt einer Hacke arbeitenden Bauern.) Dann, 1525, brach Luthers Volkstümlichkeit dramatisch ein. Ausgelöst wurde der Popularitätsverlust von dem Stand, dem er, wie er stolz betonte, selbst entstammte: den Bauern.

In der Ständeordnung des Mittelalters standen Klerus, Adel und reiche Bürger an oberer, Handwerker und Bauern an unterer Stelle. Von der Geldwirtschaft konnten sie nicht profitieren und gerieten ins Abseits: «Der letzte Stand ist derer, die auf dem Land in Dörfern und Gehöften wohnen und dasselbe bebauen und deshalb Landleute genannt werden. Ihre Lage ist ziemlich bedauernswert und hart. Sie wohnen abgesondert voneinander, demütig mit ihren Angehörigen und ihrem Viehbestand. Hütten aus Lehm und Holz ... sind ihre Häuser. Geringes Brot, Haferbrei und gekochtes Gemüse ist ihre Speise, Wasser und Molken ihr Getränk. Ein leinener Rock, ein Paar Stiefel, ein brauner Hut ist ihre Kleidung», so beschrieb der Humanist Johannes Boemus um 1520 das ärmliche Bauernleben.

Nur wenige Bauern waren frei, die meisten waren Herrschaften unterworfen und abhängig von Kirche und Landesherren; von Grundherren, die ihnen Grund und Boden zur Nutzung überließen; von Gerichtsherren, welche die Gerichtsbarkeit ausübten; von Leibherren, denen sie « zu eigen» waren. Leibeigene waren rechtlos wie eine Sache, an die Scholle des Leibherrn gebunden. Abzug oder Auswanderung («freier Zug») war verboten. Zwar war die Leibeigenschaft nicht immer so streng, manchmal bestand sie nur noch aus einer Abgabe. Andererseits gab es im 15. Jahrhundert einen Trend zur Verschärfung. Für Leibeigene bestanden Heiratsbeschränkungen. Ehen mit Partnern, die nicht dem eigenen Herrn unterstanden, waren untersagt.

Die Herrschaften verlangten von den Bauern Abgaben und Dienste. Begründet wurden sie mit dem «Schutz und Schirm» der Untertanen bei Gefahr und Krieg, den die Obrigkeiten allerdings oft vernachlässigten. Es gab Geldabgaben wie den Grundzins, der an die Grundherrschaft für die Überlassung der Äcker zu zahlen war. Ferner wurden Naturalabgaben verlangt, etwa das «Leibhuhn» oder das «Fastnachtshuhn», das dem Leibherrn zustand. Beim Tod eines Bauern war der «Todfall» als Erbschaftssteuer zu entrichten, beispielsweise das beste Stück Vieh oder das beste Kleid (Besthaupt und Bestkleid). Ferner war der Zehnte an die Kirche zu entrichten, von den Feldfrüchten (Großer Zehnt), von der Gartenernte (Kleiner Zehnt) und vom Viehertrag (Blutzehnt). Der Zehnte diente ursprünglich dem Unterhalt der Geistlichen, der Ausstattung der Kirchen und der Armenversorgung. Im Lauf der Zeit gelangte er auch in weltliche Hände und wurde zweckentfremdet. Darüber hinaus mussten die Bauern Dienste (Fronden oder Roboten) leisten: Feld- und Hofarbeit, Transportdienste, Botengänge, Einsatz als Jagdhelfer, sogar Kloakenreinigung. Zu Frondiensten wurden auch Frauen und Kinder herangezogen. Besonders belastend waren sie, wenn sie «ungemessen», unbegrenzt, waren.

An der Schwelle zur Neuzeit wurden den Bauern immer neue Lasten auferlegt, oft mit zweifelhaften Begründungen. Die Steuerwillkür kannte keine Grenzen. Die Belastungen lagen im Durchschnitt bei einem Drittel des Bruttoertrags. Eine Summe, die für viele vom Existenzminimum abging. Wenn Missernten, Viehseuchen, Krankheiten und Kriege hinzukamen, herrschte bittere Not. Luther zeigte durchaus Mitgefühl mit den verzweifelten Bauern, die vor allem von den geistlichen Herrschaften ausgepresst wurden: **Nun ist's ja nicht auf die Länge erträglich, so zu schatzen und zu schinden. Was helfe es, wenn eines Bauern Acker so viel Gulden wie Halme und Körner trage, wenn die Obrigkeit nur desto mehr nimmt und ihre Pracht damit immer größer machte, und das Gut so hinschleudert mit Kleidern, Fressen, Saufen, Bauen und dergleichen, als wäre es Spreu? Man müsste ja die Pracht einziehen und das Ausgeben stopfen, dass ein armer Mann auch was behalten könnte.** (*Ermahnung zum Frieden*) Luther war hier Anwalt der Armen. Er redete den Reichen ins Gewissen, wie er es schon 1520 in seiner Schrift *An den christlichen Adel* getan hatte.

Der Bauernkrieg von 1525

Die Bauern fügten sich lange Zeit in ihr Schicksal. Doch seit 1450 regten sich Protest und Widerstand, im Salzburgischen und in der Steiermark. Nach 1500 erhoben sich die Bauern am Oberrhein unter der Fahne des «Bundschuhs», des mit Riemen geschnürten Bauernschuhs. In Württemberg entzündete sich an der Misswirtschaft von Herzog Ulrich 1514 der Aufstand des «Armen Konrad». Der Name war eine Anspielung auf die gängigen Namen Hinz und Kunz; dabei bedeutete Kunz den niederen Stand, und aus dem armen Kunz wurde der arme Konrad. Im Jahr darauf kam es in den habsburgischen Alpenländern erneut zu Bauernerhebungen, ebenso in Ungarn. Dort wurde der Anführer Dózsa auf einem glühenden Bauernthron verbrannt.

Aus regionalen Aufständen wurde 1525 ein Flächenbrand: der deutsche Bauernkrieg. Er wurde zur «größten Massenerhebung der deutschen Geschichte» (Günther Franz), wenn man von der Revolution von 1989 in der DDR absieht. Durch die Reformation bekam der Bauernprotest eine neue Qualität. Die Bauern beriefen sich auf Luthers Schrift *Von der Freiheit eines Christenmenschen* (1520). Seine These: **Ein Christenmensch ist ein freier Herr über alle Dinge und niemandem untertan,** verstanden sie als Appell zu politischer und sozialer Befreiung. Luther jedoch begriff Freiheit theologisch als innere Freiheit des Menschen, der allein aus der Gnade Gottes lebt und frei ist vom Zwang zu guten Werken: **Kein äußerlich Ding kann ihn** (den Menschen) **frei noch fromm machen.** Nicht gute Werke, sondern das Evangelium und der Glaube haben diese Kraft: **So ist's offenbar, dass allein der Glaube aus lauter Gnade durch Christum und sein Wort die Person genugsam fromm und selig macht und dass kein Werk, kein Gebot einem Christen not sei zur Seligkeit, sondern er frei ist von allen**

Geboten … (*Von der Freiheit eines Christenmenschen*) Den Bauern ging es dagegen nicht um geistliche, sondern leibliche Freiheit, um wirtschaftliche und soziale Reformen.

Begonnen hatte der Bauernkrieg mit Unruhen am Südostrand des Schwarzwalds. Mitten im Erntesommer 1524 hatte die Gräfin von Stühlingen ihren Bauern befohlen, Schneckenhäuser zu sammeln, auf die sie Garn spulen wollte. Ob es Tatsache oder Übertreibung herrschaftlicher Willkür war, bleibt offen. Nach der Winterpause erhoben sich die Bauern im Frühjahr 1525 erneut. Bis Ende April waren ganz Südwestdeutschland, das Elsass, die Pfalz, Franken und Thüringen in Aufruhr. Die Bauern formierten sich in «Haufen», jeweils mehrere Tausend Mann stark, und bildeten überregionale Vereinigungen. Burgen und Klöster wurden gestürmt. Es gab Terrorakte wie die «Weinsberger Bluttat» am Ostersonntag 1525. Dort wurde die adelige Besatzung der Stadt, an der Spitze Graf Ludwig von Helfenstein, von den Aufständischen grausam «durch die Spieße gejagt». Luther lehnte Aufruhr ab: **Bringt nimmermehr die Besserung, die man damit sucht. Denn Aufruhr hat keine Vernunft und geht gemeinlich mehr über die Unschuldigen, denn über die Schuldigen.** (*Ein treue Vermahnung*)

Ihre Forderungen ließen die Bauern vom Memminger Kürschnergesellen Sebastian Lotzer und vom evangelischen Prediger Christoph Schappeler zu den *Zwölf Artikeln* zusammenfassen. Sie erschienen Ende Februar / Anfang März 1525 in Augsburg und wurden vielfach nachgedruckt. Kernforderungen waren:
- Wahl und Absetzung der Pfarrer durch die Gemeinden.
  Die Pfarrer sollten das Evangelium «lauter und klar ohne allen menschlichen Zusatz» im reformatorischen Sinn predigen. (Artikel 1)
- Abschaffung des Kleinen Zehnten vom Viehertrag, der in der Bibel nicht begründet sei. Verwendung des Großen Zehnten

von den Feldfrüchten zur Besoldung der Pfarrer und zum
Unterhalt der armen Leute im Dorf. (Artikel 2)
– Abschaffung der Leibeigenschaft, es stehe doch in der Bibel,
«dass wir frei seien und wollen sein». (Artikel 3)
Die übrigen Forderungen betrafen weitere Abgaben, Frondienste
und überkommene Rechte wie die Allmende, von den Bauern
eines Dorfes gemeinsam genutztes Land. Sollte einer der Artikel
nicht dem Wort Gottes entsprechen, wollten die Bauern Abstand
nehmen. Andererseits behielten sie sich vor, weitere Beschwer-
depunkte vorzubringen, sofern biblisch begründet. Das Programm konnte erweitert und zugespitzt werden.

Thomas Müntzer und die soziale Revolution

Die *Zwölf Artikel* wurden zum Manifest des deutschen Bauernkriegs. Der Theologe und Agitator Thomas Müntzer stellte in
Thüringen radikalere Forderungen. In seiner *Fürstenpredigt* vom
13. Juli 1524 auf Schloss Allstedt vor Herzog Johann von Sachsen
und Kurprinz Johann Friedrich verlangte er den sozialen Umsturz und verkündete das «Gottesreich auf Erden». In seiner
Kampfschrift *Hoch verursachte Schutzrede und Antwort wider das
geistlose sanft lebende Fleisch zu Wittenberg* (gemeint war Luther)
ging er mit den Obrigkeiten scharf ins Gericht: «Es ist der aller-
größte Gräuel auf Erden, dass niemand sich der Not der Bedürftigen will annehmen. Die Großen machens, wie sie wollen ... Die
Grundsuppe des Wuchers, der Dieberei und Räuberei sind unsere Herren und Fürsten, nehmen alle Kreaturen zum Eigen-
tum ... Darüber lassen sie dann Gottes Gebot ausgehen unter die
Armen und sprechen: ‹Gott hat geboten, du sollst nicht stehlen› ... So er sich dann vergreift (der arme Mann) am allerge-
ringsten, so muss er hängen ... Die Herren machen das selber,

dass ihnen der arme Mann Feind wird.» Schuld am Aufruhr sind die Obrigkeiten selbst. Die Fürsten, von solch scharfen Worten überrumpelt, nahmen Müntzers Schelte ohne Kritik hin. Luther war entsetzt. Unverzüglich schrieb er einen Brandbrief *an die Fürsten zu Sachsen von dem aufrührischen Geist.* Damit die Fürsten ihr Gesicht nicht verloren, die Müntzer nicht widersprochen hatten, spielte er dessen Lehren ganz gegen seine Überzeugung herunter: **Man lasse sie nur getrost und frisch predigen, was sie können und wider wen sie wollen; denn wie ich gesagt habe, es müssen Sekten sein** ... Gegen Gewalt und Aufruhr aber zog er eine scharfe Grenze: **Wo sie aber wollen mehr tun, denn mit dem Wort fechten, wollen auch brechen und schlagen mit der Faust, da sollen EFG (Euer Fürstliche Gnaden) zugreifen und stracks das Land verboten.** (*Ein Brief an die Fürsten zu Sachsen*)

In Mühlhausen schloss Müntzer einen «Ewigen Bund» mit den Aufständischen. Er forderte, «dass sie keiner Obrigkeit gehorsam sein, niemandem Zinse noch Rente geben». Ende April 1525 richtete er einen leidenschaftlichen Kampfappell an die Allstedter: «Wie lang schlaft Ihr? ... Seid nicht also verzagt und nachlässig! Fangt an und streitet den Streit des Herrn! Es ist hohe Zeit ... Ganz Deutschland und Welschland ist in Bewegung ... Ihr müsst dran, dran! Es ist Zeit ... Dran, dran, dieweil das Feuer heiß! Lasset euer Schwert nicht kalt werden!»

Luther gegen die Bauern

Müntzers Aufruf zur Gewalt schreckte Luther auf. Die Glaubensreform drohte in Revolution und Chaos umzuschlagen. So wie er 1522 von der Wartburg nach Wittenberg gereist war, um Ruhe und Ordnung wiederherzustellen, zog er im April 1525 furchtlos in das Kampfgebiet der Bauern. In der Grafschaft

Mansfeld predigte er gegen Aufruhr und Empörung. Unter Lebensgefahr: **Mitten unter ihnen bin ich gewesen ... mit Gefahr Leibes und Lebens; die thüringischen Bauern habe ich selber erfahren, dass, je mehr man sie vermahnt und lehrt, desto störriger, stolzer und toller sie werden, mutwillig und trotzig.** (WA, Briefe 3) In Nordhausen gab es nur Hohn und Spott, eine neue und bittere Erfahrung für Luther (TR V, 6429). Der Allstedter Steuerverwalter resignierte: «Dr. Luther kann solchem Aufruhr nicht wehren.»

Über Nacht startete der Reformator eine publizistische Offensive. Noch im Aufstandsgebiet verfasste er die *Ermahnung zum Frieden auf die Zwölf Artikel der Bauernschaft in Schwaben*. Er redete zunächst den Fürsten ins Gewissen. Sie schindeten und schatzten die Untertanen, **bis es der arme gemeine Mann nicht kann noch mag länger ertragen.** Luther warnte sie: **Das Schwert sitzt euch auf dem Halse; dennoch meint ihr, ihr sitzt so fest im Sattel, man werde euch nicht können ausheben. Solche Sicherheit und verstockte Vermessenheit wird euch den Hals brechen.** Auf den Bauernaufruhr, Strafgericht Gottes, sollen die Fürsten mit Demut, Buße und Entgegenkommen reagieren. Die Bereitschaft der Bauern, sich durch die Heilige Schrift unterweisen zu lassen, griff er auf für eine scharfe biblische Ermahnung zum Gehorsam. Die Obrigkeit sei von Gott gegeben; man darf sich ihr nicht widersetzen: **Dass die Obrigkeit böse und unrecht ist, entschuldigt keine Rotterei noch Aufruhr.** In der Sache machte Luther den Bauern keinerlei Zugeständnisse, auch wenn er zugab, dass etliche Artikel **billig und recht** seien. Sein Kommentar zum Zehnten: **Dieser Artikel ist eitel Raub und öffentliche Strauchdieberei. Denn da wollen sie den Zehnten, der nicht ihrer, sondern der Obrigkeit ist, zu sich reißen und damit machen, was sie wollen.** Die Abschaffung der Leibeigenschaft lehnte er kategorisch ab: **Das heißt christliche Freiheit ganz fleischlich machen ... Leset St. Pau-**

lum, was er von den Knechten, welche zu der Zeit alle leibeigen waren, lehrt. Darum ist dieser Artikel stracks wider das Evangelium und räuberisch ... Es will dieser Artikel alle Menschen gleich machen. Das war ein Angriff auf die von Gott gewollte überkommene Ständeordnung. Um die Bauern zu besänftigen, empfahl er einen Ausschuss zur Schlichtung der Beschwerden.

Rasch folgte die zweite Schrift zum Bauernkrieg *Wider die räuberischen und mörderischen Rotten der Bauern*, gerichtet an den **Mordpropheten** Müntzer und seine Anhänger: **In Mühlhausen regieret der Erzteufel mit Raub und Mord.** Mit äußerster Schärfe ging Luther gegen die Bauern vor. Ihr Aufstand sei Teufelswerk. Wie Räuber und Mörder hätten sie Aufruhr im Land gestiftet und damit den Tod an Leib und Seele verdient. Jedermann dürfe über sie Scharfrichter sein: **Drum soll hie zuschmeißen, würgen und stechen ... wer da kann und gedenken, dass nichts Giftigeres, Schädlicheres, Teuflischeres sein kann denn ein aufrührerischer Mensch. Gleich als wenn man einen tollen Hund totschlagen muss: schlägst du nicht, so schlägt er dich und ein ganzes Land mit dir.** Die grausame Metapher von den tollen Hunden sollte in Luthers Hetzschrift von 1543 gegen die Juden wiederkehren. Selbst seine Anhänger waren über solche Unbarmherzigkeit entsetzt.

Die Gewalt der **Mordpropheten** war für Luther ein Schock. Sein Leben sah er in Gefahr: **Wohlan, komme ich heim, so will ich mich mit Gottes Hilfe zum Tode schicken und meiner neuen Herren, der Räuber und Mörder warten ... und kann ichs schicken** (einrichten) **... will ich meine Käthe noch zur Ehe nehmen, ehe denn ich sterbe,** schrieb er am 4. Mai 1525 deprimiert an den Mansfelder Rat Johann Rühel. Und doch, sonst wäre Luther nicht Luther, hatte er Zuversicht: **Ich hoffe, sie sollen mir doch nicht meinen Mut und Freude nehmen.**

Rettung konnten einzig noch die Obrigkeiten bringen. Doch

die waren vom Schreck gelähmt. Der bayerische Kanzler Leonhard Eck beklagte: «Es sind die vom Adel, denen die Bauern zugehören, alte Weiber und schon tot, fürchten um ihre Häuser (Burgen und Schlösser) und will niemand handeln.» Das änderte sich im Südwesten mit dem Eingreifen des Schwäbischen Bundes. Sein Feldherr Georg III. Truchsess von Waldburg, der «Bauernjörg», besiegte die Bauern am 4. April 1525 bei Leipheim, über 1000 wurden getötet. Als er bei Weingarten einer Übermacht der Bauern gegenüberstand, schloss er mit ihnen den Weingartner Vertrag. Wie von Luther angeregt, sollte ein Schiedsgericht über die bäuerlichen Anliegen entscheiden. Die Hinhaltetaktik gab dem Truchsess freie Hand gegen andere Unruheherde. Am 12. Mai 1525 besiegte er die Bauern bei Böblingen und Sindelfingen. Von 15000 verloren mehr als 3000 ihr Leben. Eine Serie von Niederlagen begann. Am 15. Mai fielen in der Schlacht von Frankenhausen in Thüringen etwa 6000 Aufständische unter dem Hoffnungssymbol der Regenbogenfahne. Am 16./17. Mai sollen bei Saverne/Zabern im Elsass 18000 Bauern umgekommen sein. Am 2. Juni forderte die Schlacht bei Königshofen in Franken 7000 Opfer.

Das Scheitern der Bauernbewegung war in wenigen Wochen besiegelt. Militärisch ungeübt und oft nur mit Arbeitsgeräten, zu Waffen umfunktionierten Sicheln und Sensen, ausgerüstet, stießen die Bauern auf die kampferprobten Fürstenheere. Dazu kam: Der Hoffnungsträger Martin Luther verdammte den Bauernaufstand als **Teufelswerk**. Seine schroffe Absage verunsicherte die Bauern und lähmte ihren Kampfeswillen. Entmutigt ergaben sie sich in ihr Schicksal. Die Bilanz des Bauernkrieges war schrecklich. Er forderte 75000 Menschenleben, und mehr noch: Der Niederlage folgte das Strafgericht mit Folter und Massenhinrichtungen. Luthers bis dahin einzigartige Popularität war schlagartig eingebrochen. Viele wandten sich von ihm ab, kehrten zur katholischen Kirche zurück oder bekannten sich zu den Täufern. Aus der «Volksreformation» war eine «Obrigkeitsreformation» geworden. Das Schicksal der neuen Lehre lag fortan in den Händen der Herrschenden.

Spott und Strafe

Nach dem Bauernkrieg hatte Luther für die Bauern nur noch Verachtung übrig. Seine Bauernschelte war derb: **Bauern bleiben Bauern. Als die Menschen erschaffen wurden, hatten die Bauern Ohren, wo Augen sind, wie man sie machte, waren sie doch nicht recht.** (TR II, 2672) Dem Sprichwort «Der Bauer ist an Ochsen statt, nur dass er keine Hörner hat» machten sie alle Ehre (TR III, 3238). Grob und viehisch sei ihre Natur: **Die Bauern sind heutzutage vollkommene Schweine.** (TR II, 2471) **Sie sind es nicht wert, Kinder zu haben, sondern nur Säue.** (TR I, 978) **Sie sind Tiere und glauben, dass die Religion nicht göttlich, sondern von uns ausgedacht sei.** (TR III, 3594) Undankbar sind sie und Gottes Wohltaten nicht wert: **Ich danke unserem Herrgott mehr für einen Baum und Strauch als sie um alle ihre Äcker und Wälder.** (TR II, 2560) Sie sind keine Christen mehr: **Ein Bauer, der ein Christ ist, ist ein hölzernes Schüreisen.** (TR II, 1799; TR III, 2699)

Luthers Lehre aus dem Bauernkrieg: Das Volk braucht Zucht. Nicht den barmherzigen Gott soll man ihm predigen, **sondern den, der Pest und Krieg etc. schickt, der ist recht für sie** (TR III, 3094). Die Kanzel im Dienst von Law and Order. Das war im 16. Jahrhundert verbreitete Praxis. So schickte zum Beispiel der evangelische Adel in Österreich seine Untertanen vor der Fronarbeit zur Gehorsamspredigt in die Schlosskapellen. Nach 1525 ging die Furcht vor neuem Aufruhr um: **Der Bauern Ungehorsam ist unaussprechlich. Deshalb müssen sie schärfstens mit Be-**

fehlen und Gesetzen gezügelt werden (TR II, 2750), aber keine Strafe nütze gegen ihren Hochmut. Da war eine Erleichterung ihrer Lasten wie die Abschaffung der Frondienste das falsche Signal. Bei Luthers Tischgenossen machte eine Geschichte über Bauern die Runde, die ihrem Pfarrer den Zehnten verweigerten. Als sie sich deswegen beim Fürsten rechtfertigen mussten, antwortete der: «Ihr sollt frei sein vom Zehnten; ich will ihn dem Pfarrer selbst geben, ihr aber sollt ihn mir zweifach in meine Kornkammer geben.» Luthers Kommentar: **Also muss man die Gesellen lehren.** (TR II, 2622 b)

Luthers katholische Gegner, etwa sein Schüler Johan Oldecop oder der Theologe Johannes Cochläus, nutzten den Bauernkrieg und sein blutiges Ende zur Diffamierung der neuen Lehre. Er beweise, dass aus Luthers Evangelium Aufruhr und Chaos erwachsen. Dagegen wehrte sich der Reformator vehement: **Man beschuldigt das Evangelium, es bringe Aufruhr, aber es ist nicht aufrührerisch, auch wenn immer wieder Aufruhr entsteht.** (TR I, 102) Er stellte klar: **Welche meine Lehre recht lesen und verstehen, die machen nicht Aufruhr, sie habens nicht von mir gelernt.** (*Ein treue Vermahnung*) Schuld sei einzig die Kirche, die dem gemeinen Mann an Gut, Leib und Leben so geschadet habe, dass er es nicht mehr hinnehmen werde. Nicht Aufruhr und Krieg, sondern Frieden und Einigkeit folgten aus dem Evangelium, betonte Luther unermüdlich zur Beruhigung der oberen Stände. Denn nichts fürchteten sie mehr als den Aufstand des gemeinen Mannes.

Nach dem blutigen Ende des Bauernkriegs fühlte sich Luther in seinem unbarmherzigen Verhalten bestätigt: Die aufmüpfigen Bauern sind keine Christen, deswegen darf man ihnen nicht nachgeben. Am Anfang habe er gedacht, alle seien sie Christen, deswegen habe er ihnen zu sehr nachgegeben. Seine Leitlinie für die Zukunft: **Den Frommen wollen wir gern die Freiheit des**

Evangeliums gestatten, alle anderen wollen wir mit den Gesetzen unterdrücken. (TR IV, 4459) Den Aufruf zur Gewalt gegen die **räuberischen und mörderischen Rotten der Bauern** von 1525 rechtfertigte er: **Prediger sind die größten Totschläger ... denn sie ermahnen die Obrigkeit, dass sie strikt ihres Amtes walte. Ich, M. Luther, hab im Aufruhr alle Bauern erschlagen, denn ich hab sie heißen totschlagen; all ihr Blut ist auf meinem Hals.** (TR II, 2911) Aber er empfand keinerlei Schuld und Reue. Der Allmächtige habe ihn zur Mordpredigt aufgefordert: **Ich weise es auf unsern Herrgott; der hat mir solches befohlen zu reden.** Luther auch hier Werkzeug Gottes. Schlimmes geschah und geschieht bis heute im Namen Gottes.

11. «Denn sie sind uns eine schwere Last»

Bettler an die Arbeit

Zu Luthers Zeit litten viele Menschen unter bitterster Armut. Scharen von Bettlern bevölkerten die Städte: finanziell ruinierte Handwerker, Heimatlose und Entwurzelte, Kriegskrüppel, zur Abschreckung verstümmelte Kriminelle, körperlich und geistig Behinderte, aber auch Arbeitsscheue und Müßiggänger. Gebettelt wurde um Geld und Almosen oder auch nur um ein Stück Brot. Zu den Bettlern von Berufs wegen zählten die Mönche. Auch Luther wurde von seinem Orden mit dem Bettelsack durch Erfurt geschickt. Mit der Reformation verschärfte sich noch die Not der Armen. Fromme Stiftungen, jetzt als «Werkfrömmigkeit» in Verruf gekommen, brachen zusammen. Neue Sozialeinrichtungen waren noch nicht an ihre Stelle getreten.

Luther hatte mit Berufsbettlern wenig Mitleid. Bei ihnen legte er einen strengen Maßstab an und verlangte eine rigide Handhabung von Sozialhilfe: **Es reicht, dass die Armen geziemlich versorgt werden, dabei sie nicht Hungers sterben oder erfrieren.** (*An den christlichen Adel*) Aber wer unverschuldet in Not kam und wirklich bedürftig war, für den galt der christliche Grundsatz «Wer dich bittet, dem gib». Wie es das Siebte Gebot verlangt, soll man großzügig helfen **aus bereitwilliger Liebe** (TR I, 1067; TR IV, 4109), gemäß dem Satz **Date et dabitur vobis – Gebt und euch wird gegeben.** Luther zeigte sich in solchen Fällen spendenfreudig: **Liebe Käthe, haben wir nimmer Geld, so müssen die Becher** hernach. **Man muss geben, will man anders etwas haben.** (TR IV, 5181; TR V, 5306) Notfalls müssen Wertgegenstände versetzt werden. Zu den tatsächlich Armen zählten in Wittenberg in erster Linie die Studenten. Für andere riet er zur Härte: Christus habe nicht gesagt, man solle **einem jeglichen Müßiggänger und Verschwender** (geben), **die doch gemeinhin die größten Bettler sind.** Hinter Armut und Bettelei witterte er oft Faulenzerei. Gelegentlich stellte er Bettler unter Pauschalverdacht: **Die Armut ist zwar in der Stadt groß, aber die Faulheit noch größer.** (TR III, 2769 b) Oft sah sich Luther von Bettlern betrogen. Der Grund war seine Gutgläubigkeit: **Ich meinte, alle Leute wären so einfältig wie ich.** Viele Freunde des Evangeliums würden den Armen helfen und leihen, aber niemand gibt's zurück, wo es doch heißt: **Leihen und Wiedergeben.** (TR III, 2972 b)

Er wollte den «Missbrauch von Sozialhilfe» verhindern. Unterstützung von Arbeitsscheuen und Müßiggängern sei falsche Nächstenliebe. **Es fügt sich nicht, dass einer auf** (Kosten) **des andern Arbeit müßiggehe, reich sei und wohl lebe bei eines anderen Übelleben, wie jetzt der verkehrte Missbrauch gehet.** (*An den christlichen Adel*) Populistisch nährte er Sozialneid gegen Bettler: **Ich wills meinem Weibe und Kindern nicht vom Maule wegschneiden und denen geben, so es nicht hilft.** (TR III, 2769 b) Tagediebe und Faulpelze müssten ans Arbeiten gebracht werden: **Gott will keine faulen Müßiggänger haben, sondern man soll treu und fleißig arbeiten. Paulus sagte: wer nicht arbeitet, soll auch nicht essen.** (WA 31, 1437) Der Reformator predigte das Ethos der Arbeit: **Der Mensch ist zur Arbeit geboren, wie der Vogel zum Fliegen.** Wer redlich arbeitet, gelangt zu Wohlstand: **Wer reich sein will, der greife mit der Hand an den Pflug und suche es sich selbst aus der Erde.** (*An den christlichen Adel*) Arbeit und Beruf sind Einübung in Sitte und Tugend: **Wer im geringsten treu ist, der ist auch im großen treu; wer im geringsten untreu ist, der**

ist auch im großen untreu … Also auch wer im geringsten fleißig ist, der ist auch im großen fleißig. (TR IV, 4801) Ähnlich dachte der Humanist Johann Ludwig Vives. In jedem Menschen sei das Verlangen nach Arbeit angelegt, durch Müßiggang aber gehe es verloren (*De Subventione Pauperum* – Über die Unterstützung der Armen, 1526). Wer nicht arbeiten will, muss dazu gezwungen werden. Dazu dienten seit dem 17. Jahrhundert Zucht- und Arbeitshäuser. Das Betteln hätte Luther am liebsten ganz verboten. Sozialhilfe war Aufgabe der weltlichen Obrigkeit: **Jede Stadt soll ihre Armen versorgen und keine Bettler zulassen.** (*An den christlichen Adel*) Dennoch nahm die evangelische Kirche sich der Bedürftigen an. Für sie wurden «Armenkästen» mit Geld angelegt. In Württemberg wurden sie vom «Heiligenpfleger» verwaltet. Im 18. Jahrhundert mussten Arme ein Blechstück als Ausweis vorzeigen, das «Heilig's Blechle».

Kein Herz für Behinderte

Behinderte wurden im Mittelalter ausgegrenzt, geächtet, misshandelt und umgebracht. Auch Luther, Kind seiner Zeit, hatte kein Erbarmen für Menschen mit körperlichen oder geistigen Handicaps. Solche «Monstren» beschäftigten lebhaft die Fantasie seiner Tischrunde, etwa ein Kleinkind in Gestalt einer **Haselmaus**, das sich in einer Mauernische versteckt habe. Für Luther war es der Beweis, **dass die Kräfte des Gemüts so stark sind, dass sie auch Körper verändern können.** Als das bezweifelt wurde, entgegnete er: **Ihr wisst nicht, was die Kräfte des Gemüts sind!** Als nachgefragt wurde, ob man solche Wesen taufen solle, lehnte er entschieden ab: **Nein, weil ich sie nur für Anima vegetativa** (Lebewesen) **halte.** Es wurde nachgehakt, ob sie eine Seele hätten. Darauf Luthers lapidare Antwort: **Ich weiß es nicht, habe**

Gott nicht darum gefragt. (TR I, 323) Über einen 12-jährigen Jungen in Dessau wurde berichtet, er sei gefräßig wie vier Bauern. Sein Leben bestehe nur aus **Fressen und Scheißen (Nihil aliud fecit, quam ut ederet et cacaret).** Luthers unbarmherziger Rat: Man solle das Kind erwürgen **(ut suffocaretur).** Auf die Frage, warum, entgegnete er: **Ich glaube schlicht, es sei ein Stück Fleisch ohne Seele.** (TR V, 5207) Menschen mit körperlicher Missbildung wie Wasserkopf oder geistiger Behinderung mit Sprachstörung waren **Wechselbälge.** Sie wurden vom Teufel mit **Succubi** gezeugt, Frauen, die sich mit ihm sexuell eingelassen hatten: **Die Mägde reißt er ins Wasser, schwängert sie und behält sie bei sich bis zur Geburt.** Infam, wie er war, habe der Satan dann heimlich gesunde Babys gegen Wechselbälge vertauscht. Sie würden nicht älter als achtzehn oder neunzehn Jahre (TR II, 2528 b; TR IV, 4513).

Welten liegen zwischen dem Teufels- und Aberglauben der Lutherzeit und dem heutigen medizinischen und psychiatrischen Verständnis von Menschen mit Handicaps.

Luther und die Juden

Es ist hier zu Wittenberg an unserer Pfarrkirche eine Sau in Stein gehauen, darunter liegen junge Ferkel und Juden, die saugen, hinter der Sau steht ein Rabbiner, der hebt der Sau das rechte Bein empor, und mit der linken Hand zieht er den Pirtzel über sich, bückt und guggt mit großem Fleiß der Sau unter den Pirtzel in den Talmud hinein, als wollt er etwas Scharfes und Sonderliches lesen und ersehen.

Die abstoßende Beschreibung der «Judensau» an der Außenwand der Wittenberger Stadtkirche stammt von keinem Geringeren als Martin Luther (*Vom Schem Hamphoras und vom Geschlecht*

Christi, 1543). Auf dem Weg zur Predigt der Barmherzigkeit kam er regelmäßig an dem Schandbild vorbei. Kein Wort von Bedauern und Abscheu kam ihm über die Lippen. Verunglimpfungen wie die Judensau gab es an den Kirchen des Mittelalters zuhauf; heute noch sind in Deutschland über dreißig erhalten. Sie gaben der Judenfeindlichkeit plakativen Ausdruck. Juden wurden als Schweine geschmäht, obwohl für sie das Schwein unrein und der Verzehr von Schweinefleisch tabu war. Die Anspielung auf den sexuellen Umgang mit Tieren machte sie der Sodomie verdächtig; darauf stand damals die Todesstrafe. Besonders abstoßend war die Verunglimpfung des Talmud mit der Sammlung heiliger Schriften des Judentums.

Pogrome im Mittelalter

Luther konnte Hebräisch und führte Gespräche mit Rabbinern. Seine Tischrunde diskutierte intensiv über die Juden, mit Feindschaft und Hass, mitunter auch mit Mitleid: **Juden sind die elendsten Leute. Überall werden sie vertrieben … müssen in engen Häusern beieinander stecken, dass fast 50 Personen beieinander wohnen. In Frankfurt müssen sie runde Abzeichen an der Kleidung tragen, sie dürfen nicht Häuser oder Äcker besitzen, sondern nur bewegliche Habe.** (TR V, 6196) Massenhaft seien sie eingewandert: **In ganz Deutschland sehen wir ihre Spuren. Ist doch keine Stadt oder Dorf, es hat Namen, Zeichen und Gassen.** (TR IV, 3990)

Nach der Zerstörung des Tempels in Jerusalem und der Vertreibung aus Israel zogen die Juden heimatlos durch das Römische Reich. Die ungeliebten Migranten waren als Gottesmörder verhasst, die den Messias gekreuzigt hatten. Wo sie eine Bleibe fanden, wurden sie diskriminiert. Kirchenväter und Konzile verlangten strenge Trennung von den Christen. Das Laterankonzil von 1215 schrieb die Kennzeichnung ihrer Kleidung vor, lange vor dem «Judenstern» der Nationalsozialisten. Juden waren rechtlos. Einzig der König schützte sie als «Kammerknechte». Dafür mussten sie hohe Sondersteuern zahlen. Von Landwirtschaft, Handwerk und Zünften waren sie ausgeschlossen. In den Städten lebten sie abgesondert in engen Judengassen und Judenvierteln, in Venedig seit 1516 im «Ghetto». Ständig drohte Verfolgung. In den rheinischen Städten Speyer, Worms und Mainz kam es 1096 zu Pogromen durch die fanatischen Kreuzfahrerheere. Im späten Mittelalter steigerte sich der Judenhass ins Unermessliche, dabei mischten sich religiöse, wirtschaftliche, fremdenfeindliche und irrationale Motive. Juden wurde vorgeworfen, die Tötung Christi stets aufs Neue durch Zerstörung von Hostien («Hostienfrevel») symbolisch zu wiederholen. Angeblich töteten sie Kinder, um Blut für ihre Rituale zu bekommen («Ritualmorde»). Pauschal wurde ihnen die Schuld an allem Unheil angelastet. So hätten sie die Große Pest von 1348/49 durch Brunnenvergiftung verursacht. Immer wieder waren Massaker durch Christen die Folge dieses Hasses.

Da ihnen «ordentliche» Berufe verwehrt waren, mussten sie auf den Hausier- und Viehhandel ausweichen. Eine lukrative Nische war der Geldverleih gegen Zinsen, der Christen damals noch verboten war. Das machte sie als «Wucherer, Aussauger des Volkes und Schmarotzer» unbeliebt. Eine Welle von Vertreibungen setzte ein, in England, Frankreich, Spanien und im Reich. Auch der vielgerühmte Herzog Eberhard im Bart von Württemberg (nach Justinus Kerner «der reichste Fürst in deutschen Landen») wies sie aus dem Land. Wo sie abzogen und wo sie schließlich Zuflucht fanden, wurden sie kräftig geschröpft. Luther warf ihnen Verblendung und Verstocktheit vor: **An ihrer Vertreibung und Verfolgung sind sie selber schuld; sollen sie doch die Gründe**

nennen, warum sie 1500 Jahre vertrieben sind, ein Volk ohne König, ohne Gesetz, ohne Prophet, ohne Tempel. Sie können keine
andere Ursache nennen als ihre Sünden. (TR IV, 4402) Populistisch
nährte er Misstrauen und Vorurteile gegen die angeblichen Got-
teslästerer (TR II, 1743; TR V, 6191). Über ihre Verschlagenheit gab
er drastische Geschichten zum Besten: Weil sie für die Überfüh-
rung zur Beisetzung eines auf Reisen verstorbenen Glaubensbru-
ders hohe Zölle zahlen mussten, hätten sie den Leichnam in ein
Gefäß gelegt und es mit Most aufgefüllt. Die Fuhrleute wussten
das nicht und tranken unterwegs heimlich davon, **hatten also einen feinen süßen Trank von einem toten Juden** (TR III, 2992 b).

1523: Mitgefühl für Juden

Doch Luther schien, wie so oft in der Frühzeit der Reformation,
über sich hinauszuwachsen. 1523 setzte er ein Zeichen gegen Judenhass. In der Schrift *Dass Jesus ein geborener Jude sei* zeigte er
Mitleid und Verständnis. Wie Hunde würden die Juden von den
Christen behandelt. Die Kirche sei so schlecht mit ihnen umge-
gangen, dass ein guter Christ aus Scham darüber lieber Jude
würde. Wenn er selbst Jude gewesen wäre und erlebt hätte, wie
die Kirche sie behandelte, wäre er eher eine Sau als ein Christ
geworden. Von Vorwürfen rückte er ab: **Ob etliche halsstarrig
sind, was liegt daran? Sind wir doch auch nicht alle gute Christen!**
Scharf verurteilte er Berufsverbote und Ausgrenzung. Wenn
man Juden verwehre, unter Christen zu leben und zu arbeiten,
treibe man sie in den Wucher. Wie sollte sie das bessern? Mit
Gräuelgeschichten wie Hostienschändungen und Brunnenver-
giftungen räumte er auf.

   Luthers Judenschrift von 1523 war ein Zeugnis christlicher
Selbstkritik. Am Judenhass habe die katholische Kirche kräftige

Mitschuld. Mit der Reformation verband Luther die Hoffnung auf einen Neubeginn mit den Juden. Er wollte sie für die evangelische Lehre gewinnen. In der Euphorie des reformatorischen Aufbruchs vertraute er auf die Kraft des Gotteswortes. Der Bekehrung im Glauben würde die Befreiung aus ihren bedrängten Lebensverhältnissen folgen.

1532: Enttäuschung und Resignation

Schon bald war sein Optimismus verflogen. Die Juden hielten an ihrem Glauben fest. In einer Tischrede von 1532 griff er das Thema erneut auf. Wiederum zeigte er zunächst Erbarmen: **Juden sind die ärmsten Leute unter allen Völkern auf Erden, werden hie und da geplagt, sind hin und her in Landen zerstreut, haben keinen gewissen Ort, da sie gewiss könnten bleiben, sitzen gleich wie auf einer Schuckel** (Schaukel), **müssen immer besorgen, man treibe sie aus.** Das alles erlitten sie mit Geduld, in der Hoffnung, es werde besser.

Doch dem Mitgefühl folgt unvermittelt der Bannfluch über die Juden: **Denn weil sie Christum und sein Evangelium nicht wollen haben, so müssen sie für** (statt) **Freiheit haben Knechtschaft.** (TR III, 2863) Luther resignierte, weil er die Juden nicht für sich gewinnen konnte. Sie waren in ihrer Religion fester verwurzelt, als er dachte. Er musste einsehen, dass ein Dialog mit Juden auf der Grundlage des Evangeliums nicht möglich war (TR IV, 5026). Mit dem Verzicht auf ihren Glauben hätten sie ihre jüdische Identität preisgegeben. Als einmal ein von ihm bekehrter Jude den christlichen Glauben angeblich verhöhnt hatte, wollte er fortan keinen Juden mehr taufen, ja schlimmer, er wollte **ihn zu Hand auf die Brücke führen, einen Stein an den Hals hängen und in die Elbe werfen** (TR II, 2634 a).

1543: Hass und Hetze

Für die Juden, mehr noch als für andere, galt fortan sein unerbittlicher Grundsatz: Wer sich nicht zu ihm und seiner Lehre bekannte, war sein Feind. Mit seiner Hetzschrift *Von den Juden und ihren Lügen* erregte der alternde Luther 1543 noch einmal publizistisches Aufsehen. In dem Pamphlet übergoss er die Juden mit Schimpf und Schande. Da sie nicht bereit waren zu konvertieren, verfluchte er sie. Das einstige Mitgefühl schlug um in blanken Hass: **Darum wisse du, lieber Christ ... dass du nächst dem Teufel keinen bittereren, giftigeren, heftigeren Feind hast als einen rechten Juden ... Kein blutdürstigeres und rachgierigeres Volk hat die Sonne je beschienen.** Das ganze Arsenal des Judenhasses machte er sich zu eigen. Durch Geldgeschäft und Wucher verursachten sie Armut und Ruin: **Sie sind eitel Diebe und Räuber, die täglich nicht einen Bissen Essen noch einen Faden am Leib tragen, den sie uns nicht gestohlen und geraubt hätten durch ihren verdammten Wucher, leben also ... als Erzdiebe und Landräuber ... denn ein Wucherer ist ein Erzdieb und Landräuber, der billig am Galgen siebenmal höher als andere Diebe hängen sollte.** Populistisch nährte er den Sozialneid des gemeinen Mannes. Die Juden rühmten sich angeblich: **Wir arbeiten nicht, haben gute faule Tage, die verfluchten Gojim** (Nichtjuden) **müssen für uns arbeiten, wir aber kriegen ihr Geld, damit sind wir ihre Herren, sie aber unsere Knechte.**

In einem Sieben-Punkte-Programm forderte Luther die Obrigkeiten auf, **mit scharfer Barmherzigkeit** gegen Juden vorzugehen: **Erstlich, dass man ihre Synagogen oder Schulen mit Feuer anstecke und, was nicht verbrennen will, mit Erde überhäufe und beschütte, dass kein Mensch einen Stein oder Schlacke sehe ewiglich.**

Zum zweiten, dass man ihre Häuser desgleichen zerbreche und zerstöre, denn sie treiben ebendasselbe darin, das sie in ihren Schulen treiben. Dafür mag man sie extra unter ein Dach oder Stall tun wie die Zigeuner, auf dass sie wissen, sie seien nicht die Herren in unserm Land ... sondern in der Verbannung und gefangen.

Zum dritten, dass man ihnen alle Betbüchlein und Talmudisten (Talmudschriften) nehme.

Zum vierten, dass man ihren Rabbinern bei Leib und Leben verbiete, hinfort zu lehren.

Zerstörung von Synagogen, Schulen und Häusern, Einzug der religiösen Schriften und Lehrverbot für die Rabbiner – das bedeutete Auslöschung der jüdischen Religion und Tradition. Mit Feuer und Gewalt.

Zugleich wollte Luther ihre materielle Lebensgrundlage vernichten:

Zum fünften, dass man den Juden das Geleit und Straße ganz und gar aufhebe, denn sie haben nichts auf dem Lande zu schaffen, weil sie nicht Herrn, noch Amtsleute, noch Händler, noch desgleichen sind; sie sollen daheim bleiben.

Zum sechsten, dass man ihnen den Wucher verbiete und ihnen alle Barschaft und Kleinod an Silber und Gold nehme und zur Verwahrung beiseitelege.

Das Verbot des Hausier- und Wanderhandels über Land sowie des Geldverleihs gegen Zinsen («Wucher») hätte sie wirtschaftlich ruiniert. Die Forderung, ihren Besitz einzuziehen, war ein eklatanter Rechtsbruch.

Den Verboten fügte Luther im letzten Punkt eine «Erziehungsmaßnahme» hinzu:

Zum siebenten, dass man den jungen starken Juden und Jüdinnen in die Hand gebe Flegel, Axt, Karst, Spaten, Rocken, Spindel und lasse sie ihr Brot verdienen im Schweiß der Nase. Luthers Devise: Arbeit statt Müßiggang. Wie Bettlern verordnete er den

Juden Zwangsarbeit. Nach der Zerstörung ihrer Häuser war Zwangsunterbringung vorgesehen: **Dafür mag man sie extra unter ein Dach oder Stall tun wie die Zigeuner, auf dass sie wissen, sie seien nicht die Herren in unserm Land … sondern in der Verbannung gefangen.** Einpferchen in Ställe wie Zigeuner – die Idee der Lagerhaft für Juden war geboren.

Falls sie, wie befürchtet, die strengen Auflagen unterlaufen würden, blieb als letztes Mittel der Landesverweis: **So müssen wir geschieden sein und sie aus unserem Land vertrieben werden.** Man solle sie **wie die tollen Hunde ausjagen.**

Luthers Strafsanktionen übertrafen alles, was man den Juden bisher im Reich angetan hatte. Bei den Pogromen des Mittelalters hatte sich der «Volkszorn» in spontanen Gewaltaktionen entladen, war aber wieder verebbt. Luther dagegen entwarf ein umfassendes Programm der systematischen Zerstörung und Vernichtung. Dass beim Brand von Synagogen und Schulen Menschen in Lebensgefahr gerieten, nahm er in Kauf.

Luthers Judenpamphlete von 1543 sind schändliche Dokumente von Unbarmherzigkeit, Ausgrenzung und Unrecht. Sie fanden bei vielen, aber nicht bei allen Beifall. Der Schweizer Reformator Heinrich Bullinger, Nachfolger von Zwingli in Zürich, kommentierte seine Beschreibung der Judensau: «So ist vorhanden Luthers Schweinisches Schem Hamphoras, welches, so es geschrieben wäre von einem Schweinehirten, nicht von einem berühmten Seelhirten … Entschuldigung hätte.» (Bullinger, *Wahrhaftes Bekenntnis der Diener der Kirchen zu Zürich*) Der Rat von Straßburg verbot den Druck von Luthers Judenhetze. Im Lauf der Geschichte geraten Schriften, sosehr sie die Gemüter der Zeitgenossen bewegten, manchmal bald in Vergessenheit. Aber nach Jahrhunderten können sie wieder brennende Aktualität erlangen. So erging es Luthers Traktaten von 1543. Sie wurden zu seiner Zeit Gott sei Dank nicht in die Tat umgesetzt.

Weiterhin wurden die Juden im Reich begrenzt geduldet – recht-los, streng kontrolliert und mit Sondersteuern belastet. Die Fran-zösische Revolution von 1789 fegte Standesschranken, Privile-gien und Diskriminierungen hinweg. Über Nacht erhielten die Juden in Frankreich gleiche Rechte wie die übrigen Bürger. In Deutschland vollzog sich die «Emanzipation», die Judenbefrei-ung, schrittweise in einem längeren Prozess. Erst 1871 erhielt die jüdische Bevölkerung Rechtsgleichheit. Mit der Emanzipation ging die Assimilation einher, die Anpassung an Normen, Verhal-ten und Gebräuche der nichtjüdischen Umwelt.

Das schreckliche Erbe des Reformators

Rechtliche Gleichstellung bedeutete nicht gesellschaftliche An-erkennung. Ende des 19. Jahrhunderts legte sich der Judenhass erneut als dunkler Schatten über das Land. Er kam jetzt in säku-larem Gewand als «Antisemitismus» daher. Der Begriff tauchte erstmals 1879 auf. Juden wurden als minderwertige «Rasse» ver-unglimpft. Für den neuen Antisemitismus gab Luther eine Steil-vorlage. Der deutschnationale Historiker Heinrich von Treitschke verbreitete die Kampfparole: «Die Juden sind unser Unglück.» Er griff den fatalen Luthersatz von 1543 auf: **Denn sie sind uns eine schwere Last, wie eine Plage, Pestilenz und eitel Unglück in unserm Land.** In Berlin diffamierten der Hofprediger Adolf Stoecker und in Wien der Bürgermeister Karl Lueger die jüdi-sche Bevölkerung. Fanatische Antisemiten waren Richard Wag-ner und sein Schwiegersohn Houston Stewart Chamberlain. Den Juden wurde die Schuld an allen Problemen und Sorgen in die Schuhe geschoben, die das industrielle Zeitalter mit sich brachte. Zukunftsängste und Wirtschaftsneid wurden geschürt.

Im 20. Jahrhundert brachte der Nationalsozialismus den Juden in Deutschland Hass, Unrecht und Gewalt wie nie zuvor und schließlich Tod und Vernichtung, den Holocaust. Die Propaganda des Dritten Reiches berief sich auf Luther als Wegbereiter der Judenverfolgung. In den Pogromen vom November 1938 wurden, wie von Luther gefordert, die Synagogen und jüdischen Einrichtungen zerstört. Juden wurden in Konzentrationslager verschleppt und ermordet. Beifall erhielten die Nationalsozialisten von den «Deutschen Christen», die in der evangelischen Kirche den Ton angaben. Der thüringische Landesbischof Martin Sasse verkündete: «Am 10. November, an Luthers Geburtstag, brennen in Deutschland die Synagogen … in dieser Stunde muss die Stimme des Mannes gehört werden, der als Deutscher Prophet im 16. Jahrhundert als Freund der Juden begann, der getrieben von seinem Gewissen, getrieben von den Erfahrungen der Wirklichkeit, der größte Antisemit geworden ist, der Warner seines Volkes wider die Juden.» Landesbischof Walter Schulz forderte am 16. November 1938 die Pastoren von Mecklenburg auf, Luthers «Vermächtnis» zu erfüllen. Die Einführung des Judensterns im September 1941 rechtfertigten sieben evangelische Landeskirchen in einer gemeinsamen Erklärung mit Luthers Forderung, «schärfste Maßnahmen gegen die Juden zu ergreifen und sie aus deutschen Landen auszuweisen».

Nach dem Zweiten Weltkrieg war die evangelische Kirche eilig bemüht, sich aus der Verstrickung mit dem Nationalsozialismus zu lösen: durch Verurteilung der Deutschen Christen und Berufung auf den Widerstand der Bekennenden Kirche und ihre Lichtgestalt Dietrich Bonhoeffer. Luthers Judenhass wurde mit Schweigen übergangen, und das noch zu einer Zeit, als Historiker bereits heftige Kritik übten. Bis heute vermisst man im Wittenberger Lutherhaus eine vertiefte museale Auseinandersetzung mit der NS-Zeit.

Luthers Judenfeindschaft wurde heruntergespielt, so von dem

nationalkonservativen Historiker Gerhard Ritter. Sie sei einzig religiös bedingt und tauge nicht als «Arsenal des Antisemitismus» (Gerhard Ritter, *Luther – Gestalt und Tat*, 1943, ⁶1959). Dagegen nannte der amerikanische Hitler-Biograf William L. Shirer 1960 Luther in schonungsloser Offenheit einen «leidenschaftlichen Antisemiten». Der protestantische Kirchenhistoriker Heiko A. Oberman räumte 1983 ein, Luther habe zwar den Antijudaismus in seiner Lehre verankert, er habe aber nie die Vernichtung der Juden gefordert. Der österreichische Kulturhistoriker Friedrich Heer dagegen zog 1986 eine direkte Linie von Luther zu den Nationalsozialisten. Für den amerikanischen Historiker Daniel Goldhagen war der Holocaust Folge des in der deutschen Geschichte tief verwurzelten Antisemitismus, der mit Luther begonnen habe. Dem Reformator gebühre daher «ein Platz im Pantheon der Antisemiten».

Die EKD gab erst 1983, zu Luthers 500. Geburtstag, eine knappe und laue offizielle Stellungnahme ab: «So wichtig Luthers frühe Schrift über die Juden auch heute noch ist, so verhängnisvoll wurden Äußerungen des alten Luther. Niemand kann sie heute gutheißen.» Deutlicher distanzierte sich ein Jahr später der Lutherische Weltbund: «Die Sünden von Luthers antijüdischen Äußerungen und die Heftigkeit seiner Angriffe auf die Juden müssen mit großem Bedauern zugegeben werden. Wir müssen dafür sorgen, dass eine solche Sünde heute und in Zukunft in unseren Kirchen nicht mehr begangen werden kann.»

Im Vorfeld des Reformationsjubiläums 2017 geriet Luthers Haltung zu den Juden erneut in den Blick. Der Zentralrat der Juden in Deutschland verlangte, die EKD solle zum Jubiläum 2017 «auch Luthers Antisemitismus als Teil ihrer Geschichte thematisieren». Erst 2015, siebzig Jahre nach Ende des Holocaust, hat sich die EKD eindeutig von Luthers fatalem Erbe distanziert: «Das weitreichende Versagen der Evangelischen Kirche gegenüber dem jüdischen Volk erfüllt uns mit Trauer und Scham» (*Martin Luther und die Juden – Notwendige Erinnerung zum Reformationsjubiläum, 11. November 2015*).

Eine klare Absage an Luthers Judenhass, die längst überfällig war. Nicht zuletzt angesichts des Antisemitismus, wie er in Europa erneut um sich greift.

12. «Zu strafen die Bösen und zu schützen die Frommen»

Abneigung gegen Juristen

Zur Lutherzeit waren die Juristen im Vormarsch. Die Fürsten bauten Herrschaft und Verwaltung aus und regelten mit einer Flut von Gesetzen und Vorschriften das Leben der Untertanen. Die Bürokratie begann zu wuchern, immer mehr Beamte wurden nötig, und studierte Juristen waren Mangelware. An den Universitäten boomte die Rechtswissenschaft. Das kodifizierte Römische Recht verdrängte das nur mündlich überlieferte Gewohnheitsrecht.

Luthers Vater hätte aus dem Sohn gern einen Juristen gemacht. Wie verlangt, begann Martin das Jurastudium im Sommersemester 1505 in Erfurt, die Fachbücher waren schon gekauft. Doch es kam anders. Luther entschied sich für das Kloster. Der Widerwille gegen die Jurisprudenz wirkte sein ganzes Leben nach: **Das Jurastudium ist schmutzig …, es geht nur ums Geld und nicht ums Recht.** (TR III, 2831) Juristen übergoss er mit Spott und Verachtung: **Juristen können nichts, und wenn sie viel wissen, so können sie ein Kuchen** (Küche) **und Scheißhaus bauen und aufrichten; schmeckt es wohl in der Küche, so wird es desto übler stinken im Scheißhaus.** (TR II, 1528) Sie machen viele Worte, bewirken aber wenig: **Sie können nur Mücken fangen mit ihren Gesetzen, nicht aber die großen Hummeln und Wespen.** (TR I, 2) Sie ziehen die Leute über den Tisch und leeren ihnen die Taschen. Für Lohn und Brot sind sie willfährige Handlanger der Fürsten. Der Hass auf die Juristen saß tief: **Wenn er hundert Söhne hätte, wollte er keinen Juristen aus ihnen ziehen.** (TR III, 3575) Verdächtig waren ihm auch die Rechtsgelehrten der Universität Wittenberg. Er witterte bei ihnen Abweichung von der evangelischen Lehre. In ihren Vorlesungen würden sie noch immer die päpstlichen Dekrete verteidigen. 1539 drohte er: **Wir wollen des Papstesels Dreck und Fürze nicht haben. Fresst ihrs selber ... Ich will die Kirche wider euch Juristen wohl erhalten!** (TR IV, 4382a) Der Theologe Luther bezog zudem Position im Rangstreit um die Königswissenschaft der Hochschulen: **Ich bin halb zornig auf die Juristen, denn sie wollen mir die Theologen mit Füßen treten. Aber es soll ihnen nicht zu schönem Wetter gedeihen.** (TR III, 2839)

Luther und die Obrigkeit

Luther predigte Gehorsam. Gehorsam der Kinder gegen die Eltern, der Untertanen gegen die Obrigkeit. Diese ist von Gott verordnet: **Die weltliche Obrigkeit ist ein Zeichen der göttlichen Gnade, dass Gott barmherzig ist und keinen Gefallen an Hauen und Stechen hat.** (TR I, 162) Paulus sagt: «Die Gewalt trägt nicht vergeblich das Schwert, dir zu gut, eine Rächerin über den, der Böses tut» (Römer 13,1 ff.). Der Staat muss Recht und Ordnung erhalten: **Deswegen ist die Obrigkeit und das Schwert eingesetzt, zu strafen die Bösen und zu schützen die Frommen, dass Aufruhr verhütet werde.** (*Ein treue Vermahnung*) Häufig entsprachen die Obrigkeiten nicht dem Ideal der christlichen Herrschaft: **Es gibt Regenten, die missbrauchen ihres Amtes wider das Evangelium, das wird ihnen nicht zu Schmer** (Schmalz) **gedeihen.** (TR II, 2911 a/b) Viele führten **ein böses Regiment in Germania** (TR II, 2446b). Sogar am Kaiser zweifelte er: **Deutschland ist ein schöner weidlicher Hengst, der Futter und alles genug hat ... Es fehlt ihm aber an einem Reiter.** (TR V, 5735) Karl V. bemitleidete er: **Ist still und fromm, redet in einem Jahr nicht mehr als ich an einem Tag.** (TR III, 3245)

Luther setzte der Obrigkeit aber auch Grenzen. Sie darf sich **nicht strecken in den Himmel und über die Seele, sondern nur auf Erden den äußerlichen Wandel der Menschen untereinander** (*Von weltlicher Obrigkeit*). Er verwies auf die Apostelgeschichte 5,29: «Man muss Gott mehr gehorchen als den Menschen.» Über Religion und Glaube entscheide jeder für sich selbst. Es liege in jedermanns Gewissen, **wie er glaubt oder nicht glaubt, und damit der weltlichen Gewalt kein Abbruch geschieht ... Denn es ist ein Freiwerk um den Glauben ... Denn wahr ist das Sprichwort: Gedanken sind zollfrei.** (*Von weltlicher Obrigkeit*) Ein eindringliches Plädoyer für die Gewissens- und Glaubensfreiheit und eine entschiedene Absage an religiösen Fundamentalismus. Schon bald sah die Wirklichkeit der Konfessionen ganz anders aus, mit Intoleranz und Glaubenszwang.

Die Untertanen müssen der Obrigkeit gehorchen. Ist sie ungerecht oder ketzerisch, darf man sich widersetzen – aber nur mit Worten. **Kehrt sie sich daran, so ist's gut; wo nicht, so bist du entschuldigt und leidest Unrecht um Gottes willen.** Gewaltsamer Widerstand ist nicht erlaubt. Rasch erkannte Luther, dass er die Obrigkeiten benötigte, sich fügen und ergeben, das diente seiner Sache: **Die Fürsten werden Arbeit genug haben. Sie müssen Bischöfe und Fürsten sein, sind Notbischöfe.** (TR IV, 4561) Nicht nur das weltliche, sondern auch das geistliche Regiment üben sie aus. Doch oft waren sie ihren Pflichten nicht gewachsen: **Die Fürsten können weder die Wissenschaften, noch können sie regieren; ihnen genügt es, Hengste und Sporen zu kaufen.** Johann

Friedrich von Sachsen, dem Nachfolger der viel gelobten Herzöge Friedrich der Weise und Johann der Beständige, hielt er vor, dass er zu viel trinke und baue: **Sonst arbeitet er wie ein Esel.** (TR IV, 5137) Trotz seiner Doppelehe lobte Luther Landgraf Philipp von Hessen als Vorkämpfer des Protestantismus: **Dieser Mann ist wunderbar. Er hat seinen Stern.** (TR IV, 5038) Kritik übte er am Adel. Er wirtschafte in die eigene Tasche und mache **mutwillige Teuerung** (TR IV, 4472), Adelige seien **Heckenreiter** (TR II, 2561).

Wie die Wittenberger Wirren und der Bauernkrieg gezeigt hatten, drohte Luther die Reformation zu entgleiten. Nur durch die strafende Hand der Obrigkeiten konnte religiöses und soziales Chaos vermieden werden. Am deutschen Obrigkeitsstaat mit dem Bündnis von Thron und Altar hat der Reformator kräftig mitgearbeitet. Der aufmüpfige gemeine Mann brauchte die Zuchtrute der Obrigkeit. Es erstaunt, was Luther auf der Durchreise nach Italien an der politischen Struktur der Schweiz auffiel: **Ein Land, wo viele vom gemeinen Mann regieren.** (Zit. nach Michels) Das republikanische Gemeinwesen der Eidgenossen mit freien Bürgern und Bauern war das krasse Gegenmodell zur politischen Ordnung seiner Heimat, dem Fürstenstaat ohne Mitsprache der Regierten. Eine Herrschaft des **Herrn Omnes,** wie er ihn nannte, war für ihn undenkbar. Im Bauernkrieg lehnte er die Forderungen der Aufständischen nach Autonomie strikt ab. Er predigte den «leidenden Gehorsam». Bei Zwingli und Calvin dagegen hatten die Gläubigen ein aktives Widerstandsrecht, wenn eine Herrschaft gegen das Evangelium verstieß.

13. «Dem Volk aufs Maul schauen»

Vom Dolmetschen

Luther war ein Mann des Wortes. Unermüdlich verfasste er theologische Abhandlungen, Sendbriefe und Flugschriften. Die große Weimarer Lutherausgabe, begonnen 1883, umfasst 127 Bände. Zum sprachlichen Meisterwerk wurde seine deutsche Bibel. Das Neue Testament entstand 1521 auf der Wartburg. Die Arbeit am Alten Testament zog sich bis 1534 hin. Deutsche Bibeln gab es schon vor Luther. Sie reichten aber nicht entfernt an seine Sprachgewalt heran. Statt der lateinischen Vulgata, die Gutenberg als Vorlage diente, griff der Reformator auf den griechischen Urtext des Neuen Testaments zurück, den Erasmus von Rotterdam 1516 veröffentlicht hatte. Im *Sendbrief vom Dolmetschen* (1530) gab er Einblick in seine Übersetzerwerkstatt. Er wies Vorwürfe seiner Gegner zurück, beim Übersetzen den Text geändert oder verfälscht zu haben. Über die Besserwisser spottete er: **Es heißt: wer am Wege baut, der hat viel Meister. Also geht mir's auch. Diejenigen, die noch nie haben recht reden können, geschweige denn dolmetschen, die sind allzumal meine Meister und ich muss ihrer aller Jünger sein.**

Selbstbewusst beanspruchte er für sich: **Ich kann Psalmen und Propheten auslegen; das können sie nicht. Ich kann dolmetschen; das können sie nicht.** Es genüge beim Übersetzen nicht, **die Buchstaben in der lateinischen Sprache (zu) fragen, wie man soll Deutsch reden ... sondern man muss die Mutter im Hause, die**

Kinder auf der Gassen, den gemeinen Mann auf dem Markt drum fragen und den selbigen auf das Maul sehen, wie sie reden, und danach dolmetschen; da verstehen sie es denn und merken, dass man Deutsch mit ihnen redet (*Sendbrief*). Er gibt Beispiele: Das Christuswort «Ex abundantia cordis os loquitur», den Buchstaben nach übersetzt, laute «aus dem Überfluss des Herzens redet der Mund». Das sei kein Deutsch. Man sage auch nicht Überfluss des Hauses, Überfluss des Kachelofens, Überfluss der Bank. Im Volksmund heiße es stattdessen: **Wes das Herz voll ist, des gehet der Mund über.** Zum «Gegrüßet seist du, Maria voll Gnaden» der Verkündigung merkte Luther kritisch an: **Sage mir aber, ob solches auch gutes Deutsch sei? Wo redet der deutsche Mann so? Du bist voll Gnaden? Und welcher Deutsche versteht, was das heißt voll Gnaden? Er muss denken an ein Fass voll Bier oder Beutel voll Geld.** Deshalb habe er übersetzt: **Du Holdselige.** Noch besser aber wäre gewesen: **Gott grüße dich, du liebe Maria,** so würde der Engel wohl gesprochen haben.

Dolmetschen ist eine schwierige und hohe Kunst. Fleiß und Verstand gehören dazu. Ein guter Übersetzer muss **großen Vorrat von Worten haben, damit er die recht zur Hand haben kann, wenn eines nirgends klingen will.** Wortschatz ist gefragt. Mit seinem Team rang Luther oft wochenlang um den passenden Ausdruck und fand ihn manchmal trotzdem nicht. Die Bibelübersetzung war sein sprachliches Meisterwerk: **Aber die Biblia – dass ich mich zwar nicht lob, sondern das Werk lobt sich – ist so gut und köstlich, dass sie besser ist als alle Versionen Griechisch und Lateinisch.** (TR V, 5324) Nicht um Geld und Ehre, sondern allein um des Gotteswortes willen habe er sich die gewaltige Arbeitslast aufgeladen. Nicht einen einzigen Heller habe er dafür genommen. Vom Echo auf seine mühevolle Arbeit war er enttäuscht, noch ehe das Werk ganz vollendet war. In den eigenen Reihen werde seine Übersetzung weniger geschätzt als beim

Gegner, z. B. Herzog Georg von Sachsen: **Ich habe nur Sorge, man werde nicht viel in der Biblia lesen, denn man ist ihrer sehr überdrüssig und druckt sie niemand mehr nach.** (TR V, 5324) Beide Befürchtungen waren unbegründet. Schon zu seinen Lebzeiten wurde das Werk zum Bestseller. Über Konfessions- und Dialektgrenzen hinweg bahnte die Lutherbibel der neuhochdeutschen Sprache den Weg.

Sprache und Sprachschöpfer

Sprachen waren für Luther **das größte Geschenk Gottes** (TR III, 3271 b). Die deutsche Sprache sei die vollkommenste von allen – **Germanica autem lingua omnium est perfectissima.** Sie habe Ähnlichkeit mit der griechischen. Latein dagegen sei **gering und dünn** (TR IV, 4018). Er hatte ein feines Gehör für die deutschen Dialekte. Davon gebe es, wie auf seinen Reisen erlebt, so viele, dass schon 30 Meilen entfernt die Menschen einander nicht mehr verstehen könnten. Das gelte sogar für die Bayern untereinander: **Bavari sunt inter se barbari** (Bavaren sind Barbaren), brachte es Luther im Wortspiel auf den Punkt. Österreicher und Bayern haben keine Diphthonge, **sagen nämlich e-ur, fe-ur, bro-ed für Feuer, euer, Brot**, beobachtete er mit feinem Gespür für Phonetik. Die rechte deutsche Sprache, plädierte er, sei die sächsische, nicht die oberdeutsche. Die Mundart der Sachsen habe Leichtigkeit und könne fast mit geschlossenen Lippen artikuliert werden. Der oberländische Dialekt hingegen könne nur mit maximaler Rachenöffnung und lautstark gesprochen werden (TR V, 6146). Und die sächsische Kanzleisprache machte Luther denn auch zur Grundlage seiner Bibelübersetzung – das Neuhochdeutsche war geboren.

Luther wurde populär durch das, was er sagte, aber auch dadurch, wie er es sagte. Sein Grundsatz war: man soll so reden, **dass man's fein allenthalben verstehen kann.** Er hasste den gestelzten Ausdruck und liebte das ehrliche Wort: **Unachtsam ist eine neue Vokabel, faul, das ist ein gutes altes Wort.** (TR V, 5330) Gern verwendete er die Sprachform der Allegorie, **dass man ein Ding vorgibt und anders versteht als die Worte lauten.** Die Bibel und die deutsche Sprache sind voll davon: **Er hängt den Mantel nach dem Wind,** oder mit ironischem Bezug auf seine Frau: **Käthe von Bora ist der Morgenstern zu Wittenberg** (TR 2, 2772a) – der Planet Venus, der vor Sonnenaufgang hell am Himmel erschien, wenn die Hausfrau ihr Tagwerk begann. Mit seiner eingängigen und bildhaften Sprache traf er den Nerv des Volkes. Auf den Landstraßen hatte er aufgeschnappt, wie der gemeine Mann redete. Ungeniert nahm er zum Beispiel das Wort Arsch in den Mund: **Was der Teufel tut, da drückt er allweg sein Siegel mit dem Arsch drauf.** (TR II, 1869) Mit drastischer Fantasie malte er aus: **Der Baum ist aus einem Kern gewachsen, welchen vielleicht ein Bauer im Arsch. Wenn ich die Äpfel esse, so esse ich einem Bauern im Arsch.** (TR III, 3210b) Er liebte Tiervergleiche, auch wenn sie unappetitlich waren: **Die Franziskaner sind unseres Herrgotts Läuse, die der Teufel in Adams Pelz gesetzt hat. Predigermönche sind die Flöhe, die haben sich ewig miteinander gebissen,** beschrieb er die Rivalität von Franziskanern und Dominikanern (TR II, 2650). Die Kleriker in Rom waren **Mastsäue und faule Fresslinge.** Päpste und katholische Theologen verspottete er als **Papstesel und Maulesel** (*Sendbrief*). Andererseits lobte er evangelische Prediger als **Milchträger, Butterträger, Käseträger und Wolleträger** (TR IV, 4000).

Zahllose Wortbildungen gehen auf ihn zurück, darunter **Feuertaufe, Bluthund, Machtwort, Schandfleck, Lückenbüßer, Gewissensbisse, Lockvogel.** Redewendungen hat er geprägt, wie **Perlen vor die Säue werfen, die Zähne zusammenbeißen, auf Sand**

bauen, **Wolf im Schafspelz.** Er liebte Sprichwörter, z. B. **Frühe aufstehen und jung freien, soll Niemands gereuen.** Mit Bezug auf
Ehewonne und Ehestreit: **Die Ehe, eine kurze Freude, eine lange
Unlust** und: **Wer das Feuer haben will, muss den Rauch auch leiden.** Binsenwahrheiten formulierte er kurz und bündig: **Fische
gehören ins Wasser, ein Dieb an den Galgen, der Teufel in die
Hölle.** (TR II, 2650) Er besaß einen prallen Sack von Lebensweis-
heiten: **Eine Lüge ist wie ein Schneeball, je länger man ihn wälzt,
desto größer wird er.** (TR I, 340) Oder: **Törichte Reden bringen
törichte Werke.** (TR I, 1000) Für Haus und Hof riet er: **Wer sich
jetzt mit dem Gesinde gut will nähren, der muss den Arsch aus
dem Stroh heben.** (TR III, 3363) Oder: **Tut die Äpfel in Stroh, so
erfrieren sie nicht.** (TR III, 2830 b) Zur Vorsicht mahnte er beim
Ausleihen: **Oft bekommt man's nicht wieder. Gibt man dir's wieder, so geschieht's doch nicht so bald und so wohl und gut, geschieht's aber, so verlierst du einen guten Freund.** (TR I, 175) Zum
Lauf des Lebens zitierte er vor seinem Tod den Volksmund: **Wer
vor 20 Jahren nicht schön wird, vor 30 Jahren nicht stark, vor
40 Jahren nicht klug, vor 50 Jahren nicht reich, der mag sich seines
Glückes wohl erwägen.** (TR V, 5375 y) Schließlich die stoische
Einsicht: **Älter werde ich, ein Narr bleibe ich.** (TR V, 5989 q) Seine
Weisheiten kleidete er häufig auch in Verse (siehe dazu die kleine
Sammlung in Kapitel 20).

Von der rechten Predigt

Im Zentrum des Gottesdienstes stand bei Luther die Verkündigung des Evangeliums. Er war ein wortgewaltiger Prediger. An
manchen Tagen bestieg er bis zu viermal die Kanzel: **und hab das
getrieben 25 Jahre** (1537; TR III, 3590 a). Das Predigen war ihm
hohe Kunst. Schon der äußere Habitus ist wichtig. Der Prediger

muss würdevoll zur Kanzel emporschreiten und wieder herabsteigen. Am Ende muss er eine Zeitlang in Andacht verharren (TR IV, 5171 b). Ein Pfarrer muss eine gute Stimme haben. Er muss langsam reden, damit die Leute mitkommen und die Worte Gewicht haben (TR IV, 4657). Besser als abstrakte Theologie kommen bei den Zuhörern Geschichten aus dem Leben an: **Wenn man vom Artikel der Rechtfertigung predigt, so schläft das Volk und hustet, wenn man aber anfängt, Historien und Exempel zu sagen, dann hört es mit gespitzten Ohren ganz still zu.** (TR II, 2408 b)

Predigten müssen volksnah und verständlich sein: **Verflucht und vermaledeit sind alle Prediger, die … nach hohen und subtilen Dingen trachten und eigenen Ruhm erstreben.** Unter seinen Zuhörern wolle er nicht Bugenhagen, Jonas und Melanchthon haben, **denn sie wissen es schon zuvor besser als ich. Ich predige nicht ihnen, sondern meinem Hänslein und Elslein … Die hohen Gedanken und den starken Wein soll man für die Klüglinge privatim behalten.** (TR III, 3421) Wenn er predige, lasse er sich **aufs Tiefste herunter,** schaue er **nicht die 40 Doktoren und Magister an, sondern die 100 oder 1000 jungen Leute, Kinder und Gesinde** (TR III, 3573).

Besonders die Jugend wollte er für Gott gewinnen. Es sei eine Unsitte, mit griechischen, hebräischen oder lateinischen Brocken zu glänzen, um zu zeigen, wie klug man ist. Luthers Warnung: **Welcher Prediger auf die Gelehrten Achtung hat, der tut sein Lebtag keine gute Predigt.** (TR V, 5903) Stattdessen benutze er **die einfältige Muttersprache** (TR V, 6404). Inhaltlich beschränke er sich auf ein Bibelwort, damit das Volk sagen könne: **Das ist die Predigt gewesen.** (TR II, 1650) Wie für Ikarus, galt auch für Prediger: **Fliege nicht zu hoch!** Kanzelredner dürfen die Zuhörer nicht überfordern, sondern sollen sie mit feinem Gespür abholen und an die Hand nehmen (TR II, 1943). Manchmal müssen es auch Strafpredigten sein, **mit Platzregen und Donner.** Darin war Luther ein Meister.

Und nicht zuletzt: Predigten dürfen nicht zu lang sein. **Lange predigen ist keine Kunst, aber recht und wohl predigen.** (TR III, 3419/20) Aufhören muss man dann, wenn die Leute noch gern länger zuhören würden (TR III, 3422). Eine Tugend, die nur wenige beherrschten: **Die lutherischen Prediger lernen alle vom Luther predigen und schelten, aber aufhören können sie nicht von ihm lernen.** (TR III, 3420) Einer, der niemals ein Ende finden konnte, war der Wittenberger Stadtpfarrer Johannes Bugenhagen (TR II, 2643 b).

14. «Ein feste Burg ist unser Gott»

Musik, eine Gottesgabe

Luther war ein Mann des Wortes. Er liebte aber ebenso Gesang und Musik. Sein Schüler Erasmus Alber lobte ihn als «guten Musikus mit heller und feiner Stimme». Schon in Eisenach war er als Kurrendesänger von Haus zu Haus gezogen. An der Universität Erfurt war Musik Teil des Grundstudiums der Artes liberales. Nach der Theologie hatte sie für ihn den höchsten Rang. Er schlug die Laute, ein feines und zartes Zupfinstrument, dessen musikalische Qualität heute wieder entdeckt wird. Auch spielte er Querflöte. Pauken und Trompeten liebte er weniger. Hans Sachs rühmte ihn als «Wittenbergische Nachtigall».

Musik ist **das größte göttliche Geschenk** (TR I, 968). Sie vertreibt trübe Gedanken und macht fröhlich: **Wer singt, schlägt alle Sorgen aus und ist guter Dinge.** (TR II, 1300) Bei Anfechtung und Depression ist sie Therapie: **Sie vertreibt den Satan und macht fröhlich.** (TR I, 968) Für einen betrübten Menschen ist sie **das beste Labsal, dadurch das Herz wieder zufrieden, erquickt und erfrischt wird.** Sie macht sanftmütiger, befreit von allem Irdischen und entrückt in himmlische Sphären. Schon im Kindesalter soll die Liebe zur Musik geweckt werden: **Die Musik muss in den Schulen gepflegt werden, wer sich darin übt, ist von guter Natur ... Ein Schulmeister muss singen können, sonst sehe ich ihn nicht an.** (TR V, 6248)

Das Lied stellte Luther in den Dienst der Reformation. In der

Vorrede zum *Wittenberger Gesangbüchlein* von 1524 grenzte er
sich ab von der puritanischen Nüchternheit der Schweizer Reformatoren: **Ich bin nicht der Meinung, dass durchs Evangelium
sollten alle Künste zu Boden geschlagen werden und vergehen,
wie etliche Abergeistlichen vorgeben, sondern ich wollte alle
Künste, sonderlich die Musik, gern sehen im Dienst dessen, der
sie gegeben und geschaffen hat.** Mit den **Abergeistlichen** meinte
er Zwingli und seine Mitstreiter. Sie ließen sogar Orgeln aus den
Kirchen entfernen. Auch bei Calvin war Musik verpönt als Ausdruck einer gefallenen Welt.

Gesang verbindet, für Luther hieß das: Kirchengesang verbindet. Gemeinsames Singen im Gottesdienst gab Trost, Kraft und
Glaubensstärke. Gesungen wurde jetzt für alle verständlich in
Deutsch. Das war ein Tabubruch, denn bis dahin war es verboten, geistliche Lieder in der Volkssprache zu singen, nur Latein
war erlaubt. So wie die Predigt nutzte der Reformator das Lied
zur Verbreitung des Evangeliums. Von ihm stammen über vierzig Kirchenlieder, deutsch und in eingängiger Sprache. Die Me-
lodien komponierte er selbst oder übernahm sie. Unterstützt
wurde er von Johann Walter, Begründer der Torgauer Kantorei
und der Dresdener Hofkapelle. Luther schuf Kirchenlieder, die
sich tief ins musikalische Gedächtnis eingeprägt haben. Sie werden bis heute gesungen, über Konfessionsgrenzen hinweg. Als
Erster formte er Psalmen zu Liedern um, das Psalmenlied war
geboren. An Psalm 46 lehnt sich *Ein feste Burg ist unser Gott*, entstanden 1529 oder früher. Es wurde zum trutzigen Kampflied
des Protestantismus:

**Ein feste Burg ist unser Gott,
ein gute Wehr und Waffen.
Er hilft uns frei aus aller Not,
die uns jetzt hat betroffen.**

Heinrich Heine nannte es die «Marseiller Hymne der Reformation». Die **Not, die uns jetzt betroffen,** damit waren die frühen Jahre der Reformation gemeint, mit Acht und Bann für Luther und Verfolgung seiner Anhänger. Das Lied wurde im Folgenden immer dann gesungen, wenn der Glaube in Bedrängnis war, so im Dreißigjährigen Krieg. Seit dem 19. Jahrhundert wurde es politisch vereinnahmt, im Ersten Weltkrieg als Beschwörung deutscher Wehrhaftigkeit. Im 20. Jahrhundert wurde der Choral im Kampf der südamerikanischen Befreiungstheologen gegen diktatorische Regime angestimmt.

Ein Psalmenlied in Anspielung auf den 130. Psalm ist das Trostlied *Aus tiefer Not schrei ich zu dir.* Das Weihnachtslied *Vom Himmel hoch, da komm ich her* dichtete Luther für seine Kinder, erst mit fremder, später mit eigener Melodie. Dem Osterlied *Christ ist erstanden* gab er 1524 eine neue Fassung. Es war ihm ans Herz gewachsen: **Alle Lieder singt man sich mit der Zeit müde, aber das ‹Christ ist erstanden› muss man alle Jahre wieder singen.** Jede der drei Strophen endet mit dem **Cyrieleis** – Herr erbarme dich! Luther kannte die zarten und innigen Töne, aber ebenso die groben und polemischen, wie in dem militanten Lied *Erhalt uns, Herr, bei deinem Wort.* Es trug den Zusatz: **Ein Kinderlied zu singen wider die zwei Erzfeinde Christi und seiner heiligen Kirche, den Papst und Türken.** Entstanden ist es 1541, als Luther düster in die Zukunft blickte: Die Türken hatten Budapest erobert; Papst Paul III. leitete die Reform der katholischen Kirche ein. An das **Erhalt uns, Herr** fügte Luther die zweite Zeile an: **und steur des Papst und Türken Mord.**

Die Türken, die morden und sengen, sind Erzfeind, aber auch der Papst ist Erzfeind und Mörder. Stärker konnte der Bruch mit der alten Kirche nicht sein. Luthers Sprache wurde im Lied so unbarmherzig wie in seinen Traktaten gegen Bauern und Juden. Das *Erhalt uns, Herr* war umstritten wie kein anderes der Reformation. Die provokante Zeile wurde später abgeschwächt und schließlich ganz getilgt. Das Lied wurde von Kindern als Gebet gegen die Türken gesungen, nach Justus Jonas auch, wenn sie den Inhalt noch nicht verstanden. Luthers Kommentar: **Der Kinder Gebet ist gut, denn sie haben noch reine Stimmen.** (TR V, 5508)

Auf Luther geht das erste evangelische Gemeindegesangbuch von 1529 zurück, bis heute ist es in zahllosen Auflagen erschienen. Das evangelische Pfarrhaus wurde zum Hort von Musik und Gesang. Die Kirchenmusik von Heinrich Schütz und Johann Sebastian Bach sowie die Kirchenlieder von Paul Gerhardt prägten die mitteldeutsche Kultur der Barockzeit.

Bücher und Bilder

Luther war ein Büchermensch. Als Theologe vertiefte er sich in dickleibige Folianten und Kodizes. Akribisch genau studierte er Wort für Wort die Bibel, die Kirchenväter und die Kanonischen Schriften. Bei der weltlichen Literatur hatte er eine Vorliebe für Klassiker der Antike. Hohes Lob zollte er den Fabeln von Äsop. Nicht von einem Mann, sondern von vielen seien sie in Jahrhunderten geschaffen worden. Sie hätten die Übersetzung ins Deutsche verdient. Gern gab er sie in der Tischrunde zum Besten (TR III, 3490). Ovid war **ein feiner Poet.** Mit seinen Sentenzen habe er alle übertroffen, wie ein Beispiel zeige: «nox et amor vinumque nihil moderabile suadent – die Nacht, die Liebe, dazu der Wein zu nichts Gutes Ratgeber sein». Luther war es aus der Seele gesprochen. Die Knaben in den Schulen sollen klassische Komödien rezitieren, **zur Übung in Latein und zur Unterweisung, was einem Knecht, Herrn, Jüngling und Greis wohl anstehe zu tun** (TR I, 867). Als Schullektüre empfahl er auch Prudentius

(TR IV, 4042). Eine Vorliebe hatte er für Dichter und Geschichtsschreiber wie Horaz, Vergil und Livius (TR III, 3616 a). Weniger
gelegen war ihm an der reichen Buchproduktion der Humanisten seiner Zeit. Für das Studium empfahl er die Beschränkung
auf wenige wichtige Bücher, und die solle man sich durch wie-
derholte Lektüre **wie Fleisch und Blut aneignen.** Vielleserei stifte
mehr Verwirrung als Nutzen (TR III, 2894).

Der Reformator war ein Mann des Wortes. Für die Bildende
Kunst fehlte ihm der rechte Sinn. Auf seiner Romreise ging er
achtlos an den Meisterwerken der Renaissance vorbei, die ihm
auf Schritt und Tritt begegneten. Später kam er in Wittenberg in
Verbindung mit Lucas Cranach d. Ä., daraus wurde Freund-
schaft. Der Maler stellte seine Kunst in den Dienst der Reformation. Seine Bildprogramme, etwa die Altartafeln der Wittenberger Stadtkirche, verbreiteten sinnfällig den neuen Glauben.
Luther musste es aber akzeptieren, dass der Künstler auch lukrative Aufträge für die Gegner der Reformation übernahm. Gern
ließ er sich von ihm und seinen Mitarbeitern porträtieren. Gemälde von Luther entstanden in Serie und steigerten seine Popularität. Wohl mit Blick auf Cranachs Bildnisse, die ihm schmei-
chelten, vermerkte er selbstkritisch über gute Maler: **Die malen
eine Person viel hübscher, denn** (als) **sie ist.** (TR V, 6261)

15. «Nicht mehr denn Berg und Tal»

Luther mobil

Zur Lutherzeit waren der Mobilität enge Grenzen gesetzt: der Blick der meisten Menschen reichte nur wenig über die Stadtmauer oder den Dorfetter hinaus. Alles, was jenseits der eigenen kleinen Welt lag, stieß auf Misstrauen. In der Ferne lauerten Unheil und Gefahren. Kaum einer reiste zum Vergnügen.

Und dennoch waren Menschen in großer Zahl unterwegs, zu Fuß, mit Pferd, Kutsche oder Schiff. Pilger und Wallfahrer zogen in der Sommerhitze zu den Gnadenstätten und suchten Seelenheil. Kaufleute begleiteten in der Winterkälte ihre Wagenladungen durch unwegsame Gebirge. Diplomaten waren mit wichtigen politischen Missionen befasst. Boten übermittelten Nachrichten von Stadt zu Stadt. Handwerksgesellen gingen auf die Walz. Künstler und Gelehrte erweiterten ihren Horizont auf Reisen. Studenten zogen von Universität zu Universität. Badereisende erhofften Linderung ihrer Leiden an heilenden Quellen. Andere wollten der Pest als «Geißel Gottes» durch Flucht von der Stadt aufs Land entgehen. In aufwändigen Hochzeitszügen wurden fürstliche Bräute von den Renaissancehöfen Italiens ihren zukünftigen Ehegatten an den Residenzen des Nordens zugeführt.

Es gab aber nicht nur Glanz und Pracht, sondern vor allem Armut und Elend auf den Straßen: Vom Krieg gezeichnete Landsknechte, Bettler, Vaganten, entlaufene Mönche und Nonnen, Dirnen, Aussätzige und Kranke irrten ohne Quartier und Ziel durchs Land. Auf den Straßen wurde erzählt und gesungen, diskutiert und gestritten, gelacht, geweint und geliebt. Menschen wurden geboren und Menschen starben. Die größte Reisegruppe des Mittelalters bildeten die Wallfahrer. Sie zogen zu den Gnadenorten, aus eigenem Willen oder in Sühnewallfahrten, die ihnen von der Kirche auferlegt waren. Die bedeutendsten Pilgerfahrten waren die Peregrinationes maiores, «die großen Wallfahrten» nach Jerusalem, Rom und Santiago de Compostela.

Martin Luther zählte zu den mobilen Menschen der Zeit. Etwa 20 000 Kilometer hat er im Lauf seines Lebens zurückgelegt. Goethe brachte es drei Jahrhunderte später auf über 40 000. Heute bewältigen manche mühelos solche Strecken in einem einzigen Jahr. Auf seinen Reisen hat der Reformator seine Heimat Sachsen und Thüringen kennengelernt; ebenso Süddeutschland, die Schweiz sowie Ober- und Mittelitalien. So war für ihn die Welt nicht hinter der heimischen Stadtmauer zu Ende. Er mokierte sich über Leute, die noch nie in die Welt hinausgekommen waren: **Ein Chorherr, der Erfurt noch nie verlassen hatte, wollte einmal Nürnberg sehen und heuerte einen Fuhrmann an. Als er kaum eine halbe Meile zurückgelegt hatte, fragte er den Fuhrmann: Sind wir bald da? Der lachte: wir sind kaum aus der Stadt hinaus. Der Reisende beharrte: Ist es noch weit? Als er das noch öfter gefragt hatte, sagte er: O Lieber, lass uns zurück wieder heimfahren, ist die Welt so weit.** Ein anderer wollte nach Italien aufbrechen. Als er hörte, dass es dort kein Torgauer Bier gebe, änderte er rasch seinen Sinn: **Wo nicht Torgisch Bier ist, da ist meines Lebens nicht. Solche möchten vielgewanderte Gesellen heißen.** (TR II, 2728)

Reisender in Sachen Reformation

Seine Glaubensbotschaft hat Luther in Schriften verkündet. Er trat aber auch persönlich vor die Öffentlichkeit. Furchtlos schaute er seinen Gegnern ins Auge. Das brachte Glaubwürdigkeit und Bewunderung. Er verließ Klosterzelle und Gelehrtenstube und ging für seine Sache auf Reisen. Mühe und Gefahr, Anspannung und Stress nahm er auf sich. 1518 stellte er seine Thesen auf dem Generalkapitel der Augustinereremiten in Heidelberg vor. Anfang April brach er von Wittenberg auf, guten Mutes und zunächst zu Fuß, ab Erfurt mit dem Wagen seiner Ordensbrüder. Die Reise war nicht ungefährlich, denn er wurde der Ketzerei verdächtigt. Es drohten ihm Gefangennahme und Auslieferung an die kirchliche Gerichtsbarkeit. Über Erfurt und Würzburg erreichte er Heidelberg, wo am 26. April die Disputation stattfand. Er gewann die Herzen. Pfalzgraf Ludwig V. berichtete dem sächsischen Kurfürsten, Luther habe «besondere Anmut im Antworten, unvergleichliche Geduld im Anhören der Gegner und Paulinischen Scharfsinn gezeigt».

Seine nächste Reise im Herbst 1518 war eine Vorladung. Vom 12. bis 14. Oktober sollte er in Augsburg vom päpstlichen Legaten Cajetan verhört werden. Der Kurfürst hatte ihm 20 Gulden Reisegeld zukommen lassen. Auch diesmal, begleitet von einem Ordensbruder, machte er sich «auf Schusters Rappen» auf den Weg. Mit schwerem Herzen: **Mein Gefühl auf der Reise aber war: Nun muss ich sterben.** (TR II, 2668 b) Die Mitbrüder waren in Sorge: «Sie werden dich verbrennen, kehr um!» Die Strapazen des Fußmarsches und die Vorahnungen über das, was ihn erwartete, zehrten an seinen Kräften. Für die letzten Meilen vor Augsburg musste er wegen Müdigkeit und Magenbeschwerden einen Wagen nehmen. Luther blieb vor Cajetan standhaft: **Zu al-**

lem war ich bereit, aber widerrufen wollte ich nicht. (TR II, 2668 b)
Danach verließ er Augsburg ohne Aufsehen und in Eile. Nur
durch **ein heimliches Törlein** konnte er entkommen. Freunde
stellten zwei Pferde und einen Reitknecht. Luther schwang sich
in den Sattel und ritt, acht Stunden ohne Halt, zurück nach Wittenberg.

Auch 1519 war er für seine Sache unterwegs. Sein erbitterter
Gegner, der Ingolstädter Theologieprofessor Johannes Eck, hatte
ihn zum Glaubensdisput in Leipzig herausgefordert. Fast drei
Wochen lang wurde gestritten. 1521 folgte die Fahrt zum Reichstag nach Worms. Luther blieb im Verhör am 17. und 18. April
standhaft und widerrief nicht. Am 26. April verließ er Worms.
Am 4. Mai wurde die Reisegruppe im Thüringer Wald überfal-
len. Das war bei der Unsicherheit auf den Straßen von damals
nichts Ungewöhnliches. In diesem Fall aber doch: Der Überfall
war von Luthers kurfürstlichem Beschützer inszeniert. Als «Jun-
ker Jörg» fand der zum Schein Gefangengenommene Zuflucht
auf der Wartburg bei Eisenach. Wenige Tage nach dem Überfall,
am 8. Mai, erließ Kaiser Karl V. das Wormser Edikt und ver-
hängte über Luther die Reichsacht. Von nun an war die Bewe-
gungsfreiheit des Reformators eingeengt. Reisen in katholische
Gebiete und zu Reichstagen waren ihm verwehrt. Den Augsburger Reichstag von 1530 mit der Vorlage der protestantischen
Bekenntnisschrift, der *Confessio Augustana*, musste er aus der
Ferne der Coburg verfolgen.

Eine seiner schwierigsten Reisen war im März 1522 der Aufbruch von der Wartburg nach Wittenberg. In seiner Abwesenheit
war es dort zu Tumult und Bildersturm gekommen. Unter Lebensgefahr zog er im Frühjahr 1525 durch Thüringen und predigte gegen den Bauernaufruhr. In späteren Jahren wurden
Dienstreisen für die Reformation zur Routine. Regelmäßig besuchte er die Residenzstadt Torgau. 1544 weihte er dort den ers-

ten protestantischen Kirchenneubau im Schloss ein. Große Erwartungen wurden 1529 an seine Reise nach Marburg geknüpft. Er traf mit dem Schweizer Reformator Zwingli zusammen. Doch das Religionsgespräch scheiterte – verhängnisvoll für den Zusammenhalt der evangelischen Bewegung. Seine letzte Reise führte Luther Anfang 1546 nach Eisleben.

Mit wachen Augen zog Luther durch die Lande. Er beurteilte sie, wie damals üblich, nicht nach ihrer Schönheit, sondern ihrer Fruchtbarkeit: **Bayern und die Schweiz sind sehr unfruchtbar.** Bayern habe aber sehr gute Häuser und bestens ummauerte Städte. Die Schweiz ist **nicht mehr denn Berg und Tal** (TR III, 2871). Sie hat starke Söldner, die ihre Nahrung anderswo suchen müssen. Mit Blick für die Umwelt nahm er Veränderungen der Landschaft wahr, zum Beispiel durch Rodungen, oft Folge des frühneuzeitlichen Bergbaus: **In Hessen, Franken und Westfalen ist bis vor kurzem viel Wald gewesen, dagegen ist vielerorts bei Halle, Halberstadt und bei uns weite Ebene, so dass man drei Meilen über die Heide sieht, wo einst gepflegte Äcker waren. Ich glaube, dass hier ein feines Land war, dem Gott seine Fettigkeit entzogen hat.** (TR III, 3625) Thüringen, einst sehr fruchtbar, sei jetzt in schlechtem Zustand, **wegen der Bosheit und des Geizes der Bauern** (TR V, 6149). Deutschland im Ganzen kam nicht schlecht weg. Es hat Bodenschätze, Gold, Silber und Baumfrüchte. Alles schenke Gott in Fülle, wenn Sorgfalt und Fleiß walte (TR III, 3000 b).

Luther war sich der Gefahren des Reisens bewusst. So machte er sich Gedanken, ob er, wenn er in die Hände von Straßenräubern fallen würde, einen unter Zwang abgelegten Eid einhalten müsse (TR V, 5482). Auf schlammigen Straßen wie in Thüringen konnte es leicht zu Unglücksfällen kommen (TR V, 6149). Er lernte auf Reisen Land und Leute kennen. Sein Horizont weitete sich. Hautnah kam er in Kontakt zu den Leuten auf der Straße und begegnete Menschen aus allen Schichten: Adeligen, Bürgern, Bauern und Tagelöhnern, Reichen und vor allem Armen, Männern wie Frauen. Was ihm hinter Klostermauern verborgen gewesen war, erlebte er auf den Landstraßen: die Empfindungen, Sorgen und Nöte vor allem der kleinen Leute. Und er hörte die Sprache, die sie sprachen. Er schaute dem Volk aufs Maul.

Ablehnung des Fremden

In der Frühen Neuzeit urteilte man pauschal über andere Nationen. Auch wer fremde Länder nie besucht hatte, äußerte sich oft abschätzig über ihre Bewohner. Solche Urteile in der Zeit eines frühen Nationalgefühls waren meist Vorurteile. Auch Martin Luther hatte kräftige Vorbehalte gegen andere Völker. Alles Fremde sah er meist negativ, mit Hang zum Populismus.

Misstrauen hatte er gegen alles «Welsche», Franzosen, Italiener und Spanier. Italien kannte er von seiner Romreise 1510 / 11, aber Frankreich und Spanien hatte er nie gesehen. Den Welschen unterstellte er **Bosheit und Arglist** (TR III, 3712). Besonders gefühllos seien die Spanier, **die rechten Störche unter den Walen** (TR III, 3712). **Die Spanier sind völlig zügellos, sie übertreffen die Italiener und Franzosen mit ihrer Bosheit. Es kann sie keine Nation leiden.** Die Italiener überließen ihre Frauen bei Gelagen den Gästen, legten ihnen aber Keuschheitsgürtel an (TR IV, 4049). Die Deutschen dagegen würden verachtet: **Italia heißt uns Bestias, Frankreich, England verspottet uns.** (TR II, 1428) Mit Slawen, den «Wenden», kam Luther im Umland von Wittenberg in Berührung. Sie lebten dort seit dem frühen Mittelalter, zahlreiche Ortsnamen gehen auf sie zurück, wie Torgau oder Wörlitz. Die Wenden seien die **allerschlechteste Nation (Pessima omnium natio), die uns Gott eingeworfen hat** (TR IV, 4997). Ohne die schützende

Hand des Kurfürsten würde die Universität Wittenberg nicht bestehen können, denn **die Wenden hungerten uns gar aus.** Er war überzeugt: **die Wenden stehlen** (TR III, 3476). Flamen und Niederdeutsche hielt er für einfältig: **Wenn sie 12 Jahre alt sind, sind sie am klügsten, danach werden sie immer dümmer.** (TR V, 6181)

Ein Herz für Schwaben

Unverblümt und in Bausch und Bogen urteilte Luther über die deutschen Stämme, ob er ihnen auf Reisen begegnet war oder nicht: Die Sachsen sind stolz, redlich und lieben die Wahrheit, ihre Landsleute in der Gegend von Meißen allerdings maßen sich Klugheit an, die sie nicht besitzen. Die Vogtländer wollen gern stolz sein, haben aber wenig Grund dazu. Pflichtvergessen sind die Thüringer. Luther stellte klar: **Ich bin aber kein Thüringer, gehöre zu den Sachsen.** Die Böhmen übertreffen alle anderen in ihrem Stolz. Kein gutes Haar lässt er an den slawischen **Vandalen** östlich der Oder. Die Franken sind arm und tüchtig, aber herrschsüchtig. Die Rheinländer, auf Vorteil bedacht, nannte er **verschmitzte Abenteurer,** die Niederländer **rechte Gaukelmenschen.** Tüchtig und pflichtbewusst sind die Schwaben, die Bayern offen und geradeheraus, aber wenig begabt, eher dumm. Die Schweiz gehörte damals noch zum Reich, er rühmte ihre Bewohner **als Erste unter den Germanen, von Natur aus sehr kräftig (robustissimi), lebendig und aufrichtig** (TR IV, 4996, 5091; TR III, 3621).

Wer damals auf Reisen ging, tat sich schwer. Man war auf Gastfreundschaft angewiesen. Dafür spendete Luther Schwaben und Bayern viel Lob: **Wenn ich viel reisen sollte, wollte ich nirgendwo lieber reisen als im Schwaben- und Bayernland, sunt enim humanissimi ed hospitales – denn sie sind freundlich und** gastlich, kommen den Leuten entgegen und bieten viel fürs Geld. (TR III, 3473) Freundlich seien auch die Schweizer, weniger gut kommen die Hessen weg: Sie eiferten zwar den Süddeutschen nach, **nehmen aber ihr Geld.** Am schlechtesten schnitten die Sachsen ab: **Das Land ist unfreundlich und unhöflich (incivilis). Es gibt weder gute Worte noch zu essen.** Die Wirte sind um Ausflüchte nicht verlegen: **Ich weiß nicht, was ich euch zu essen geben soll, das Weib ist nicht daheim, ich kann euch nicht beherbergen.** Da sprach Luther gewiss aus eigener Erfahrung.

Pflanzen und Tiere

Luther war mit der Natur verbunden und lebte im Rhythmus der Jahreszeiten. Er hatte Freude an schönen Wintertagen: Wenn es vier Wochen so bliebe, werde es ein fruchtbares Jahr geben, denn unter dem Schnee sei die Saat geschützt (TR III, 3705). Er bewunderte Gottes Schöpfung, auch im Kleinen und Unscheinbaren. Wenn er Veilchen betrachtete, ging ihm das Herz auf: **Was gibt man unserem Herrgott um die Blümlein? Schelten, lästern, schänden! Und das erste Sommerblümchen ist himmelblau. Der Türke und der Kaiser können es nicht mit all ihrer Macht bezahlen.** (TR II, 2585) Die Leidenschaft seiner Frau für Garten- und Landbau färbte auf ihn ab. Er pflanzte Bäume und setzte Pfropfen. Es sei ein Wunder, dass sich der Baumstamm nach dem kleinen Pfropf richte und nicht umgekehrt das Zweiglein nach dem Stamm (TR IV, 4741). Auch in Tieren erkannte er die Vollkommenheit der Schöpfung, z. B. in seinem Hund Tölpel: **Er hat nicht einen Fehl an seinem Körper, hat frische Augen, starke Beine, schöne weiße Zähne, einen guten Magen etc.** (TR I, 869) Den Vögeln habe Gott Augen so hell wie Sterne geschenkt. Aber die Menschen bemerkten es nicht: **Wir sind Hanswürste. Aber im zu-**

künftigen Leben werden wir sie sehen; da wollen wir denn Vöglein mit schönen hellen Augen selber machen. (TR III, 2849 b) Sperlinge allerdings standen, wie damals üblich, auch auf dem Speisezettel von Frau Käthe.

Hunde und Pferde sind treue und kluge Tiere. Wenn Hunde sprechen könnten, würden sie sich leicht mit den Menschen unterhalten (TR III, 2924 a / b). Das Schwein dagegen sei dumm und lerne nichts als Dreck kennen. Humorvoll rühmte Luther die Fliege, das reizendste aller Tierlein: **Hat viel Privilegia und Gerechtigkeit, isst und trinkt mit den Besten und sitzt auf den schönsten Tüchern, Gemälden, scheißt dem König auf die Stirn, den Weibern auf die Schleier.** (TR V, 3231) Verdächtig dagegen waren ihm die Schlangen. Sie sind dem Satan unterworfen und schaden dem Menschen. Am gefährlichsten sei die Viper. Sie springe den Menschen ins Gesicht: **Deswegen werden die Vipern nicht ohne Grund Feinde des Evangeliums genannt.** (TR III, 3318) Gottes Geheimnis ist die Entstehung alles Lebens, beim Mensch wie beim Tier: **Gott hat die Fortpflanzung bei allen Kreaturen wunderbar gerichtet, wie bei Mann und Frau. Niemand kann das Werk der Geburt ergründen, wie der Fötus ins Leben tritt und in einem halben Tag wächst, streckt sich sichtlich und merklich … Ich glaube, dass wir im künftigen Leben keine andere Freude haben werden, als den Schöpfer und seine Kreaturen zu preisen.** (TR IV, 4773)

Unbekannte Welten

Die Tischrunde wusste vage von den astronomischen Erkenntnissen, die Nikolaus Kopernikus in den Grundzügen bereits um 1514 veröffentlicht hatte. Der Wittenberger Mathematiker Erasmus Reinhold, zuweilen Gast bei Luther, behauptete: «Die Erde wird bewegt, und nicht der Himmel, Sonne und Erde. Und wenn einer im Wagen oder Schiff fährt, glaubt er, er stehe still, und die Erde und Bäume würden bewegt.» Luther tat es als Wichtigtuerei ab: **Wer da klug sein will … der muss etwas Eigenes machen, wie der es macht, der die ganze Astronomie umstürzen will … Ich glaube der Heiligen Schrift, denn Josua befahl der Sonne zu stehen, nicht der Erde.** (TR IV, 4638) Unbeirrt hielt Luther am geozentrischen Weltbild fest. Sein Wissen über Welt und All schöpfte er aus der Bibel, nicht aus neuer, für ihn zweifelhafter Wissenschaft. Nützlich dagegen sei die «alchimistische Kunst»: **Sie gefällt mir sehr, wegen des vielen Nutzens, den sie bringt, mit Schmelzen und Scheiden der Metalle und Destillieren der Gräser und Flüssigkeiten.** (TR I, 1149) Sehr schätzte er mechanische Uhren, von denen er mehrere besaß (TR I, 1036).

Sein geographischer Blick reichte kaum über Deutschland und Europa hinaus, von anderen Kontinenten wusste er wenig. Über die Verbreitung des Christentums mutmaßte er: **Ich glaube, dass in Armenien, Äthiopien, Indien und den Ländern des Morgenlandes viele Christen sind, aber in Kleinasien sind sie alle unter dem Türken.** (TR V, 6035) Sein Wissen über ferne Länder, ihre Natur, Pflanzen- und Tierwelt war gering und unsicher. Manches reimte er sich in der Fantasie zusammen. Und das zu einer Zeit, als Entdecker und Eroberer schon in neue Welten aufgebrochen waren. Fremdartige Tiere kannte er nur vom Hörensagen. Elefanten seien gelehrige Diener des Menschen (TR III, 2890 a), Meerkatzen feindlich und hinterhältig: **Sie sind monströse Wesen, in denen sich der Satan verbirgt.** (TR III, 3950)

In der Tischrunde fragte er einmal, was ein Krokodil sei. Er hatte noch nie eines gesehen und vermutete: **Es muss gewiss ein Lindwurm sein, eine große Eidechse, 18 Ellen lang sein. Diese Bestia lebt in Ägypten, und ist seine größte Lust, Menschenfleisch zu fressen. Dann weint es vor Freude: Außer Mensch und Hund**

kann nur das Krokodil weinen. (TR IV, 3959; TR V, 5302) Um
Beute anzulocken, vergieße es geheuchelte Krokodilstränen oder
ahme die menschliche Stimme nach (TR IV, 4997). Aber das Krokodil, so groß es auch ist, habe ein kleines Raubtier zum Tod-
feind, das Ichneumon. Beide Tiere wurden im Alten Ägypten als
Götter verehrt. Das Ichneumon ist gegen den Biss von Giftnat-
tern durch eine Hülle aus Schlamm und Kot geschützt. So gepan-
zert, besiege es den Krokodilsdrachen. Luther bezog sich auf den
römischen Schriftsteller Plinius d. Ä., wonach das Ichneumon
dem schlafenden Krokodil in den Hals krieche und ihm die Eingeweide zerbeiße. Das war ihm Exempel für Gottes wunderbare
Schöpfung: **Das ist unseres Herrgotts Spiel, der nicht mit Kraft,
sondern mit Weisheit ausstattet, und das ist auch Christi Art, der
durch seine Schwäche die Macht des Teufels und der Welt besiegt. Denn Gott ist allmächtig in seinen Kreaturen, aber wir kennen die irdischen Lebewesen nicht, Einhorn, Rhinozeros, Panther,
Leopard, Kamel, Tiger und Strauß. Wunderbar ist Gott in seinen
Kreaturen.** (TR IV, 3959) In Luthers Fantasie entstanden exotische
Welten!

16. «Ich lobe mir eine gute Hausspeise»

Schweinefleisch und Torgauer Bier

Martin Luther war kein Kostverächter. Er liebte Speise und Trank, besonders in geselliger Runde. Über den Speisezettel der Familie Luther geben neuere archäologische Ausgrabungen im Umfeld von Luthers Elternhaus in Mansfeld und am Augustinerkloster in Wittenberg Auskunft. Dort führte seine Frau Katharina das Zepter im Haushalt. Zu den Funden zählen Küchenabfälle, Tierknochen von Schwein, Schaf, Ziege, Gans und Huhn, ebenso Fischgräten. Die Luthers waren ausgesprochene Fleischesser – nicht viele konnten sich das damals leisten. Bevorzugt wurde Schweinefleisch. Als der Reformator mit dem Fleischverbot an Fasttagen brach, wurde die Kost wohl noch fleischreicher. Als Beilagen wurden Kohlehydrate, Getreide, Bohnen und Erbsen bevorzugt. Kohl und Kraut standen regelmäßig auf dem Speisezettel. Kurzum: **Ich lobe mir eine reine, gute, gemeine Hausspeise** (Hausmannskost). Frischkost liebte Luther weniger. Kindern empfahl er Äpfel und Birnen (TR III, 3870). Selbstironisch urteilte er über die Essgewohnheiten in seinem Hause: **Wir essen das Gleiche, was das Schwein und andere Tiere fressen, allein, dass wir's in die Schüssel legen und anrichten, die Sau aber beißt's von der Wurzel ab.** (TR I, 863)

Bier war damals Alltagsgetränk und «Grundnahrungsmittel», zumeist Schwachbier; ein bis zwei Liter pro Person wurden am Tag konsumiert. Bessere Biere kamen aus Torgau, Einbeck (Bock-

Bier) und Goslar. Bei seinen zahlreichen Besuchen in der Residenzstadt an der Elbe mit dem mächtigen Renaissanceschloss genoss er das Torgauer Bier direkt an der Quelle. Doch wie alles auf der Welt habe sich auch das Torgauer, einst **Königin aller Biere,** mit den Jahren verschlechtert (TR IV, 4347). Wein war edler als Bier: **Der Wein ist ein Segen und ist in der Schrift bezeugt, das Bier aber ist eine menschliche Tradition.** (TR I, 254) Wenn Besuch kam, wurde also meist Wein kredenzt: **Man soll den Gästen einen guten Trunk geben, dass sie fröhlich werden, denn, wie die Schrift sagt: das Brot stärkt des Menschen Herz, der Wein aber macht ihn fröhlich.** (TR IV, 4133) Luthers Weinkeller enthielt edle Tropfen wie Rhein-, Franken-, Elsässerwein und Malvasier. Er liebte das Reine und Unverfälschte. Als bei einer Hochzeit geschwefelter Wein kredenzt wurde, merkte er kritisch an: **Man gewöhnt uns jetzt an Schwefel und Pech, damit wir's in der Hölle desto besser ertragen können.** (TR I, 1154a)

Gegen die Völlerei

Im Unterschied zu vielen Zeitgenossen hielt Luther Maß im Essen und Trinken. Aber er lebte alles andere als gesund. Fett, Kohlehydrate und Alkohol, sitzende Lebensweise und Bewegungsmangel führten zu Übergewicht und Gicht. Unmäßiges Essen und Trinken, die «Völlerei», war weit verbreitet. In Moralsatiren wurde das Laster als «Fress- und Saufteufel» personifiziert. Luther griff das Bild auf: **Es muss ein jedes Land seinen Teufel haben … unser deutscher Teufel wird ein guter Weinschlauch sein und muss Sauf heißen.** Er beklagte: **Die Böhmen fressen, die Deutschen saufen getrost.** (TR III, 3476) Die Alkoholsucht hatte schlimme Folgen: **Unser Herrgott muss uns Deutschen die Trunksucht als eine tägliche Sünde anrechnen, denn wir können's nicht** wohl lassen, und ist doch so eine schändliche Plage, dass sie Leib, Seele und Gut wehtut. (TR IV, 4917) Maßloser Bierkonsum sei eingerissen; der Erfinder der Bierbrauerei habe über Deutschland die Pest gebracht. Das Getreide für die Ernährung werde immer teurer, denn Bauern und Bürger saufen den Großteil des Getreides in Bier auf (TR II, 1281). Immer neue Trinkstuben schossen aus dem Boden: Da lernt man müßiggehen, spielen, fressen, saufen; Hurerei folgt nach. In Torgau gebe es neuerdings sogar nach Ständen getrennte Getränkeschänken, für Ratsherren, Bürger, Frauen und Diener (TR IV, 4349).

Luther wetterte gegen den Alkoholmissbrauch: Die Biersäufer sind betrunkene Schweine, die das Reich Gottes nicht zu sehen bekommen werden. (TR IV, 4917) Heftige Schimpftiraden richtete er gegen Zecher, die sich schon während der Predigt in den Wirtshäusern dem Trunk hingaben (TR V, 6075). Das Pestübel des Trinkens müsse mit allen Mitteln bekämpft werden, sonst würden die Weiber und Kinder in der Wiege sich auch vollsaufen lernen, dass also der Jüngste Tag die ganze Welt voller eitler Säue und Trunkenbolde vorfinden würde (TR IV, 4606). Der «Saufteufel» machte bei den Fürsten nicht Halt. Beobachter am kursächsischen Hof beklagten, dass Musik-, Ritter- und Saitenspiel der Trunksucht zum Opfer fielen. Kein Vorbild war Herzog Johann Friedrich von Sachsen: Unser Kurfürst, ein großer und starker Herr, kann wohl einen guten Trunk ausstehen … Seine Notdurft macht einen anderen neben ihm volltrunken. (TR III, 3468) Luthers Strafpredigt gegen maßloses Trinken brachte bei Hofe keine Besserung. Deshalb schlug er eine List vor: Der Kurfürst solle das Vollsaufen bei Strafe befehlen, vielleicht könne er so das Gegenteil bewirken, nach dem Prinzip: Was verboten ist, dagegen verstößt man gern. (TR III, 3468) An der Völlerei bei Hof gab man dem Reformator, der das Fasten abgeschafft hatte, Mitschuld. Die Köche von Schloss Torgau fragten: «Was habt Ihr, lieber Herr Doktor, für ein Wesen angerichtet mit unseren Fürsten? Ist doch Tag und Nacht nichts als Fressen und Saufen bei uns.» Luthers Antwort: **Essen und Trinken wäre nicht böse, aber Fressen und Saufen würde wieder ein Fasten anrichten.** (TR II, 1938) Fasten und Kasteien hatten eben doch auch gute Seiten.

17. «Und wenn die Welt voll Teufel wär»

Der Mensch – böse und verdorben

Der Mensch war für Luther Staub und Asche. Als er gebadet hatte, fragte er einmal provokativ: **Warum wird das Wasser so unrein nach dem Baden? Ja, ich hab vergessen, dass Haut und Fleisch von Dreck gemacht sind.** (TR III, 3742) Der Leib sei ein **schändlicher Laugensack** mit Ausdünstungen von Schweiß und Urin (TR II, 2577). Noch drastischer: **Der Mensch ist aus Kot.** (TR III, 3742) In den Körperfunktionen ist der Mensch dem Tier verwandt, etwa bei der Nahrung: **Wir haben aller tyrannischen Tiere Art an uns mit Essen: der Wolf frisst Schafe, wir auch, der Fuchs Hühner und Gänse, wir ebenso; Habichte und Geier essen Vögel, wir auch; Hechte essen Fisch, wir auch. Mit den Ochsen, Pferden, Kühen essen wir auch Gras, mit den Schweinen Mist und Dreck, inwendig wird alles zu Dreck.** (TR II, 1818) Erst durch die von Gott eingehauchte Seele wird der Mensch zum Menschen. Obwohl Ebenbild Gottes, ist seine Natur böse und verdorben: **Alle natürlichen Neigungen sind entweder gegen Gott oder ohne Gott; darum sind sie nicht gut.** (TR III, 3529)

In der Welt herrscht Gott, wirkt aber auch der Teufel: **Was gut ist, ist von Gott, was böse ist, vom Teufel.** (TR II, 1853) Und das überwog. Die Welt verglich er mit einem betrunkenen Bauern: **Hebt man ihn auf der einen Seite in den Sattel, so fällt er auf der anderen Seite wieder herab. Man kann ihr** (der Welt) **nicht helfen … sie will des Teufels sein.** (TR I, 631) Luthers Weltsicht war düster und skeptisch. Sünde und Laster regierten auf Erden, Eigennutz, Geiz und Genusssucht, Heuchelei und Lüge, Stolz und Überheblichkeit: **Die menschliche Hoffart ist so groß, dass Gott alles braucht, um sie zu brechen, sogar Mücken, Läuse und Flöhe müssen stechen und beißen.** (TR II, 2163 b)

Die Welt wird immer schlechter

Die Welt wird nicht besser, sondern schlimmer. So denken auch heute viele Menschen. Aber im 16. Jahrhundert war es die gängige Meinung. Für Luther waren, wie damals üblich, Welt- und Heilsgeschichte in sechs Zeitalter gegliedert: **Die Zeit Adams, Noahs, Abrahams, Davids, Christi und des Papstes.** Die ersten fünf Zeitalter dauerten je an die tausend Jahre. Die Ära des Papstes habe mit Gregor VII. (1073–1085) begonnen. Auch sie werde nicht länger als tausend Jahre dauern (TR V, 5300). Der Reformator war überzeugt: **Alle 20 Jahre eine neue Welt.** In seiner Jugend seien die Leute fromm gewesen. Jetzt regiere der Teufel und keiner könne dem anderen trauen (TR IV, 4508). Ähnlich sah es sein Student Johan Oldecop: Alle fünfzig Jahre gebe es eine neue, aber immer bösere Welt. Luther klagte mit bitterer Ironie: **Die Welt ist jetzt so, dass ich schier gar wieder Mönch werden möchte. Das wäre wie in die Wüste laufen und der schändlichen Welt aus den Augen kommen.** (TR II, 2286) Der Blick in die Vergangenheit bestätigte seine Überzeugung. Zu Adams Zeiten lebten die Menschen bescheiden: **Adam trank Wasser, aß die Früchte der Bäume, hat kein Messer noch Eisen gehabt, einen Pelz von Fellen angezogen. Heute herrscht Überfluss im Essen, Trinken, königlichen Häusern, geschmückten Gewändern.** Luther mahnte: **Tunke dein Brot in Essig.** (TR II, 2861) Ein Gewährsmann war ihm Tacitus. Die Deutschen waren einst standhaft und verlässlich, besonders auch in der Ehe. Jetzt sei das Gegenteil der Fall. Sogar die Physis der Menschen habe sich verschlechtert. Früher waren Mädchen mit zwölf Jahren reif zur Ehe und Knaben mit vierzehn mündig. Heute seien sie in diesem Alter zu schwach dazu: **Die Welt und des Menschen Kräfte nehmen, je länger, je mehr, ab. Es geht auf die Neige.** (TR III, 3684)

Willkür und Tyrannei bringen die einst fest gefügte politische und soziale Ordnung ins Wanken. Jeder tut, was er will: **Oh, wie werden die Edelleute und Bauern einmal bezahlen müssen.** (TR II, 2786) Nach dem Bauernkrieg von 1525 sagte Luther einen neuen, noch weitaus heftigeren sozialen Konflikt voraus: **Der Bauernkrieg war nur ein Vorspiel, quasi ein ABC, aber der Aufstand des Adels wird alles vernichten.** (TR V, 5635a) Mit seinem Heimatland gehe es bergab: **Um Deutschland steht es schlecht – Mit Deutschland ist es aus.** (TR III, 3702) Immer noch herrsche die **Abgötterei** der alten Kirche, und die Reformation werde unterdrückt: **Den Gottlosen geht es gut, die Gottesfürchtigen leiden,** so war es immer in der Geschichte (TR II, 1683). Sekten nehmen überhand: **Wenn ich sterbe, wird kein Schulmeister, kein Küster sein, der nicht seine eigene Bibel übersetzen wolle. Unsere Version der Bibel wird nicht mehr gelten. Es werden alle unsere Bücher unter die Bank gestoßen, die Bibel, die Postillen. Denn Mundus, die Welt, muss etwas Neues haben.** (TR V, 5469)

Die Welt ist aus den Fugen geraten. Ihr Ende naht: **Sie knackt sehr, ich hoffe, sie werde am Jüngsten Tag zerbrechen.** (TR IV, 4809) Das einzig Positive, das Luther sah, waren die Fortschritte in Schulen und Bildung. Damit stehe es 1542 besser als zwanzig Jahre zuvor. Das waren Errungenschaften der Reformation, auf die er stolz war.

Teufelswerk und Hexenwahn

Und wenn die Welt voll Teufel wär, so beginnt eine Strophe des trutzigen Kampfliedes *Ein feste Burg ist unser Gott.* Schon als Kind wurde Luther Angst und Schrecken vor dem Teufel eingejagt. Er hörte die Geschichte von einem Ehepaar, dem der Teufel durch ein altes Weib Zwietracht bescherte. Es legte den Eheleuten Messer unter die Kopfkissen, sodass es den Anschein hatte, sie wollten einander umbringen. Als der Mann das Messer seiner Frau fand, tötete er sie (TR I, 1429). Der Teufel war allgegenwärtig: **Er geht um uns her wie ein brüllender Löwe und sucht, wen er verschlingen möchte. Denn er ist in Wäldern, Wassern und an allen Orten, bei uns in unserem Fleisch, wo wir stehen und gehen, und richtet solches Spiel an.** (TR V, 5375 e) Auf der Wartburg machte der Satan ihm bei der Übersetzung des Neuen Testaments zu schaffen, denn er hasste das Gotteswort. Dass Luther mit dem Tintenfass nach ihm geworfen habe, ist wohl Legende, trotz Tintenklecks an der Wand. Auf der Burg habe der Teufel auch mit Walnüssen um sich geworfen. Und einmal lag ein Hund in Luthers Bett. Er warf ihn zum Fenster hinaus, hörte aber kein Bellen. Als er am anderen Morgen fragte, ob Hunde auf der Burg seien, wurde es verneint. Luther: **So war es der Teufel.** (TR III, 2885; TR V, 5358 b)

Auch in der Klosterzeit war ihm der Leibhaftige begegnet. Als er müde von den Stundengebeten war, erhob sich Lärm hinter dem Ofen. Er merkte, dass es **des Teufels Spiel** war, ging zu Bett, betete zu Gott und schlief ein. Ein andermal gab es im Speisesaal ein heftiges Topfgeklapper, so stark, als ob Himmel und Erde einstürzten. Der Teufel foppte ihn auch im Anschluss an die Nachtmesse. Als Luther aus seiner Zelle in den verschlossenen Klostergarten blickte, lief dort eine schwarze Sau umher. Er war sich sicher: **Das war auch der Teufel.** (TR V, 5358 b) Der Satan schadete den Menschen, wo immer er konnte. Er machte die Leute besessen, trieb sie in den Selbstmord (TR I, 228), warf ihnen Krankheiten an den Hals, sandte Pest und Unwetter. Als 1533 in Nürnberg ein Sturm mit Donner und Blitz, so heftig, als ob der Jüngste Tag käme, das Dach der Burg abdeckte, war Luther sich gewiss: **Der Teufel macht solche Wetter, aber die guten Winde machen die guten Engel.** (TR I, 489; TR I, 360)

Der Satan verursachte nächtliche Angstzustände mit schweren Träumen und Schweißausbrüchen (TR I, 804). Eine Frau bedrängte er in Gestalt eines Kalbes. Sie erlitt Anfälle, kein Arzt konnte helfen, denn es war **Teufelswerk und unnatürlich Ding** (TR III, 3677). Der Teufel stahl kleine Kinder oder tauschte sie gegen behinderte «Wechselbälge» aus (TR III, 3676; TR IV, 4513). Als «Incubus», als Dämon, schwängere er Frauen, wenn er sich zuvor in Frauengestalt den Samen eines Mannes verschafft habe. Auch seine Mutter, berichtete Luther, wurde vom Teufel gepeinigt (TR III, 2982 b). Seine Gegner verbreiteten das Gerücht, er sei von einem Incubus gezeugt.

Einem Edelmann erschien der Satan nachts in Gestalt seiner jung verstorbenen Frau. Dem irritierten Gatten erklärte sie, sie kehre ins Leben zurück, unter der Bedingung, dass er nicht mehr fluche wie früher. Das versprach der Mann. Die Frau sei bei ihm geblieben, und sie hatten Kinder. Doch eines Tages wurde ihr Mann rückfällig. Als er erneut zu fluchen begann, war die Frau verschwunden: **So kann der Teufel die Menschen foppen!** (TR III, 3676) Die Tischrunde beschäftigte lebhaft das Schicksal des Alchimisten Doktor Faustus, der mit dem Teufel einen Pakt geschlossen hatte. Luther war überzeugt: Solche Zauberer hätten keine Kraft über ihn. Wenn der Teufel ihm so schaden wollte, hätte er es längst getan: **Er hat mich wohl beim Kopf schon gehabt und hat mich dennoch müssen gehen lassen.** (TR I, 1059)

Auch im Hexenglauben war Luther noch ganz Mensch des Mittelalters. Hexen waren dämonenhafte, hässliche weibliche Wesen, konnten aber auch die Gestalt einer schönen Frau annehmen. Sie schadeten den Menschen, trachteten ihnen nach dem Leben, brachten Unglück und Krankheit, raubten den Verstand, störten Ehe- und Familienglück oder stahlen Besitz und Habe. Als Wetterhexen verursachten sie Sturm, Gewitter und Überschwemmungen. Im Spätmittelalter steigerte sich der Hexenglaube zum Hexenwahn, angeheizt durch das von einem Dominikaner verfasste Pamphlet *Hexenhammer* von 1487. In Luthers Augen waren Hexen und Zauberinnen Werkzeuge des Teufels. Sie machten schlechtes Wetter, vexierten die Leute durch Zaubertrunk und Beschwörungen, stahlen Milch und Butter. Luther forderte die Exkommunikation verdächtiger Frauen. Man solle mit ihnen kein Mitleid haben und sie verbrennen (TR V, 3979): **Es ist ein überaus gerechtes Gesetz, dass die Zauberinnen getötet werden.** (*Predigtreihe über das Buch Exodus*) Damit lag er auf der Linie der Zeit. Für Zauberei sah die Gerichtsordnung Kaiser Karls V. von 1532, die *Carolina*, den Tod auf dem Scheiterhaufen vor (Art. 109). Noch zu Lebzeiten Luthers setzte eine Welle von Hexenprozessen mit Folter und Hinrichtungen ein. 1540 gab es in Wittenberg die ersten Hexenverbrennungen.

Der Teufel sät Tod. Gott aber schenkt Leben. Wer sich ihm und seinem Wort zuwendet, der muss vor dem Satan nicht zittern und bangen. Mit dem Evangelium kann er ihm selbstbewusst entgegentreten: **Gott hat die Kirche und den Gottesdienst eingesetzt, damit kein Mensch allein sei gegen den Satan.** Gemeinsames Gebet verleiht Kraft, ihn zu überwinden: **Dass man die Hände zusammentue und helfe einander.** (TR I, 469) Aus eigener Erfahrung empfahl der Reformator ein drastisches, aber probates Mittel gegen den Satan. Wenn er nachts mit einem disputieren wolle, **so weise man ihn flugs mit einem Furz ab** (TR I, 469; TR V 6117).

18. «Die Welt wird zerbrechen am Jüngsten Tag»

Die Türken, Geißel Gottes

Zur Lutherzeit versetzten die Türken Europa in Angst und Schrecken. 1453 hatten sie Konstantinopel erobert und das Byzantinische Reich zu Fall gebracht. Seitdem breitete sich das Osmanische Reich auf dem Balkan aus. 1521 nahmen die Türken Belgrad ein und 1526 vernichteten sie bei Mohács das ungarische Heer. 1529 standen sie vor Wien und belagerten die Metropole der Habsburger. Mit einer gewaltigen Streitmacht von über 100000 Soldaten schlossen sie die Stadt ein. Die Sturmtruppen schlugen gefährliche Breschen in die Mauern. Die zahlenmäßig weit unterlegenen Verteidiger wehrten sich heldenhaft. Nach fast drei Wochen brach Sultan Suleiman der Prächtige die Belagerung ab. Das Reich stand unter Schock. Die Grausamkeit der Eroberer löste panische Angst vor den Türken aus. Es kursierten Berichte von erschlagenen und aufgespießten Kindern und von Schwangeren, denen die Leibesfrucht herausgeschnitten wurde. Besonders die türkische Vorhut jagte Schrecken ein, mit Plünderung, Vergewaltigung, Versklavung und Morden. Flugblätter und «neue Zeitungen» verbreiteten übertriebene Horrorszenarien. Die Türken hätten Kinder geschlachtet, gebraten, gesotten und gegessen, so der Chronist Johan Oldecop.

Die Türken hielten das Reich in Atem, 1532 machten sie einen zweiten, wiederum erfolglosen Vorstoß auf Wien. 1541 nahmen sie Buda und Pest ein. Auch Luther trieb die Türkengefahr um. Noch im Jahr der Belagerung von 1529 veröffentlichte er seine *Heerpredigt wider die Türken*. Hautnah empfand er die Bedrohung. Würden die Türken Wien oder Österreich einnehmen, so hätten sie **die Schnur in der Hand** (TR V, 6310). Ihre leichte Kavallerie könnte in dreißig Tagen vor Wittenberg stehen, aber man nehme die Gefahr nicht ernst: **So sind wir Deutsche gute Gesellen, saufen, fressen, schlagen den Leuten die Fenster aus, verspielen 1000 Gulden an einem Abend. Ich habe Sorge, wir werden's verschlafen.** (TR V, 6310) Der Vormarsch der Osmanen war für Luther ein Heerzug gegen die Christenheit: **Der Türk keinem Volk so feind ist auf Erden als den Christen, streitet auch wider niemand mit solchem Blutdurst als wider die Christen.** (*Heerpredigt*) Die Obrigkeiten waren aufgerufen, dem Erbfeind mit aller Kraft entgegenzutreten. Doch er war weitaus gefährlicher als herkömmliche Gegner: **Wer wider den Türken ... wider den Teufel selbst streitet.** (*Heerpredigt*)

In den letzten und gefährlichen Zeiten vor dem Weltende waren die Türken eine von Gott gesandte Heimsuchung, Geißel und Zuchtrute zur Bestrafung der menschlichen Sünden: **Wenn der Türke nicht kommt, werden wir immer ärger.** (TR II, 1363) **Die maßlose Bosheit der Welt wird Gott zu Zorn reizen. Hinzu kommt die Verachtung des Gottes Worts. Gott wird strafen! Darum lasst uns fromm sein und beten.** (TR V, 6310) Das Wüten des Erbfeinds war Vorbote des Weltgerichts: **Der Türke ist der letzte und ärgste Zorn des Teufels ... Daniel der Prophet sagt, dass nach den Türken flugs das Gericht und die Hölle folgen soll.** (*Heerpredigt*) Papst und Türke waren der Antichrist, so Luther in apokalyptischer Bildhaftigkeit: **Ich glaube, dass der Papst der Antichrist sei, oder wenn jemand den Türken hinzufügen will, ist der Papst der Geist des Antichrist, der Türke das Fleisch des**

Antichrist. **Sie helfen beide einander würgen, der mit Körper und Schwert, jener mit der Lehre und dem Geist.** (TR I, 330; TR III, 3055)

Luther verteufelte die Türken und verdammte den Koran, weil er den Ehestand missachte und Vielweiberei gestatte (*Vom Krieg wider die Türken*). Die Muslime selbst aber lobte er. Sie hätten ein **ehrbares Wesen,** sagt er in seiner *Heerpredigt.* **Sie trinken nicht Wein, saufen und fressen nicht so, wie wir tun, kleiden sich nicht so leichtfertig … bauen nicht so prächtig, prangen auch nicht so, schwören und fluchen nicht so, haben großen trefflichen Gehorsam, Zucht und Ehre gegen ihren Kaiser und Herrn.** Die Dominanz der türkischen Männer und die Unterwürfigkeit ihrer Frauen war ganz in seinem Sinn: **So halten sie doch solche Weiber in großem Zwang und Gehorsam, dass auch der Mann vor den Leuten selten mit einem seiner Weiber redet oder leichtfertig bei ihr sitzt oder scherzt, dass bei ihnen nicht solche Fürwitz, Üppigkeit, Leichtfertigkeit und anderer überflüssiger Schmuck, Kost und Pracht unter den Weibern ist als bei uns.** Ihm gefiel offensichtlich ihre Verschleierung, vermutlich sogar die Burka. Beim Gottesdienst **sind … die Weiber so verhüllt, dass man keine kann ansehen** (*Heerpredigt*).

Was Luther nicht sagte: Die Bedrohung durch das Osmanische Reich begünstigte die Ausbreitung der Reformation. Der Kaiser war im Türkenkrieg auf das Wohlwollen der Reichsstände, ihre Truppen und Steuern angewiesen. Dafür musste er Zugeständnisse in der Religionsfrage machen, so nach der Niederlage von Mohács und der Belagerung von Wien, auf den Reichstagen in Speyer 1526 und 1529; ebenso 1532, als die Türken erneut vor Wien zogen und 1541, als Buda und Pest fielen. Ohne die Türken hätte die Reformation vielleicht nicht überlebt.

Kometen als Warnung

Himmelserscheinungen, besonders Kometen, erregten im 16. Jahrhundert die Fantasie der Menschen. Luther war keine Ausnahme: **Ein Komet ist ein Hurenkind unter anderen Sternen und ein stolzer Stern, nimmt den ganzen Himmel ein, tut, als ob er allein da wäre. Hat die Natur von Ketzern, die als einzige auf der Erde beanspruchen, Mensch zu sein.** (TR II, 2730a) Im Oktober 1533 hätten Myriaden von Sternschnuppen, die gegeneinander kämpften, den Himmel entzündet (TR I, 618). Anno 1516 habe Herzog Johann in Weimar einen großen roten Stern gesehen, der sich in eine Kerze, ein Kreuz, einen gelben Stern und schließlich wieder einen geborstenen Stern verwandelte. Das war im Jahr vor der Reformation. Deshalb brachte Luther den Stern am Himmel mit dem Evangelium in Verbindung: **Es ging anfangs rot auf, danach brannte es und brachte das Kreuz der Verfolgung, schließlich wurde es verdunkelt durch Aufruhr und Sekten** – gemeint war der Bauernkrieg von 1525. Später rückte er von der Deutung ab: **Aber ich halte nichts Gewisses von solchen Zeichen, denn es sind meist teuflische und trügerische Zeichen.** Im Übrigen habe man dergleichen seit fünfzehn Jahren immer wieder gesehen (TR III, 3507).

Skeptisch war Luther gegenüber astrologischen Voraussagen («Prognostiken»), denn die Astrologie sei im Unterschied zur Astronomie **eine sehr unsichere Kunst** (TR V, 6249). **Sternenglaube ist Götzendienst, weil er gegen das Erste Gebot verstößt.** (TR I, 1026) Doch Himmelszeichen waren Mahnung. Am 19. Dezember 1536 standen drei Sonnen am Himmel. Am gleichen Tag hatte Luther heftige Beklemmung in der Brust (TR V, 6079). Er, Jonas, Melanchthon und andere beobachteten im Januar 1539 einen Kometen über Wittenberg, **der war dunkel, aber sehr lang,** reckte den Schwanz nach dem Zeichen der Fische (TR III, 3711). Feurige Schweifsterne kündigten Gottes Strafgericht an: **Ich will Deutschland nicht aus den Sternen wahrsagen, aber ich kündige den Zorn Gottes aus der Theologie an, denn es ist unmöglich, dass Deutschland ohne Plagen bleibe, weil Gott erzürnt wird, uns zu vernichten … Lasst uns nur beten und Gott und sein Wort nicht verachten.** (TR III, 3711; TR V, 5621) Sonnenfinsternisse waren Vorboten von Unheil: **Du sollst wissen, wenn die Sonne den Schein verliert, dass es gewiss ein Zeichen ist, dass ein Unfall nachkommen wird.** Gebannt beobachtete er die Verdüsterung des Himmels, **mit Beten und Seufzen, dass Gott uns Besseres schenke, als wir verdient haben, auf dass alle Menschen durch solche Zeichen zu Buße und Gebet verursacht werden** (TR IV, 4747).

Nur selten bedeuteten Himmelszeichen auch Gutes. Als 1450 das ganze Jahr lang ein Komet über dem Schneeberg im Erzgebirge stand, war das Gottes Fingerzeig auf den Erzreichtum (TR V, 5615).

Das Weltende steht bevor

Luther blickte pessimistisch in die Zukunft: **Ich wollt, dass ich und alle meine Kinder gestorben wären! Denn es wird noch wunderlich in der Welt zugehen. Wer da leben soll, wird sehen, dass es immer ärger wird.** (TR V, 5506) Im Widerspruch dazu steht das optimistische Wort: «Auch wenn ich wüsste, dass morgen die Welt zu Grunde geht, würde ich heute noch einen Apfelbaum pflanzen.» Aber Luther hat es nie gesagt. Es soll erst gegen Ende des Zweiten Weltkrieges entstanden sein. Stattdessen überwog Düsternis. Die Menschen lebten, je länger, je mehr, in Laster und Sünde. Zur Umkehr waren sie nicht bereit, trotz Strafpredigten:

Wenn wir nicht ertragen wollen, dass unsere Sünden mit Worten gestraft werden, dann werden wir Strafe mit Tat und Pein leiden. (TR III, 3707) Großes Unheil droht der Welt. Sie ist schlecht und nicht zur Reform bereit. Keine Zucht will sie ertragen. (TR IV, 4809)

Gottes Strafen waren schmerzhaft, Kriege, Pest, Naturkatastrophen, Unglücksfälle, Teuerung und anderes. Der Allmächtige lasse schon jetzt die Brunnen versiegen: **Also wird Gott auch tun mit der Welt zur letzten Zeit.** (TR V, 5651) Sittenverfall und Sünde kündigen das Weltende an (TR V, 5326; TR VI, 6546, 6574/75, 6711). Luther sehnte es herbei: **Es wird noch so bös auf Erden, dass man schreien wird: o lieber Herr, komme nur mit dem Jüngsten Tag.** (TR I, 1107) Er flehte: **Hilf, lieber Gott, dass der fröhliche Tag deiner heiligen Zukunft bald komme.** (TR V, 5777) Der Jüngste Tag stand unmittelbar bevor: **Ich glaube, dass die Welt keine 100 Jahre mehr dauern wird.** (TR III, 3457; TR IV, 4979; TR VI, 6984/85) **Ich habe noch ein Jahr zu predigen ... Ich hoffe, ich werde den Jüngsten Tag erleben.** (TR II, 1291; TR V, 5237, 5488). Vorboten waren die Türken: **Kommt der Türke nach Rom, ist der Jüngste Tag nicht mehr fern.** (TR I, 31, 633; TR II, 2498 b)

Eingangspforte in die Ewigkeit war die Reformation in ihrer Herrlichkeit: **Die Morgenröte des Wortes ist schon strahlend erschienen.** Die Strahlkraft des Evangeliums ist das letzte Aufflackern eines Lichts: **Wenn es erlöschen will, so tut es zunächst einen großen Stoß, gleich als wollte es noch lang brennen, und verlischt also.** (TR V, 5488) Gott werde am Jüngsten Tag die Gerechten von den Ungerechten trennen: **Jene steigen in den Himmel auf und werden leben, diese fallen in die Hölle hinab und werden tot sein.** (TR I, 1149)

Luther entwarf ein apokalyptisches Szenario. Aus Osten würden dicke und dunkle Wolken kommen, Blitze und ein Schlag von unvorstellbarer Gewalt folgen. Danach **wird alles auf dem**

Haufen liegen, Himmel und Erde (TR IV, 4979; TR V, 5237, 5488). Solche Schreckensbilder gehen zurück auf den «Traum» im 7. Kapitel des Buches Daniel und auf das 20. Kapitel der als «Offenbarung Johannis» bekannten Apokalypse. Danach überwindet Christus die beiden ihm feindlichen apokalyptischen Tiere. Ein Engel fesselt Satan und sperrt ihn in den Abgrund, damit er keine Völker mehr verführen kann. Mit den auferweckten Märtyrern und den Gerechten errichtet Christus ein tausendjähriges Reich des Friedens. Nach diesen tausend Jahren wird der Satan freigelassen. Noch einmal verführt er die Völker zum Kampf gegen die Christen. Aber durch Gottes Eingreifen verliert er für immer seine Macht. Es folgen die Auferstehung der Toten und das Weltgericht. Die grausamen Bilder vom Inferno der Endzeit haben die Menschen des Spätmittelalters in Panik versetzt. Und sie haben Künstler inspiriert, so Albrecht Dürer zu seinem Holzschnitt «Die vier apokalyptischen Reiter». Er zeigt die apokalyptischen Pferde, die Tod und Vernichtung bringen. Auf dem vierten, fahlen Pferd reitet der Tod, und die Hölle folgt ihm nach (Apokalypse, VI, 1 ff).

19. «Ich habe die Welt satt, die Welt hat mich satt»

Mensch mit Ecken und Kanten

Wenn es um das Gotteswort ging, war Luther unnachgiebig und kompromisslos. Auch im weltlichen Leben war Toleranz nicht seine Stärke. Zwar beschwor er stoische Zufriedenheit und Gelassenheit: **Das Menschenherz kann weder Gutes noch Schlechtes ertragen. Haben wir Geld und Gut, so ist keine Ruhe vorhanden; ist Armut da, so ist kein Friede. In der Mitte aber ist die Tugend, das ist, mit seinem Schicksal zufrieden zu sein.** (TR II, 2799) **Der Friede des Herzens ist das höchste Gut.** (TR V, 5868) **Patientia, Duldung und Geduld sind höchste Tugenden.** Ebenso Zurückhaltung: **Tue nicht alles, was du magst.** (TR V, 6018) Doch das hielt er im wirklichen Leben nicht durch. Er beklagte: **Ich muss Patientiam haben mit dem Teufel; ich muss Patientiam haben mit den Schwärmern, ich muss Geduld haben mit den Scharhansen (Prahlern), ich muss Patientiam haben cum Familia; ich muss Geduld haben mit der Käthe von Bora, und der Geduld ist so viel, dass all mein Leben nichts anderes sein soll als Patientia.** (TR II, 2173)

Wenn es nicht nach seinem Willen ging, ergriff ihn unbändiger Zorn, und er verlor die Beherrschung. Dann war es das Beste, einen Bogen um ihn zu machen: **Wenn ich zornig bin, so lass man mich nur zufrieden und verschnaufen ... Darum soll man einem**

zornigen Mann Raum geben. (TR III, 2836) Seine Wut kultivierte er geradezu: **Zorn am rechten Platz ist ein Geschenk Gottes, und wer zur rechten Zeit schelten kann mit den rechten Worten, das ist große Kunst.**

Wut konnte Ansporn werden: **Wenn ich wohl dichten, schreiben, beten und predigen will, so muss ich zornig sein.** (TR II, 2410) Grenzenlos war der Hass auf seine Gegner, **Rottengeister und Schwärmer** wie Thomas Müntzer. Er wurde dann auf grobe Weise ausfällig. Seine Sprache wurde unflätig. Mit seinen Schimpftiraden nahm er einen Spitzenplatz unter seinen Zeitgenossen ein, die in ihrer Polemik ohnehin nicht zimperlich waren. Die Dauerangriffe seiner Gegner machten ihn noch reizbarer. Seine Wortattacken stießen viele ab. Lutherfreund Mosellanus vermerkte 1519: «Zum Vorwurf aber machen ihm die meisten, dass er in der Polemik wenig Maß hält und bissiger ist, als es sich für einen Theologen ziemt.» Calvin, der sich als Vollender von Luthers Reformation sah, schätzte ihn, verurteilte aber seine Zornesausbrüche.

Luther war ein Choleriker mit Ecken und Kanten. Doch er konnte auch umgänglich und einnehmend sein, besonders in seinen jungen Jahren. Mosellanus lobte: «Im Umgang ist er fröhlich und freundlich, überhaupt nicht finster und stolz, weiß sich in verschiedene Personen und Zeiten zu schicken. In Gesellschaft verkehrt er heiter und witzig.» Er war weltgewandt, doch Erasmus von Rotterdam, Johannes Calvin oder Ignatius von Loyola übertrafen ihn darin. Luther war stets direkt und geradeheraus. Diplomatisches Geschick, wie es der Genfer Reformator besaß, war nicht seine Stärke. Seine göttliche Sendung gab ihm Selbstbewusstsein, aber er war nicht abgehoben und arrogant, sondern kontaktstark und volksnah. Er war ein Polterer, liebte gelegentlich aber auch die zarten und leisen Töne. In der Musik zog er die Laute der Posaune vor.

Von seiner Mission erfüllt, hatte er den Drang, alles und jedes zu regeln. Selbstkritisch sah er dabei seine Grenzen: **Ich kann nichts regieren und wollte die Welt regieren; ich habe wohl Gott Artikel vorgeschrieben und regieren wollen, aber der fromme Gott hat mich in seinen Arsch fahren lassen, und aus meinem Meistern ist nichts geworden.** (TR II, 2365) Er war das, was man heute «Workaholic» nennt. Schon als Mönch kam er mit wenig Schlaf aus. Seine Arbeitslast nahm seit 1517 enorm zu. An manchen Tagen hielt er bis zu vier sorgfältig ausgearbeitete Predigten. Das gab ihm Erfüllung, wurde aber auch zur Last: **Ich glaube, dass in 1000 Jahren nicht ein Mensch so verflucht sei wie ich, der ich jetzt** (1541) **30 Jahre gepredigt.** (TR V, 6434) 1536 blickte er zurück: **Ich habe 24 Jahre hier gepredigt, den Weg zur Kirche so oft gegangen, dass es kein Wunder wäre, wenn ich nicht nur die Schuhe, sondern auch die Füße auf dem Pflaster abgewetzt hätte.** (TR III, 3472)

Dazu kam die umfangreiche Lehrtätigkeit an der Universität Wittenberg. Seine vielbeachteten Vorlesungen beruhten auf intensivem Studium der Heiligen Schrift und der Kirchenväter. Eine Herkulesarbeit war die Übersetzung der Bibel ins Deutsche. Unermüdlich verfasste er theologische Abhandlungen, Traktate und Flugschriften. Die große «Weimarer Lutherausgabe», begonnen 1883, sollte 127 Bände umfassen. Außerdem führte er einen umfangreichen Briefwechsel.

Als die evangelische Bewegung sich verfestigte, wurde er zum «Chefmanager» der Reformation; das verlangte organisatorische Fähigkeiten und war mit vielen Reisen verbunden. Seine Autorität machte ihn zum vielbegehrten Berater der Obrigkeiten. Alles das schulterte er mit bewundernswerter Kraft. Trotzdem hatte der Dauerstress Folgen. Erste Anzeichen waren seine Schwindelattacken.

Ein kranker Mann

Aufrecht und mannhaft steht Luther auf den Podesten der Denkmäler. Sie suggerieren Kraft und Gesundheit. Aber in Wirklichkeit war er von Krankheiten geplagt, seit dem 40. Lebensjahr,
wenn nicht schon früher. Als er auf die fünfzig zuging, das war
damals schon alt, klagte er: **Ach, wie vielen Krankheiten sind
wir im sterblichen Leib unterworfen. Wir erleiden nichts anderes
als Krankheiten; so viel Glieder im Leib, so viel sind auch Krankheiten.** (TR I, 1024) Über seine Leiden geben «Ferndiagnosen»
aus dem Abstand von rund fünfhundert Jahren erstaunlich genau Aufschluss, dank neuerer medizingeschichtlicher Untersu-
chungen.

Seit er mit einundzwanzig Jahren ins Kloster eintrat, litt Luther
unter Bewegungsmangel; da tat die Romreise von 1510 / 11 gut;
er unternahm sie überwiegend zu Fuß. Auch die Wittenberger
Gelehrtenstube war ungesund. Trotzdem zeigen die Porträts, die
um 1520 entstanden, einen jung und gesund wirkenden Mann
mit schmalem und kantigem Antlitz. Der Aufenthalt auf der
Wartburg, wo Luther abgeschottet von der Welt und bei guter
Kost das Neue Testament übersetzte, blieb nicht ohne körperli-
che Folgen. Ein paar Jahre danach zeigt ihn das Hochzeitsbild
von Cranach d. Ä. um 1526 mit vollen Wangen und Ansatz zum
Doppelkinn (siehe die Abbildung auf Seite 84). Auf späteren
Cranach-Gemälden ist eine zunehmende Leibesfülle zu erken-
nen. Das Gesicht wurde aufgeschwemmt, das Doppelkinn aus-
geprägt und die Hände fleischig. Die Korpulenz war Folge von
gutem und reichlichem Essen mit viel Fleisch. Alkoholgenuss,
das sah er ganz klar, mache krank, führe zu **Morbi ex vino** (TR III,
3693), wie Lepra und Steinleiden. Wein im Überfluss verursache
Gicht, Bier dagegen Wassersucht.

Auf Bildnissen des älteren Luther sind Gichtknoten an den Händen zu sehen. Der Zehenschmerz war so heftig, dass er Gott bat, ihm statt der Gicht **eine Krankheit zum Tod, Franzos** (Syphilis) **oder Pestilenz zu schicken** (TR III, 3365). Er litt an Verdauungs- und Gallenbeschwerden. Gallen- und Nierensteine wurden zu schmerzhaften Lebensbegleitern. Dazu kamen Probleme beim Wasserlassen. Luthers ironische Klage: **Ich bin ein rechter Lazarus, in der Krankheit wohl versucht.** (TR V, 6024) Sitzende Tätigkeit verursachte Hämorrhoiden; minutiös berichtete er darüber. Seine Leiden waren ein frühes Beispiel für die Folgen der Wohlstandskrankheit Übergewicht. Anders als heute war davon im 16. Jahrhundert nur ein begrenzter, «privilegierter» Personenkreis betroffen, wie Fürsten, Geistliche, Kaufleute, reiche Stadtbürger und Gelehrte. Bei den Unterschichten, selbst bei den Bauern, gab es Fleisch allenfalls an Festtagen. Handwerker und Bauern, deren Kalorienbedarf angesichts harter Körperarbeit hoch war, waren eher mager als korpulent.

Luther wusste durchaus, was gesund war: **Bewegung schenkt Gesundheit, und Gesundheit gibt Bewegung.** (TR III, 3256) Doch er hielt sich nicht daran. Für ihn galt: **Medice vivere est misere vivere – gesundheitsbewusst zu leben ist, elend zu leben.** (TR III, 3801) Er scheute es, den Puls zu messen, **denn Puls messen macht kränker, als man ist** (TR III, 3256). Gute Diät sei grundsätzlich die beste Medizin, doch für seine Person gelte das nicht. Menschen, die dem Rat der Ärzte folgten, hätten sich schon zu Tode gehungert. Deshalb beharrte er trotzig: **Ich esse, was ich mag, und sterb, wann Gott will.** (TR III, 3801)

Krankheiten waren Heimsuchungen des Satans: **Alle Krankheiten und Gebrechen kommen vom Teufel.** (TR V, 6023) Davon fühlte er sich besonders hart betroffen. Als Strafe, dass er das göttliche Evangelium wieder ans Licht gebracht habe, suche der Teufel gerade ihn mit einer über alle Maßen schlimmen Krank-

heit heim, mit periodischen Anfällen von unerträglichem Dreh-
schwindel, verbunden mit Erbrechen, Tinnitus und Schwer-
hörigkeit – die nach ihrem Entdecker benannte Menière'sche
Krankheit. Den ersten Menière-Schub hatte er wohl im Juli 1527.
Da stand er seit zehn Jahren unter Dauerstress: Veröffentlichung
der Ablassthesen, Verhör in Augsburg, Leipziger Disputation,
Auftritt auf dem Wormser Reichstag, Übersetzung des Neuen
Testaments auf der Wartburg, die Wittenberger Tumulte und
schließlich der Bauernkrieg.

Sausen und Rauschen (Tinnitus) **im Ohr** versetzten ihn in Le-
bensangst: **Schwindel und Kopfweh sind schlimmer als die
Krätze.** (TR III, 3006 b) Auf der Coburg war er 1530 zur Zeit des
Augsburger Reichstags von Schwindel geplagt: **Es ging mir
gleichsam ein Wind aus dem Kopf und blies und sauste.** (TR II,
2477) Trotzdem ließ er sich den Mut nicht nehmen: **Weil ich
fühle, dass es keine natürliche Krankheit ist, ertrage ich es muti-
ger und verachte die satanischen Faustschläge auf mein Fleisch.**
Als Arznei empfahl er: **Nichts hilft mir mehr gegen den Schwindel als am frühen Morgen sechs Löffel Butter.** Justus Jonas riet
zusätzlich zu schwarzem Kümmel, zwei Nächte in Wein gelegt
(TR II, 2612 b).

Den Krankheiten waren die Menschen hilflos ausgesetzt. Es
gab keine Antibiotika und keine Betablocker. Wenig Vertrauen
hatte Luther in die Ärzte. Als er 1537 schwer erkrankt war, verab-
reichten sie ihm so viele Mixturen, **als ob ich ein großer Ochse
gewesen wäre** (TR III, 3733). Sie kassieren ihr Honorar, dann **töten sie die Menschen mit ihren schädlichen Medikamenten** (TR V,
6028). Abgesehen von Gottes Hilfe sei Diät die beste Medizin –
ein Rat, den Luther für die eigene Person, wie wir wissen, nicht
befolgte. Man setzte auf obskure «Naturheilmittel», Luther beispielsweise auf Mist: **Gott hat in geringe verachtete Dinge große
Gaben gesteckt.** So helfe Schweinemist bei Blutverstopfung,

Pferdemist in Wein gegen Lungenfieber, Kuhmist gegen Brandwunden. Menschenkot habe heilende Wirkung (TR I, 78). Gegen Pest empfahl er den Verzehr von drei gedörrten Kröten (TR III, 3317b). Die Jahreszeiten hatten Einfluss auf die Gesundheit: **Im Januar ist Arznei nicht gut, iss warme Speisen und nicht bad, guter Wein und Wurz ist nicht schad.** (TR III, 3461)

Nichts fürchteten die Menschen mehr als Seuchen und Epidemien. Schlimme Folgen hatte die Rote Ruhr: **Wir essen uns zu tod, trinken uns zu tod, scheißen uns zu tod, fasten uns zu tod.** (TR II, 1781) Luther resignierte: **Ich muss dem Arsch sein Regiment lassen.** (TR IV, 4203) Bei Pest verließen die Bewohner in der Furcht vor Ansteckung panikartig die Städte und flohen aufs Land. Anders Luther: Obwohl er 1505 zwei Brüder durch Pest verloren hatte, vertraute er auf Gott. Als 1527 seine Universitätskollegen wegen der Seuche nach Jena auswichen, blieb er in Wittenberg. Als Seelsorger war er **an den Predigtstuhl gebunden; davon sollen mich hundert Pestilenz nicht flüchtig machen … Sterben wir in diesem Werk der Liebe, so soll uns dieses Stündlein besser sein als 100 000 Jahre Leben.** (TR IV, 4789) In Zeiten der Pest stockte die Versorgung der Stadtbevölkerung durch die Bauern aus dem Umland. Luther klagte: **Das war zu viel! Wir mussten die Pest erleiden und den Hunger dazu.** (TR II, 1455) In den letzten Lebensjahren machten ihm Herz und Kreislauf zu schaffen. Das Gehen fiel ihm schwer, und er wurde auf einem Wagen gefahren.

Depression und Melancholie

Luther fühlte sich nach seinen 95 Thesen 1517 wie **neu geboren.** Depression und Melancholie blieben indes düstere Begleiter: **Nichts ist schädlicher als Traurigkeit (Tristitia). Sie frisst das Mark**

in den Knochen, Tristitia excissat ossa. (TR V, 5380) Heftige Anfälle hatte er im Sommer 1527, verbunden mit Menière-Attacken.
Das blutige Ende des Bauernkriegs lastete seelisch auf ihm, auch
wenn er dafür Gott verantwortlich machte. Melanchthon klagte
er: Ich bin mehr als die ganze Woche so im Tod und in der Hölle
hin- und hergeworfen worden, dass ich jetzt noch am ganzen Körper mitgenommen bin und an allen Gliedern zittere. (Brief vom
2. August 1527) Er erkannte, darin modern, dass psychische Störungen dem Körper schadeten: Wenn die Seele von schweren Gedanken bedrückt wird, hindert es den Schlaf, Essen und Verdau-
ung. Denn wenn die Seele nicht frei ist, muss es der Körper
entgelten. (TR III, 3860) Kurzum: Wenn die Seele krank ist, wird
der Körper schwach. (TR V, 6024) Mit Depressionen verbunden
waren Beklemmung und Atemnot (TR II, 1347). Er konnte nicht
verkraften, dass er, in Acht und Bann, 1530 dem Augsburger
Reichstag fernbleiben musste. Die Vorlage der Augsburger Kon-
fession verfolgte er von der Coburg aus, deprimiert und krank:
Ich hoffe, dass meines Lebens Ende nahe sei, und die Welt hasst
mich und mag mich nicht leiden, wiederum bin ich der Welt überdrüssig und verachte sie. Die düstere Stimmung hielt an: Mir
schmeckt kein Essen noch Trinken mehr. Ich bin schon tot. Wenn
ich nur begraben wäre. (TR II, 1463). 1533 fiel der 50-Jährige in
tiefe Depression: Ich glaube, es sei in 1000 Jahren keiner gewesen,
dem die Welt so feind gewesen sei wie mir. Ich bin ihr auch feind
und weiß nichts mehr im ganzen Leben, da ich Lust zu hätte, und
bin gar müd zu leben. Unser Herr Gott komme nur bald und
nehme mich flugs hin … Ich will gern den Hals hinstrecken, dass
er ihn mit einem Donner dahin schlüge, dass ich liege, Amen.
(TR I, 491) 1540 wünschte er nach schwerer Krankheit: Wenn ich
hätte einen Türken gehabt, der mich hätte wollen in Stücke hauen,
dem wollte ich 20 Gulden gegeben haben. (TR V, 5605)

Traurigkeit war des Teufels Instrument (TR III, 2840b). Dagegen konnte einzig Gott helfen. Bei Anfechtungen helfe zweierlei: Vertrauen in Christus und heftiger Zornesausbruch, **der Bäume umhaut.** Wirkungslos sei dagegen Liebe und Sex: **Ich hab oft meiner Käthe an den b und z** (Busen und Zitzen?) **gegriffen, aber es hat mir nicht helfen wollen.** (TR I, 833) Lindernd wirkten gutes Essen und Trinken, Gesellschaft und Gespräche (TR I, 122; TR II, 1299). Luther litt unter Stimmungsschwankungen. Er war traurig und er war fröhlich. Ein frohes Herz machte ihm das Evangelium: Wer die Botschaft Christi hört, dem **muss das Herz von Grund aus lachen und drüber fröhlich werden** (Vorrede zum Neuen Testament). Er hatte durchaus Sinn für Humor. Dies zeigen Anekdoten, heitere Reime und Wortspiele. Er scherzte, das Bibelwort, Mann und Frau sind ein Leib, hätte zur Konsequenz: **Wenn der Mann esse, sei die Frau satt, und umgekehrt.** (TR III, 2976) Das Wort Kurtisan übersetzte er mit **Bube,** eine Kurtisane sei dann folgerichtig eine **Bubinne** – ein Beispiel von frühem «Feminismus» in der Sprache. Als zum Frühstück Käse auf den Tisch kam, witzelte Luther: **Der Käse ist zu Köln im Bad gewesen, hat viele Schweißlöcher.** (TR 2, 1437)

Frustration im Alter

Luthers Reformation hatte in seinen letzten Lebensjahren an Schwung verloren. Der Calvinismus war im Vormarsch. 1544 schloss der Kaiser Frieden mit Frankreich. Seitdem hatte er freie Hand gegen die Protestanten, die 1531 den Schmalkaldischen Bund zur Verteidigung ihres Glaubens geschlossen hatten. Der Ausgleich mit Frankreich machte den Weg frei für das vom Kaiser gewünschte allgemeine Konzil. Es trat 1545 in Trient zusammen und bildete den Auftakt für die Erneuerung der katholischen Kirche. Für die Gegenreformation und katholische Reform stritt der Jesuitenorden, 1534 gegründet von dem baskischen Ritter Ignatius von Loyola. In Deutschland wurde die «Societas Jesu» mit Seelsorge, Gymnasien und Universitäten aktiv.

Sorgenvoll blickte Luther in die Zukunft. 1544 hatte er eine düstere Vision: **Der Papst oder sein Befehlshaber** (würden) **das Evangelium verfolgen, wie dann solches nach meinem Tod nicht wird ausbleiben.** Der Kaiser werde dann die Fürsten gegeneinanderhetzen, **dass er beide Teile miteinander auffresse und verderbe.** Auch den Adel werde der Kaiser nicht verschonen, sondern ihn ebenfalls ausrotten. Was dann noch vom Adel übrigbleibe, **wird auch untergehen, denn jede Stadt wird ihren Hauptmann und jedes Dorf seinen Edelmann aus dem Land jagen und vertreiben, und so ich alsdann leben sollte, wollte ichs nicht wehren** (TR III, 3427). Das war eine Vorahnung von revolutionären Veränderungen in der Zukunft.

Immer stärker litt Luther im Alter unter Krankheit und Depression. Die Arbeit war ihm zur Alltagsroutine geworden. Die Rivalitäten der lutherischen Theologen und ihr Lehrgezänk nervten. Er musste Streit schlichten und verzettelte sich. Der Schwung der frühen Aufbruchsjahre war dahin. Auch das Medieninteresse ließ nach. Ein letztes Mal aufhorchen ließ seine Hetzschrift *Von den Juden und ihren Lügen* (1543). Bei den Judenhassern der Zeit kam sie gut an.

Luthers Stern hatte an Glanz verloren. Es wurde still um ihn, und das konnte er nur schwer ertragen. Wittenberg war ihm verleidet. Ungehobeltes Volk lebe in der Stadt, ohne Sitte, Anstand und Religion (TR III, 3473). Er mäkelte an allem herum, selbst am schlechten Kirchengesang seiner Mitbürger. Schließlich trug er sich mit dem Gedanken, seiner langjährigen Wirkstätte, die ihm zur Heimat geworden war, den Rücken zu kehren und nach Mansfeld, Merseburg oder Halle zu ziehen (Bugenhagen, Grabrede). Im Sommer vor seinem Tod wollte er von einer Reise nach

Zeitz am liebsten nicht mehr zurückkehren. **Ich will lieber um-
herschweifen und das Bettelbrot essen, ehe ich meine armen und
letzten Tage mit dem unordentlichen Wesen zu Wittenberg mar-
tern und beunruhigen lasse.** (Zit. nach Treu) Als man ihm 1539
ein langes Leben wünschte, winkte er ab. Er wolle nicht noch
vierzig Jahre leben, sondern eher einen Henker mieten, der ihm
den Kopf abschlage (TR I, 1001).

Todesgedanken erfassten ihn. Als er 1543 wieder einmal unter
heftigen Kopfschmerzen litt, äußerte er bei Tisch den Wunsch,
sein Sohn Hans möge aus Torgau kommen: **Ich hätte gern, dass er
bei meinem Ende da ist.** Seine Frau beschwichtigte, doch Luther
beharrte: **Nein Käthe, es ist keine Einbildung (Imaginatio). Ich
will mich niederlegen und krank werden, aber ich will nicht
lange liegen. Ich habe die Welt satt, sie hat mich wiederum satt ...
sie meint, wenn sie mich los wäre, so wäre es gut ... Es ist doch,
wie ich oft gesagt habe: ich bin der reife Dreck, so ist die Welt das
weite Arschloch; darum sind wir zu Recht zu trennen.** (TR V, 5537)

Mitten im Leben ...

Der Tod war im 16. Jahrhundert allgegenwärtig. Massenhaft und
unversehens griff er zu: **Media vita in morte sumus – Mitten im
Leben sind vom Tod wir umgeben, weil uns vielerlei Krankheiten und Verderben erwarten: Da sticht sich dieser, da fällt der, da
wird der so verwundet, dass er sich zu Tode blutet. Deshalb brau-
chen wir zu jeder Stunde Gottes Schutz.** (TR III, 3139 b) Bedroht
war schon der Eintritt ins Leben. Nur jedes zweite Kind über-
lebte das erste Lebensjahr. Naturkatastrophen, Missernten, Hun-
gersnöte, Kriege, Krankheiten und Seuchen waren von Gott gesandte Strafen. Wenn Hunger, Krieg und Pest zusammenkamen,
hielt der Tod überreiche Ernte. Ihm begegneten die Menschen

damals auf Schritt und Tritt. Wenn sie in der Kirche Seelenheil suchten, führte der Weg über den Friedhof. An die Vergänglichkeit mahnten Gerichtsstätten, Sterbeglocken und Pestkarren. Totentanzbilder erinnerten daran, dass alle Menschen, gleich welchen Standes, dem Tod unterworfen sind. Das Leben war für die meisten kurz, im Durchschnitt währte es kaum länger als fünfunddreißig Jahre. Wer über fünfzig Jahre wurde, galt bereits als alt. Die Menschen waren den ständig wiederkehrenden Seuchen hilflos ausgeliefert. Epidemien breiteten sich entlang den Handelsstraßen und Pilgerwegen aus, erfassten die eng bebauten Städte und drangen schließlich auch in die Dörfer und dünn besiedelten Landstriche vor.

Mehrmals geriet Luther in Lebensgefahr: 1505, als ihn bei Stotternheim beinahe der Blitz erschlug; ein andermal, als er von einer einstürzenden Mauer fast erdrückt wurde. Als der neu errichtete Keller im Augustinerkloster einbrach, kamen seine Frau und er gerade noch mit dem Leben davon. Straßenräuber bedrohten ihn auf Reisen. Er fürchtete Giftanschläge von den Feinden des Evangeliums. Den Tod verdrängte er nicht, sondern nahm ihn an: **Im Leben soll man sich mit dem Gedanken an den Tod beschäftigen.** (*Sermon von der Bereitung zum Sterben*) Mitten im reformatorischen Aufbruch und noch nicht vierzigjährig, verfasste er einen Traktat über das Sterben. Der Tod war ihm kein Tabu, sondern gehörte zum Leben: **Denn das Sterbestündlein ist eine himmlische Gabe, darum man Gott allzeit bitten soll und sich täglich dazu bereiten.** (TR V, 6029)

Von der Bereitung zum Sterben

Die Menschen des Mittelalters lebten in Todesfurcht und Höllenangst. Wenn die letzte Stunde nahte, stellten sie die bange Frage nach Seelenheil oder Verdammnis. Kirche und Kunst rückten lebhaft die Herrlichkeit des Himmels, mehr noch die Pein der Hölle vor Augen. Erbauungsschriften zur *Ars moriendi* (Kunst des Sterbens) über das rechte Verhalten an der Schwelle vom Leben zum Tod hatten Konjunktur. In dieser Tradition steht Luthers deutscher *Sermon von der Bereitung zum Sterben* (1519). Die Schrift wurde zum Bestseller. Über den Theologen Georg Spalatin, Mittelsmann zu Friedrich dem Weisen, gelangte an Luther die Bitte, eine Anleitung zur Vorbereitung auf den Tod zu geben. Der Wunsch ging wohl vom Kurfürsten aus. Da er im Vorfeld der Leipziger Disputation stark in Anspruch genommen war, sagte Luther zunächst ab. Als Friedrich der Weise erkrankte, verfasste er die lateinische Schrift *14 Tröstungen für Mühselige und Beladene*. Daraus wurde der Sermon vom Sterben, geschrieben an einem einzigen Tag. Der Reformator hatte erkannt, wie wichtig es war, den Menschen eine Neuorientierung für das Lebensende zu geben.

Sterben hieß für ihn zunächst, **leiblich und äußerlich** Abschied von der Welt zu nehmen. Dazu muss der Mensch seine Vermögensverhältnisse in Ordnung bringen, um Streit unter den Erben zu vermeiden. Ebenso muss man **geistlich** Abschied nehmen. Mit seiner Mitwelt muss man ins Reine kommen. Denen, die einem Leid zugefügt haben, soll man großzügig vergeben. Umgekehrt soll man die um Verzeihung bitten, denen man selbst Böses getan oder zu wenig Nächstenliebe geschenkt hat: **Das sollen wir tun, damit die Seele nicht mit irgendwelchen Händeln auf Erden behaftet bleibe.** Dann soll man sich ganz auf Gott richten. Denn dorthin führt der Weg des Sterbens.

Luther beschreibt ihn bildhaft und anrührend: **Und zwar fängt hier die enge Pforte an, der schmale Pfad zum Leben, darauf muss sich jeder fröhlich wagen. Denn er ist wohl sehr eng, aber er ist nicht lang.** Der schmale Pfad zum Leben – der Tod ist nicht Ende, sondern Eingang in ein künftiges Leben. Das Sterben vergleicht er mit der Geburt des Menschen: **Es geht hier zu, wie wenn ein Kind aus der kleinen Wohnung in seiner Mutter Leib mit Gefahr und Ängsten hineingeboren wird in diesen weiten Raum von Himmel und Erde, das heißt, auf diese Welt; ebenso geht der Mensch durch die enge Pforte des Todes aus diesem Leben, und obwohl der Himmel und die Welt, worin wir jetzt leben, für groß und weit angesehen wird, so ist es doch alles gegenüber dem zukünftigen Himmel viel enger und kleiner ...** Der Weg ins Jenseits ist zwar noch schmäler als bei der Geburt ins Diesseits, führt dafür aber in unermessliche Weiten. Das Sterben als Neugeburt, das nimmt Todesangst. So wie eine Frau nach der freudigen Niederkunft nicht mehr an die Geburtsnöte denkt, kann man sich auch beim Sterben frei machen von Angst, in der Gewissheit zukünftiger Herrlichkeit.

Zur Vorbereitung auf die letzte Reise muss man die Sakramente – Buße, Abendmahl und Ölung (Letztere zählte Luther bald darauf nicht mehr dazu) – mit Andacht und Zuversicht empfangen. Man soll **mit allem Ernst und Fleiß darauf sehen, dass man die heiligen Sakramente groß achte; ... man verlasse sich frei und fröhlich darauf.** Gegenüber Sünde, Tod und Hölle müssen sie Übermacht haben. Viel mehr als mit den Sünden muss man sich mit den Sakramenten und ihren Kräften beschäftigen. Die Sakramente sind Geschenke Gottes gegen Tod, Sünde und Hölle. Sie wurden den Menschen des Mittelalters in schrecklichen Bildern vor Augen gerückt, oft in Totentanzzyklen oder apokalyptischen Darstellungen des Jüngsten Gerichts. Luther greift die Anschaulichkeit auf und spricht vom Bild des Todes, vom Bild der Sünde und vom Bild der Hölle und ewigen Verdammnis: **Der Tod wird groß und schrecklich, weil die furchtsame verzagte Natur sich dieses Bild zu tief einprägt, zu sehr sich vor Augen stellt.** Der Teufel steigere dies noch, indem er ihnen schlimme Todesfälle vorführe. So wolle er erreichen, dass die Menschen Gott vergessen und den Tod fliehen und hassen, statt ihn anzunehmen. Luther rät: **Im Leben sollte man sich mit dem Gedanken an den Tod beschäftigen und ihn vor uns treten heißen, solange er noch fern ist und uns noch nicht bedrängt; im Sterben dagegen ... ist es gefährlich und nichts nütze. Da muss man sich sein Bild aus dem Sinne schlagen,** rät er psychologisch einfühlsam. Auch das Bild der Sünde werde stärker, weil man zu sehr an sie denkt. Bereits zu Lebzeiten soll man sich mit ihr auseinandersetzen. Wie bei Tod und Sünde werde das Bild von der Hölle in der Todesstunde noch schrecklicher: **Deshalb muss man allen Fleiß darauf verwenden, dass man keines dieser drei Bilder ins Haus lade und den Teufel nicht über die Türe male ... der Kunstgriff ist, sie ganz und gar fallen zu lassen und nichts mit ihnen zu tun zu haben.** Die Bilder des Unheils müsse man durch Bilder des Heils verdrängen. Luther rät: **Du musst den Tod in Verbindung mit dem Leben, die Sünde in Verbindung mit der Gnade, die Hölle in Verbindung mit dem Himmel ansehen.** Seine Gedanken muss man im Sterben ganz auf Christus richten, **dann wird dir der Tod nicht zum Schrecken oder Grauen, vielmehr verachtet und getötet und durch das Leben erwürgt und überwunden. Denn Christus ist nichts als lauter Leben.** Er schenkt Leben, Gnade und Barmherzigkeit: **So soll allein das Bild Christi in uns sein.**

In der *Bereitung zum Sterben* erweist sich der Reformator als begnadeter Seelsorger, der einfühlsam auf die Todesängste eingeht. Psychologisch meisterhaft gibt er Trost, mit dem Rat, das Schlimme durch Bilder des Schönen zu verdrängen. Seine Mahnung, sich rechtzeitig mit dem Tod zu beschäftigen, wirkt Panik in der Todesstunde entgegen und macht es leichter, dem Tod ins Auge zu schauen.

Wenn er in schwerer Krankheit, wie 1530 auf der Coburg oder

1537 in Schmalkalden, den Tod fühlte, blieb er gelassen: **Sterben müssen wir und den Tod leiden, aber das ist ein Wunder, dass, wer sich an Gottes Wort hält, soll den Tod nicht fühlen, sondern gleich wie in einem Schlaf dahinfahren, und es sollte nicht mehr heißen: ich sterbe, sondern: ich muss schlafen.** (TR IV, 4203) Der Tod als Schlaf, aus dem man in einer anderen Welt neu erwacht. An die Stelle mittelalterlicher Finsternis war das Licht des Evangeliums getreten. Wo die alte Kirche Angst genährt hatte, gab es jetzt Trost und Hoffnung: **Das Liedlein Mitten im Leben, wir sind im Tod** wurde zum Lied: **Mitten im Tod, wir sind im Leben** (Zit. nach Stephan Schaede). Das zog die Menschen in den Bann der Reformation.

Die letzte Reise

Am 13. Januar 1546 machte sich Luther auf seine letzte irdische Reise. Wieder einmal war er gerufen worden, in seiner Geburtsstadt Eisleben einen Streit der Grafen von Mansfeld zu schlichten. Er fühlte sich schwach und krank. Seine Frau war in Sorge und ließ ihn von den Söhnen Martin und Paul begleiten. Mit dabei waren Justus Jonas und sein Adlatus Johannes Aurifaber. Die Winterreise war beschwerlich. Die Saale führte Hochwasser und konnte erst nach Tagen unter Lebensgefahr überquert werden.

Über Luthers letzte Tage liegt ein ausführlicher, kurz nach seinem Tod gedruckter Bericht vor. Jonas, Aurifaber und der Mansfelder Prediger Celius wichen dem Reformator in der Sterbestunde nicht von der Seite. Zu Recht befürchteten sie, seine Gegner würden ihm, Ausgeburt des Teufels, einen schlimmen Tod andichten und Gerüchte in Umlauf bringen. Das war nicht unbegründet. So behauptete Johan Oldecop, Luther sei eines schmählichen Todes wie der Ketzer Arius gestorben, «dem auf der Kloake … alle Eingeweide aus dem Leib gefallen». Dem wollten sie als Zeugen vorbeugen. Bei der Ankunft in Eisleben erlitt Luther einen Schwächeanfall. Mit warmen Tüchern wurde er belebt. Obwohl es ihm schlecht ging, raffte er sich zu unerfreulichen Verhandlungen auf, hielt Predigten und ordinierte Geistliche. Er ahnte seinen Tod. Von Aurifaber ist der drastische Kommentar überliefert: **Wenn ich wieder heim gen Wittenberg komme, so will ich mich alsdann in Sarg legen und den Maden einen feisten Doktor zu essen geben.** (TR VI, 6975)

Am 17. Februar zog er sich nach dem Abendessen in seine Kammer zurück und betete am Fenster. Beklemmungen und starke Schmerzen in der Brust befielen ihn, er ahnte: **Ach lieber Doktor Jonas, ich achte, ich werde hier zu Eisleben, da ich geboren und getauft bin, bleiben.** (*Vom christlichen Abschied*) Zur Linderung der Schmerzen wurde ihm geschabtes Einhorn verabreicht, und er wurde mit Rosenessig, Lavendelwasser und Aquavit eingerieben. Später sprach er das Sterbegebet: **In deine Hände befehle ich meinen Geist.** In der Nacht eilten die beiden Stadtärzte sowie Graf Albrecht von Mansfeld und seine Frau ans Sterbebett. Auf die Frage von Jonas: «Wollt ihr auf Christus und die Lehre, wie ihr die gepredigt habt, sterben?», antwortete Luther deutlich vernehmbar mit **Ja.** Die Zeugen betonten in ihrem Bericht, «ohne Unruhe, Quellung des Leibs oder Schmerzen des Todes» sei er friedlich und sanft im Herrn entschlafen. Todesursache war ein Herzinfarkt.

Der Leichnam wurde zu St. Andreas in Eisleben, Luthers Predigtkirche, aufgebahrt. Bürger hielten die Totenwache, Jonas und Celius predigten. Noch in Eisleben entstanden zwei Totenbildnisse. In Scharen säumten die Menschen den Weg, als sich der Trauerzug Richtung Wittenberg in Bewegung setzte. In Halle geriet er wegen des starken Andrangs ins Stocken. Beim Elstertor in Wittenberg wurde er von Professoren, Doktoren und Honoratioren feierlich empfangen. Hinter dem Sarg fuhren in einer Kutsche Käthe Luther und die Angehörigen. Auf dem Weg zur Schlosskirche standen die Trauernden dicht gedrängt. In der Kirche hielten Bugenhagen und Melanchthon die Leichenpredigten. Dann wurde der Sarg von Magistern der Universität zu Grab gelassen.

Die von Heinrich Ziegler 1546/47 gefertigte Bronzeplatte für das Luthergrab gelangte wegen des Schmalkaldischen Krieges nicht nach Wittenberg. Später wurde sie in der Stadtkirche St. Michael in Jena aufgestellt. Die Grabplatte in der Wittenberger Schlosskirche ist eine Kopie. Sie zeigt den älteren Luther als Ganzfigur.

Worte an Luthers Grab

Luther sah sich als Abgesandter und Werkzeug Gottes. Auch in der Todesstunde war er von seiner Mission überzeugt und betete: **O mein himmlischer Vater ... ich danke dir, dass du mir deinen lieben Sohn Jesum Christum offenbart hast, an den ich glaube, den ich gepredigt und bekannt hab, den ich geliebet und gelobet hab, welchen der leidige Papst und alle Gottlosen schänden, verfolgen und lästern.** (*Vom Christlichen Abschied*) Schon Zeitgenossen hielten ihn für einen Propheten und Apostel (TR V, 5284). Seine Grabredner Bugenhagen und Melanchthon entrückten ihn ins Übermenschliche. Für Bugenhagen war er «hoher Lehrer und Prophet und von Gott gesandter Reformator», für Melanchthon «ein edles, köstliches, nützliches und heilsames Werkzeug Gottes». Er rühmte, «dass jetzt zu unserer Zeit die reine Lehre des Evangeliums durch den Mund und die Schrift des ehrwürdigen Herrn D. Martini Luthers viel heller und reiner wiederangezündet und ans Licht gebracht» werde.

Was bleibt, sei «die gewaltige, selige göttliche Lehre dieses teuren Mannes». Sie lebe auf das Allerstärkste, war sich Bugenhagen gewiss.

Luthers Vermächtnis: die gewaltige und göttliche Lehre. Darüber wachten und stritten sich, oft in kleinlichem Gezänk, die strenggläubigen lutherischen Theologen der Orthodoxie bis ins 18. Jahrhundert. Der Mensch Luther rückte dagegen in den Hintergrund. Anders noch in den Grabreden. Nach Art der Humanisten lobte Melanchthon, rhetorisch versiert, Güte und Freundlichkeit, Aufrichtigkeit und Redlichkeit, Mut und Unerschrockenheit des großen Verstorbenen. «Gar nicht frech, stürmisch, eigensinnig oder zänkisch» sei er gewesen. Kein Wort, das zu Aufruhr oder Empörung Anlass geben konnte, sei je über seine Lippen gekommen. Zweifelhafte Worte im Hinblick auf den Bauernkrieg und die vom gemeinen Mann missverstandene **Freiheit eines Christenmenschen.**

Den Elogen und Ruhmesworten folgte unvermittelt Kritik an Luthers Heftigkeit: Er sei mit Strafen und Schelten zu scharf gewesen, ein Vorwurf, den Bugenhagen anderen in den Mund legte. Ähnlich verfuhr Melanchthon: Etliche, auch gutherzige Leute hätten geklagt, «Luther wäre etwas zu rau und hart gewesen im Schreiben». Melanchthon wollte das nicht beurteilen, sondern verwies auf Erasmus, wonach Gott in dieser verderblichen Zeit «einen harten scharfen Arzt gegeben». Er räumte ein, «dass große heftige Leute wie Luther zuweilen etwas zu viel tun». Im Übrigen sei kein Mensch ohne Gebrechen. Für eine Grabrede waren das deutliche Worte.

20. Sprichwörter und Redewendungen

Luthers Tischreden sind reich an Sprichwörtern und Redewendungen, die zu geflügelten Worten wurden. Er hat sie vom Volksmund gehört. Mit seiner Wortkraft hat er auch neue Sinnsprüche und Reime geschaffen, die in den deutschen Sprachschatz eingingen.

Geflügelte Worte

Alter hilft vor Torheit nicht. (TR IV, 4016)

Wer im 20. Jahr nicht schön, im 30. Jahr nicht stark, in 40 Jahren nicht klug, im 50. Jahr nicht reich wird, darf danach nicht hoffen. (TR IV, 4016)

Älter werde ich, ein Narr bleib ich. (TR V, 5989 q)

Es ist das Vieh im Stall wie der Wirt. (TR III, 3487)

Durch Schaden wird man klug. (TR III, 3314)

Wer den Schaden hat, der darf nicht fürs Gespött sorgen. (TR II, 1650)

Man soll den alten Rock nicht eher wegwerfen, man habe denn einen neuen. (TR III, 3490)

Wer den Pfennig nicht acht, der wird keines Gulden Herr. (TR IV, 4801)

Je mehr wir haben, je mehr wir haben wollen. (TR I, 113)

Wer will haben rein sein Haus, der behalt Pfaffen und Mönche draus. (TR V, 5673)

Hinter dem Berg halten. (TR IV, 4048)

Wer andern eine Grube gräbt, fällt selbst hinein. (TR IV, 4480)

Auf beiden Achseln tragen. (TR IV, 4388)

Man muss eine grobe Axt zu den Klötzern nehmen. (TR V, 6443)

Ein Fisch ist nirgends besser quam in aqua (als im Wasser). (TR I, 976)

Wie der Blinde von der Farbe. (TR I, 583)

Frühe aufstehen und jung freien, soll Niemands gereuen. (TR V, 5264)

Denn wann einer mit der Frau buhlen will, muss er mit der Magd anfangen. (TR IV, 4727)

Ein alter Mann und ein junges Weib ist wider die Natur. (TR IV, 4474)

Des Brot wir essen, des Liedlein singen wir. (TR I, 1043)

Die Welt hat zu schwache Bein dazu, dass sie könnt gute Tag ertragen. (TR I, 1001)

Fürstenbriefe soll man dreimal lesen. (TR I, 365)

Bürger und Bauer scheidet die Mauer. (TR III, 3534)

Weiber Regiment nimmt selten ein gutes End. (TR I, 1046)

Ein Vater kann besser zehn Kinder ernähren denn zehn Kinder einen Vater. (TR III, 3751)

Des Menschen Wille ist sein Himmelreich. (TR IV, 4313)

Ein rechter Jurist, ein böser Christ. (TR I, 349)

Man muss die Hunde bellen lassen. (TR II, 1885)

Kein Blatt vors Maul nehmen. (TR I, 446)

Wie eine Katz um den heißen Brei. (TR III, 3311)

Wie die Katz über die Mäuse. (TR III, 2818)

Es ist ein Hop und Malz verloren. (TR I, 798 c)

Den Mantel nach dem Wind hängen. (TR II, 2772)

Vor Furcht in die Hosen geschissen. (TR I, 335)

Stößt dem Fass den Boden aus. (TR I, 102)

Selbst heißt der Mann. (TR III, 3487)

Der Bauch hat keine Ohren. (TR IV, 4138)

Wer im geringsten treu ist, der ist auch im großen treu. (TR IV, 4801)

Gleich und gleich gehört zusammen. (TR II, 2168b)

Nach unserer Pfeife tanzen. (TR II, 2333)

Dass jeder vor seiner Türe kehre. (TR V, 6473)

Der Mann soll erwerben, das Weib soll ersparen. (TR IV, 4408)

Hilft eins nicht, so hilft das andere. (TR II, 2675a)

Wer eine Stunde versäumt, der versäumt wohl auch einen Tag. (TR IV, 480)

Eine Lüge ist wie ein Schneeball; je länger man ihn wälzt, je größer er wird. (TR I, 340)

Schärfe das Eisen nicht zu sehr im Feuer, du wirst sonst die Hände verbrennen. (TR IV, 4382a)

Der Sparpfennig ist reicher als der Zinspfennig. (TR IV, 4800)

Der erste Zorn der beste. (TR I, 548)

Jedermann schneidet gern die Bretter, da sie am dünnsten sind. (TR V, 5538)

Ein verdorbener Hering gibt einen Bückling, und was sonst zu nichte dient, gibt einen Kriegsmann. (TR IV, 4987)

Das Fett von der Suppe fressen. (TR III, 3672)

Ein Licht soll man auf einen Leuchter stecken und nicht in einen Strohwisch und damit Schaden tun. (TR II, 1900)

Es sind alle fromme Jungfrauen, wo kommen denn die bösen Frauen her? (TR III, 3523)

Je mehr Kinder, je größeres Glück. (TR III, 3613)

Was gilt, das gilt. (TR V, 6463)

Die Bäume wachsen nicht alle gerade. (TR I, 315)

Aus einer Laus ein Kamel machen. (TR II, 2353)

Bleib gern allein, so bleibt dein Haus rein. (TR II, 2431)

Lebensweisheiten in Reimen

Trinken ohne Durst,
Studieren ohne Lust,
Beten ohne Innigkeit
Sind verlorene Arbeit. (TR V, 5607)

Man soll Frauen loben,
Es sei wahr oder erlogen,
Denn mancher von Frauen redt,
Und weiß nicht, was seine Mutter tät. (TR V, 5610)

Ich habe drei schlechte Hunde:
Undankbarkeit, Stolz, Neid.
Wen die drei Hunde beißen;
Der ist sehr übel gebissen. (TR IV, 5022)

Durch drei Dinge wird die Erde bewegt,
Das vierte kann sie nicht ertragen:
1. Wenn der Bauer Herr wird
2. Wenn der Narr voll wird
3. Wenn die Magd Frau wird
4. Wenn die Frau Herr wird. (TR II, 2312 b)

Golt, Gott
Ich weiß ein Wort, das hat ein ‹l›;
Wer das sieht, der begehrt es schnell.
Wenn aber das ‹l› weg und ab ist,
Nichts bessers im Himmel und Erden ist. (TR IV, 4857 k)

Nachwort

«Ich habe nicht umsonst gelebt»

Im August 1521, in seinem Versteck auf der Wartburg, schrieb Luther: **Habe ich einzelner Mann nicht genug Tumult ausgelöst?** Wohl wahr. Seit fast vier Jahren hatte er die Welt in Atem gehalten. Begonnen hatte es im Herbst 1517 mit den 95 Thesen. Reißerisch versprach der Dominikaner Tetzel Seelenheil für Geld. Luther protestierte, sah sich dabei als treuer Diener des Papstes. Aber die Kirche, in das dunkle Geldgeschäft mit dem Ablass verstrickt, widersetzte sich seinem Reformimpuls und verdächtigte ihn der Ketzerei. Doch er ließ sich nicht beirren und ging seinen eigenen Weg. Aus der Reform wurde die Reformation. Mit Predigten, Sendbriefen und Traktaten löste er einen Medienkrieg gegen die Kirche aus. Sein mutiges Auftreten auf dem Wormser Reichstag von 1521 machte ihn zum Liebling der Medien, zu «Martin Luther Superstar».

Viele stimmten seiner Lehre begeistert zu, andere zögerten, zweifelten oder lehnten sie ab. Ein Riss ging durch die Christenheit, es kam zur Glaubensspaltung. Die Religionsparteien formierten sich zu Konfessionen, zu Luthertum und Katholizismus, Zwinglianismus und Calvinismus. Jedes Bekenntnis beanspruchte für sich allein den wahren Glauben. Anderen gegenüber war man intolerant. Die Gegner diffamierte und verketzerte man, ein Krieg mit Worten begann. Die Menschen, in höchstem Maß um ihr Seelenheil besorgt, waren verunsichert. Sie wussten nicht, welcher Lehre sie vertrauen sollten. Es gab Zweifel an der Zahl der Sakramente, waren es sieben oder nur zwei? Welches war die gottgefällige Art, das Sakrament zu empfangen, mit Brot allein oder mit Brot und Wein?

Tumult um den Glauben entstand 1521/22 ausgerechnet in Wittenberg, Wiege der Reformation. Luthers anfänglicher Mitstreiter Karlstadt machte sich eigenmächtig an radikale Veränderungen des Kirchenwesens und rief zum Bildersturm auf. Nur mit Mühe konnte Luther, von der Wartburg herbeigeeilt, die Ordnung wiederherstellen. Sein Wort **von der Freiheit eines Christenmenschen** wurde von den unterdrückten Bauern als Appell für wirtschaftliche und soziale Reformen aufgegriffen. Luther wurde für sie zum Hoffnungsträger. Doch er erteilte ihnen eine herbe Absage und rief zum Kampf **wider die räuberischen und mörderischen Rotten der Bauern** auf. Und als er sich 1520 **an den christlichen Adel deutscher Nation** wandte, machte er sich zum Anwalt der kleinen Leute, besonders mit der Kritik an den Fuggern und der modernen Geldwirtschaft. Nach dem Bauernkrieg vollzog er eine harsche Wende zur Fürstenmacht; viele waren davon irritiert. Das Schicksal der Reformation legte er in die Hände der Obrigkeiten, die das Kirchenregiment übernahmen. Das fatale Bündnis von Thron und Altar war geboren.

Aus dem Kampf der Konfessionen mit Worten wurde ein Kampf mit Waffen, im Schmalkaldischen Krieg (1546/47) und im Dreißigjährigen Krieg (1618 – 1648). Nur eine vorübergehende Beruhigung des Glaubenskampfes brachte der Augsburger Religionsfriede von 1555. Erst der Westfälische Friede von 1648 führte zu einer dauerhaften Lösung des Religionskonflikts, mit der Gleichberechtigung von Luthertum, Katholizismus und Calvinismus.

Auch wenn Luther auf den Sockeln der Denkmäler ins Übermenschliche entrückt wurde: In seinen Tischreden und anderen

Selbstzeugnissen begegnet er als Mensch, mit Schwächen und Stärken, mit Licht und Schatten. In manchem war er, wie die meisten seiner Zeitgenossen, noch ganz dem «finsteren» Mittelalter verhaftet, etwa in der Unbarmherzigkeit gegen Behinderte, der Kälte gegen Bettler und dem Hass gegen die Juden. Frauen waren für ihn minderwertig, obwohl Katharina von Bora Gegenbeweis einer Partnerin auf Augenhöhe war. In die Zukunft wies sein unverklemmtes Verhältnis zur Sexualität. Mit der Abschaffung des Zölibats wurden verbotene Liebesbeziehungen von Geistlichen legalisiert, ihre Partnerinnen waren jetzt Ehefrauen.

Luthers bleibendes Verdienst, jenseits aller Konfessionen, ist die gemeinsame Sprache der Deutschen. Vor ihm gab es keine einheitliche Sprache in deutschen Landen, sondern nur einen Fleckenteppich von Dialekten. Mit der Bibelübersetzung hat Luther das Fundament der neuhochdeutschen Sprache geschaffen und entscheidend zur Identität der Deutschen beigetragen. Schon ein Jahrzehnt nach seinem Tod rühmte der Geschichtsschreiber Johannes Sleidanus: «Die deutsche Sprach hat er höchlichen geziert und genährt und in diesem das höchste Lob erlangt.» (Zit. nach Zeeden, *Martin Luther* I) Nach Luthers Bibelübersetzung wollten immer mehr Menschen lesen lernen. Das gab der Alphabetisierung einen kräftigen Schub; neue Schulen und Universitäten entstanden. Der Reformator setzte eine Bildungsoffensive in Gang, die bald auch auf katholische Gebiete abfärbte.

Allem voran aber steht Luthers reformatorische Tat: Gott hat «uns durch ihn das Licht des Evangelii wieder angezündet» (Philipp Melanchthon) – «ganz hell und rein wie im Anfang» (Hans Sachs). Mit Fug und Recht konnte Luther deshalb Bilanz ziehen: **Ich habe nicht umsonst gelebt.**

Mythos Luther

Die Lutherlegende begann schon zu Lebzeiten. Der Reformator
hat daran kräftig mitgewirkt. Sein unerschrockenes Auftreten,
etwa in Augsburg 1518 und in Worms 1521. Spektakuläre PR-
Aktionen wie die Nonnenbefreiung aus Klostermauern, darunter seine spätere Frau. Öffentliche Verbrennung der päpstlichen
Bannbulle. Der Thesenanschlag von 1517 mit dem Hammer an
der Schlosskirchentür, der wohl nie stattgefunden hat. Immer
und immer wieder von Künstlern im Bild festgehalten, erhielt
die Szene suggestive Wirklichkeit; die wuchtigen Hammerschläge waren förmlich zu hören. Seine Schriften in eingängiger
und bildhafter Sprache, die das Volk verstand und gierig ver-
schlang, machten ihn zum Medienstar. Es ging ihm dabei um die
Sache, nicht um seine Person: **Zum ersten bitt ich, man wollt meines Namens schweigen und sich nicht Lutherisch, sondern Christ
heißen. Was ist Luther? Ist doch die Lehre nicht mein. So bin ich
auch für niemand gekreuzigt. S. Paulus 1. Kor. 3, 4 f. wollt nicht
leiden, dass die Christen sich sollten heißen Paulinisch oder
Petrisch, sondern Christen. Wie käme denn ich armer stinkender
Madensack dazu, dass man die Kinder Christi sollt mit meinem
heillosen Namen nennen?** (*Ein treue Vermahnung*) Auch die
Bildpublizistik trug zum Mythos bei. Hans Holbein d. J. zeigte
den Reformator in einem Holzschnitt von 1520 als «Hercules
Germaniae», ein Kämpfer, der kraftvoll die Keule gegen Papst
und Kirche schwingt. Ausdruck der Lutherverherrlichung war
das weit verbreitete Bildmotiv «Luther und der Schwan». Es
spielt auf Jan Hus an, der vor seiner Verbrennung 1415 prophe-
zeit habe: «Heute bratet ihr eine Gans, aber aus der Asche wird
ein Schwan auferstehen» (tschechisch *hus* bedeutet Gans). Seit
der Reformation wurde das Bild auf Luther bezogen.

Ins Überirdische entrückt wurde Luther vollends von seinem ersten Biografen Johannes Mathesius. In seinen *Historien von des ehrwürdigen in Gott seligen teuren Manns Gottes Doktoris Martini Lutheri* (1566) verklärte der Tischgenosse von einst das Bild seines Mentors. Anders dagegen Melanchthon, von Luther stets als Leisetreter abgekanzelt. Zwei Jahre nach dessen Tod machte er seinem Unmut Luft: «Hab ich mich vormals doch unter Luthero wie ein Knecht schier allzu schmählich drücken müssen, wenn er oft mehr seinem leidenschaftlichen Eigensinn … nachhing, als dass er seine Person oder gemeine Wohlfahrt bedachte.» (Zeeden I) Schon bald trat Luthers Person hinter seiner Lehre zurück. Seine Glaubenssätze verfestigten sich zu Dogmen und wurden von den evangelischen Theologen der Orthodoxie streng überwacht. Luther wurde «zum Kirchenvater, den man fast wie einen Religionsstifter verehrte; zum vom Heiligen Geist Erleuchteten, von dessen Lehre in keinem Buchstaben abgewichen werden durfte; zum Lehrer und Propheten, der Dogmen spendete» (Zeeden I).

Der Orthodoxie folgte im 18. Jahrhundert die Aufklärung, nach Immanuel Kant «der Ausgang des Menschen aus seiner selbst verschuldeten Unmündigkeit». Demgemäß kämpften die Aufklärer gegen kirchliche Dogmen und Bevormundungen. Luther wurde jetzt in neuem Licht gesehen. Für den aufgeklärten Theologen Johann Salomo Semler (1725–1791) lag die Bedeutung der Reformation in der Freiheit, die Luther bewirkt habe: in der Befreiung von Zwang und Druck der Kirche und in der Gedanken- und Gewissensfreiheit für die Menschen (Zeeden I). Auch für den Dichter, Philosophen und Theologen Johann Gottfried Herder (1744–1803) war Luther der Freiheitsbringer: «Er griff den geistlichen Despotismus, der alles freie gesunde Denken aufhebt oder untergräbt, als ein wahrer Herkules an und gab ganzen Völkern … den Gebrauch der Vernunft wieder». Herder rühmte den Reformator als Lehrer der deutschen Nation und Mitreformer des aufgeklärten Europa (Lilje).

Im 19. Jahrhundert bekam das Lutherbild eine nationale Einfärbung. Das Wartburgfest von 1817 verband die 300. Wiederkehr der Reformation mit dem Gedenken an die Befreiungskriege von 1813/15. Luther wurde als Verkünder der Geistesfreiheit und als Streiter gegen Bevormundung durch auswärtige Mächte, Papsttum und Frankreich gefeiert. Er wurde zum Symbol deutscher Größe und deutschen Ruhmes. Der schwäbische Pfarrer und Dichter Albert Knapp (1798–1864) reimte:

Wenn ich auf einen Deutschen weisen will,
Sag' ich: Komm', steh' vor Doktor Luther still.
Das ist fürwahr das beste deutsche Haupt,
Von irdischem und ew'gem Kranz umlaubt.

(Zit. nach Eidam / Seib)

Der Lutherkult begann. Die Lutherorte wurden zu Pilgerstätten, in Eisleben das Geburtshaus, die Kirche St. Andreas und das angebliche Sterbehaus mit dem Bahrtuch, das auf seinem Sarg gelegen haben soll. In Wittenberg das Augustinerkloster und in Mansfeld das Elternhaus. Der Reformator wurde, hoch erhoben, auf den Sockel der Denkmäler gestellt, in Wittenberg (1821), Worms (1868), Möhra, der Heimat seiner Vorfahren (1861), in Eisleben (1883), Dresden (1885) und anderswo. Lutherkirchen entstanden. Er wurde mit Festspielen abgefeiert, zum Beispiel 1883 in Worms. Lutherbuchen und -eichen wurden gepflanzt, unter anderem beim Elstertor in Wittenberg, wo er 1520 die Bannbulle ins Feuer geworfen hatte. Der nationalkonservative Historiker Heinrich von Treitschke (1834–1896) rühmte bei ihm gar «den Heldenmut der alten Germanen». Schon zu Lebzeiten war Luther mit Hermann dem Cherusker verglichen worden.

Der Cherusker habe die Römer besiegt und «**Lutherus Cheruscus**» Rom verwüstet (TR III, 3464 c). Er wurde zum Inbegriff deutscher Kraft und Tugend. Mit seiner Frau Käthe und den Kindern verkörperte er das Ideal der deutschen Familie. Unter dem Weihnachtsbaum, so zeigen es die Historienbilder des 19. Jahrhunderts, versammelten sie sich innig zu Gebet, Gesang und Hausmusik; den Weihnachtsbaum gab es zur Lutherzeit noch gar nicht. Der Glaubensmann Luther wurde politisch missbraucht, im Ersten Weltkrieg als Held und Recke, von Feinden umringt. «Deutschlands Schwert, durch Luther geweiht» wurde zum Schlachtruf. Aus dem, der angeblich kraftvoll den Hammer schwang, wurde jetzt gar der Schmied:

> **Wir schmieden, schmieden immerzu,**
> **Wir hämmern und wir schweißen**
> **Alldeutschland wir und Luther du**
> **Das deutsche Gold und Eisen**
> **Und wenn die Welt in Schutt zerfällt,**
> **Wird deutsche Schwertschrift schreiben:**
> **Das Reich wird uns doch bleiben!**
>
> (Zit. nach Eidam / Seib)

Luther erhielt einen Ehrenplatz unter den Großen der Nation, zwischen Karl dem Großen und Otto von Bismarck: «Mit Fug und Recht darf man Martinus den Großen nennen, denn er war noch größer als jene beiden vor Gott und nicht minder groß vor Menschenaugen» (Johannes Dohse: *Der Held von Wittenberg und Worms*, 1924; zit. nach Eidam / Seib).

Die evangelische Kirche, selbst von Nationalismus und Deutschtümelei durchsetzt, trat der Vereinnahmung nicht entgegen. Nach 1933 dienten sich die evangelischen «Deutschen Christen» mit Luther bei den Machthabern des NS-Staates an.

Dafür war ihnen die Steilvorlage für Antisemitismus und Judenverfolgung gerade recht, die der Reformator mit seinen Hetzschriften gegen die Juden gegeben hatte. Die Evangelische Landessynode von Sachsen warb mit dem Slogan: «Mit Luther und Hitler für Glaube und Volkstum». Schlimmer konnte der Verrat am Evangelium nicht sein.

Luthers 500. Geburtstag 1983 wurde in West und Ost unterschiedlich begangen. In der Bundesrepublik gab es eine Fülle von Gedenkveranstaltungen, mit Verzicht auf Vereinnahmung und mit Zurückhaltung in der Bewertung seiner Persönlichkeit. Die Unsicherheit im Urteil hing mit Luthers Judenfeindschaft zusammen. In der DDR hatte Luther lange Zeit keinen Platz gehabt. Der «Arbeiter-und-Bauern-Staat» sah seine geschichtlichen Wurzeln eher im Bauernkrieg und in Thomas Müntzer, für die DDR einzig Sozialrevolutionär, nicht auch Theologe. Straßen, Schulen und Brigaden zuhauf wurden nach ihm benannt. Luther dagegen war kein Revolutionär, sondern Reaktionär, Fürstenknecht und Verräter der Bauern und kleinen Leute. Mit Müntzer allein war aber auf Dauer kein «Staat» zu machen. Die DDR suchte internationale Aufwertung und brauchte Devisen. Da kam der 500. Geburtstag Luthers von 1983 gerade recht. Plötzlich entdeckte man am Reformator auch revolutionäre Züge, etwa seinen Kampf gegen Wucher und Kapitalgesellschaften. Sein Judenhass stand dem Luthergedenken der DDR nicht im Weg. Antisemitismus, Judenverfolgung und Holocaust blendete sie aus ihrem antifaschistischen Geschichtsbild aus und überließ sie der Bundesrepublik. Das Ostberliner Kabarett «Die Distel» kommentierte die jähe Lutherwende: «Mit Herrn Luther ist alles in Butter!» Wegen der Reisebeschränkungen hielten sich die erhofften Touristenströme in Grenzen, aber durch Restaurierungen wurde der Verfall der Lutherstätten verhindert. Vorzeigeobjekt war die Wartburg.

Für das Jubiläumsjahr 2017 im geeinten Deutschland haben sich die Lutherstätten erneut herausgeputzt. In Wittenberg steht der Reformator zwar noch immer monumental auf seinem Denkmal vor dem Rathaus – mit deutlichem Abstand zu Melanchthon, wie es Luther gefallen hätte. Keineswegs monumental ist aber heute das Luthergedenken in der Heimatstadt der Reformation. Im Luthergewand geben Touristenführer mehr oder weniger Gesichertes, mit Anekdoten gewürzt, zum Besten; in der Sprache, die Luther uns geschenkt hat, stark sächsisch eingefärbt. Wer von Luther nicht genug bekommen kann, für den gibt es Luthermahlzeiten, noch dazu mit Katharinenbier! Das Geschäft mit Souvenirs floriert. Zu den Lutherdevotionalien zählen Nachbildungen von Luthers Ehering, Luthertassen, Lutherteller, für die Kleinen der Reformator als Spielzeugfigur. Und wer's mag, Luthersocken mit der Aufschrift: «Hier stehe ich!»

Dank

Für das Verständnis und die Interpretation von Luthers Selbstzeugnissen waren mir die aus der Flut der Lutherliteratur ausgewählten Werke eine gute Hilfe (Literaturhinweise S. 238 ff.). Einen anschaulichen und lebendigen Zugang zu Luther erhielt ich beim Besuch der Gedenkstätten Lutherhaus Wittenberg, Luthers Geburts- und Sterbehaus in Eisleben, Luthers Elternhaus in Mansfeld, Evangelisches Augustinerkloster in Erfurt, Lutherhaus Eisenach und Wartburg. Für Auskünfte bin ich Herrn Kurator Mirko Gutjahr M. A. von der Stiftung Luthergedenkstätten in Sachsen-Anhalt verbunden. Für Unterstützung und gute Zusammenarbeit danke ich Ulrich Nolte und Angelika von der Lahr im Lektorat des Verlags C.H.Beck.

Zeittafel

Luthers Leben		Luthers Zeit	
		1453	Eroberung Konstantinopels durch die Osmanen
		1440–1493	Kaiser Friedrich III.
		1454/55	Druck der Gutenberg-Bibel
1483	10. November: Geburt in Eisleben, Taufe am 11. November (Martinstag)	1466–1536	Erasmus von Rotterdam
1484	Umzug nach Mansfeld	1486–1525 1486–1532	Kurfürst Friedrich der Weise und Johann der Beständige von Sachsen
1488	Lateinschule in Mansfeld	1488	Bartolomeu Diaz umsegelt das Kap der Guten Hoffnung.
		1492	Christoph Kolumbus erreicht die Küste Amerikas (Insel San Salvador).
		1493–1519	Kaiser Maximilian I.
		1495	Reichstag von Worms: Ewiger Landfriede, Reichskammergericht und «Gemeiner Pfennig» als Reichssteuer
1497	Domschule in Magdeburg		
1498	Pfarrschule St. Georg in Eisenach	1498	Vasco da Gama entdeckt den Seeweg nach Indien.
1499	Geburt von Katharina von Bora		
1501–1505	Akademisches Grundstudium der freien Künste (artes liberales) an der Universität Erfurt – Magister Artium	1503–1513	Papst Julius II.
1505	Beginn des Jurastudiums im Mai 2. Juli: Bei Stotternheim wird Luther bei einem Gewitter fast vom Blitz getroffen; Gelöbnis, Mönch zu werden. 17. Juli: Eintritt ins Erfurter Kloster der Augustinereremiten	1506	Neubau der Peterskirche in Rom
1507	Priesterweihe, Beginn des Theologiestudiums		
1508	Berufung nach Wittenberg zur Vertretung des Lehrstuhls der Moralphilosophie		

1509	Rückkehr nach Erfurt		
1510–1511	Romreise		
1511	Versetzung nach Wittenberg	1512	Reichstag von Köln: Verbot der Monopole
1512	Promotion zum Dr. theol.; Theologieprofessor; Genesisvorlesung	1513–1521	Papst Leo X.
		1514	*Commentariolus* von Nikolaus Kopernikus (1543: *De revolutionibus orbium coelestium*)
1515	Römerbriefvorlesung	1515–1547	König Franz I. von Frankreich
1516	Neues Glaubensverständnis: *sola fide, sola gratia, sola scriptura*		
1517	95 Thesen gegen den Ablass		
1518	*Sermon von Ablass und Gnade;* Disputation in Heidelberg; Verhör in Augsburg		
1519	Leipziger Disputation zwischen Luther und Johannes Eck	1519–1556 1519–1522	Kaiser Karl V. Erdumseglung durch Ferdinand Magellan
1520	Reformatorische Schriften: *An den christlichen Adel deutscher Nation; Von der babylonischen Gefangenschaft der Kirche; Von der Freiheit eines Christenmenschen* Verbrennung der Bann-Androhungsbulle	1520–1566	Sultan Suleiman II., der Prächtige
1521	Kirchenbann über Luther; Auftreten auf dem Wormser Reichstag, Reichsacht (Wormser Edikt); Aufenthalt auf der Wartburg; Übersetzung des Neuen Testaments; Unruhen in Wittenberg	1521–1526	Krieg Kaiser Karls V. gegen Frankreich
1522	Invokavitpredigten Neues Testament in Deutsch (September-Testament)	1522	Reformation Zwinglis in der Schweiz. Die Türken nehmen Rhodos ein.
1523	Flucht der Nonnen aus dem Kloster Nimbschen, u. a. Katharina von Bora	1523–1534	Papst Clemens VII.
1524	Auseinandersetzung mit Thomas Müntzer	1524–1525	Deutscher Bauernkrieg
1525	April: Reise Luthers in die Aufstandsgebiete des Bauernkriegs 5. Mai: Kurfürst Friedrich der Weise von Sachsen stirbt. 13. Juni: Ehe mit Katharina von Bora		
1526	Geburt von Sohn Johannes	1526	Niederlage gegen die Türken bei Mohács in Ungarn
		1526–1529	Zweiter Krieg Karls V. gegen Frankreich

		1526	Reichstag in Speyer: Aufweichung des Wormser Edikts
1529	Marburger Religionsgespräch mit Huldrych Zwingli	1529	Die Türken belagern Wien. Reichstag in Speyer: Protest der evangelischen Reichsstände gegen das Wormser Edikt («Protestanten»)
1530	Aufenthalt auf der Veste Coburg während des Augsburger Reichstages	1530	Augsburger Reichstag mit Vorlage der *Confessio Augustana*
		1531	Schmalkaldischer Bund; Tod Zwinglis in der Schlacht bei Kappel
		1532	Auf dem Nürnberger Reichstag erhalten die Protestanten freie Religionsausübung bis zu einem Konzil
		1532–1547	Kurfürst Johann Friedrich von Sachsen
1534	Gesamtausgabe der Bibelübersetzung (AT und NT)	1534–1549	Papst Paul III.
		1536–1538 1542–1544	Erneute Kriege des Reiches gegen Frankreich
1537	Schwere Erkrankung in Schmalkalden		
		1540	Bestätigung des Jesuitenordens durch den Papst
		1541	Beginn der Reformation in Genf durch Johannes Calvin
1543	Hetzschrift *Von den Juden und ihren Lügen*		
1544	Weihe des ersten evangelischen Kirchenbaus in Torgau		
		1545–1563	Konzil von Trient, Anfang der katholischen Reform
1546	18. Februar: Tod in Eisleben Beisetzung in der Schlosskirche Wittenberg	1546–1547	Schmalkaldischer Krieg des Kaisers gegen Hessen und Sachsen, Gefangennahme von Kurfürst Johann Friedrich von Sachsen
		1548	Augsburger Interim des Kaisers
1552	20. Dezember: Katharina von Bora stirbt in Torgau.	1552	Fürstenaufstand gegen den Kaiser; Passauer Vertrag
		1555	Augsburger Religionsfriede: Anerkennung der Augsburgischen Konfession

Quellen

Schriften Martin Luthers

Tischreden 1531–1546, 6 Bde., Weimar 1912–1921, Weimarer Ausgabe (TR)
An den christlichen Adel deutscher Nation von des christlichen Standes
  Besserung, 1520 (WA 6, 405–415)
Brief an Johann Rühel, 4. Mai 1525 (WA, Briefe 3, 480)
Dass Jesus ein geborener Jude sei, 1523 (WA 11, 314–336)
De servo arbitrio, 1524 (WA 16, 600–787)
Der Wiedertäufer Lehre und Geheimnis, 1530 (WA 30 II, 211–214)
Ein Brief an die Fürsten zu Sachsen von dem aufrührischen Geist, 1524
  (WA 15, 210–221)
Ein Sendbrief vom Dolmetschen, 1530 (WA 30 II, 632–646)
Ein Sendbrief von dem harten Büchlein wider die Bauern, 1525 (WA 18,
  384–401)
Ein treue Vermahnung zu allen Christen, sich zu hüten vor Aufruhr und
  Empörung, 1522 (WA 8, 676–687)
Ermahnung zum Frieden auf die Zwölf Artikel der Bauernschaft in Schwa-
  ben, 1525 (WA 18, 291–334)
Heerpredigt wider die Türken, 1529 (WA 30 II, 160–197)
Predigtreihe über das Buch Exodus 1524–1527 (WA 16, 1–646)
Rückblick 1545. In: Heiko A. Oberman (Hg.), Die Kirche im Zeitalter der
  Reformation, Kirchen- und Theologiegeschichte in Quellen, Neukirchen-
  Vluyn 1981
Sermon von dem Ablass und von der Gnade, 1518 (WA 1, 243–246)
Sermon von der Bereitung zum Sterben, 1519 (WA 2, 685–726)
Ursache und Antwort, warum Jungfrauen die Klöster mit göttlichem Recht
  verlassen dürfen, 1523 (WA 11, 394–400)
Vom ehelichen Leben, 1522 (WA 10, 2, 275–304)
Vom Krieg wider die Türken, 1529 (WA 30 II, 107–148)
Vom Schem Hamphoras und vom Geschlecht Christi, 1543 (WA 53, 579–648)
Von den Juden und ihren Lügen, 1543 (WA 53, 417–552)
Von der babylonischen Gefangenschaft der Kirche, 1520 (WA 6, 497–573)

Von der Freiheit eines Christenmenschen, 1520 (WA 7, 20–38)

Von der Wiedertaufe, 1528 (WA 26, 144–174)

Von weltlicher Obrigkeit, wie weit man ihr Gehorsam schuldig sei, 1523 (WA 11, 246–280)

Wider den falsch genannten geistlichen Stand des Papstes und der Bischöfe (Wider den Abgott zu Halle), 1523 (WA 10, 2, 105–158)

Wider die räuberischen und mörderischen Rotten der Bauern, 1525 (WA 18, 357–361)

Wider Hans Worst, 1541 (WA 51, 469–572)

Andere Quellen

Johannes Cochläus, Commentaria, De actis et scriptis Martini Lutheri, Mainz 1549

Fritz Dickmann (Bearb.), Renaissance, Glaubenskämpfe, Absolutismus. In: Geschichte in Quellen, Bd. III, München 1966

Die gründlichen und rechten Hauptartikel aller Bauerschaft und Hintersassen (Zwölf Artikel), 1525. In: K. Kaczerowsky, Flugschriften des Bauernkrieges, Reinbek bei Hamburg 1970

Erasmus von Rotterdam, De libero arbitrio, Diatribe sive collatio, 1524. In: Ausgewählte Schriften, hg. von W. Welzig, Bd. 4, Darmstadt 1969

Thomas Müntzer, Die «Fürstenpredigt», 1524. In: K. Kaczerowsky, Flugschriften des Bauernkrieges, Reinbek bei Hamburg 1970

Thomas Müntzer, Hoch verursachte Schutzrede und Antwort wider das sanft lebende Fleisch zu Wittenberg. In: K: Kaczerowsky, Flugschriften des Bauernkrieges, Reinbek bei Hamburg 1970

Schroeder, Fr.-Chr. (Hg.): Die Peinliche Gerichtsordnung Kaiser Karls V. und des Heiligen Römischen Reichs von 1532 (Carolina), Stuttgart 2014

Literaturhinweise

Bott, G. (Hg.): Martin Luther und die Reformation in Deutschland, Ausstellung zum 500. Geburtstag Martin Luthers im Germanischen Nationalmuseum Nürnberg, Frankfurt/M. 1983

Brecht, M.: Martin Luther, 3 Bde., Stuttgart 1981–1987

Burckhardt, J.: Historische Fragmente, Stuttgart 1957

–: Weltgeschichtliche Betrachtungen, Berlin 1960

Buszello, H.: Der deutsche Bauernkrieg von 1525 als politische Bewegung, Berlin 1969

–:/P. Blickle/R. Endres (Hg.): Der deutsche Bauernkrieg, Paderborn 1984

Deutsches Historisches Museum (Hg.), Leben nach Luther – eine Kulturgeschichte des evangelischen Pfarrhauses, Bönen ²2014

Dieckmann, F. (Bearb.): Geschichte in Quellen: Renaissance, Glaubenskämpfe, Absolutismus, Bd. 3, München 1966

Ebeling, G.: Luther – Einführung in sein Denken, Tübingen 1964

Eidam, H./G. Seib (Hg.): «Er fühlt der Zeiten ungeheuren Bruch und fest umklammert er sein Bibelbuch …» – Zum Lutherkult im 19. Jahrhundert, Berlin 1996

Erikson, E. H.: Der junge Mann Luther. Eine psychoanalytische und historische Studie, Frankfurt/M. 1975

Evangelisches Predigerseminar Wittenberg (Hg.): «Vom christlichen Abschied aus diesem tödlichen Leben des Ehrwürdigen Herrn D. Martini Lutheri», Stuttgart 1996

Franz, G.: Der deutsche Bauernkrieg, Darmstadt ¹⁰1975

Franzen, A.: Zölibat und Priesterehe in der Auseinandersetzung der Reformationszeit und der katholischen Reform des 16. Jahrhunderts, Münster 1969

Friedenthal, R.: Luther – sein Leben und seine Zeit, München ⁷1996

Herte, A.: Das katholische Lutherbild im Bann der Lutherkommentare des Cochläus, 3 Bde., Münster 1943

Iserloh, E.: Luther zwischen Reform und Reformation, München ³1968

Joestel, V./F. Schorlemmer (Hg.): Die Nonne heiratet den Mönch. Luthers Hochzeit als Scandalon, Wittenberg ²2007

Junghans, H.: Die Tischreden Martin Luthers. In: D. Martin Luthers Werke, Sonderedition der kritischen Weimarer Ausgabe. Begleitheft zu den Tischreden, Weimar 2000

Kaczerowski, K.: Flugschriften des Bauernkrieges, Reinbek bei Hamburg 1970

Kaufmann, Th.: Martin Luther, München [3]2014

Kroker, E.: Luthers Werbung um Katharina von Bora, in: Lutherstudien zur 4. Jahrhundertfeier der Reformation, Weimar 1917, 140–150

Kuper, G./M. Gutjahr: Luthers Elternhaus. Ein Rundgang durch die Ausstellung, Aschersleben 2014

Lau, F.: Luther, Berlin 1950

Laube, A./M. Steinmetz/G. Vogler: Illustrierte Geschichte der deutschen frühbürgerlichen Revolution, Berlin 1974

Lilje, H.: Luther, Reinbek bei Hamburg 1965

Lortz, J.: Die Reformation in Deutschland, 2 Bde., Freiburg, Basel 1961

Meissinger, K. A.: Der katholische Luther, München 1952

Meller, H.: Fundsache Luther, Archäologen auf den Spuren des Reformators. Landesmuseum für Vorgeschichte in Halle 2009

Michels, K.: Martin Luther – die Lektionen der Straße. Wie die Welt das Denken des Reformators veränderte, Hamburg 2010

Neumann, H.-J.: Luthers Leiden. Die Krankheitsgeschichte des Reformators, Berlin 1995

Ott, J./M. Treu (Hg.): Luthers Thesenanschlag – Fakten oder Fiktion, Leipzig 2008

Ranke-Heinemann, U.: Eunuchen für das Himmelreich – Katholische Kirche und Sexualität, München [4]2008

Romano, R./A. Tenenti: Die Grundlegung der modernen Welt – Spätmittelalter, Renaissance, Reformation, Frankfurt/M. 1967

Schaede, St.: Reformation und Musik. EKD-Magazin 4, Berlin 2012

Schauerte, Th./A. Tacke (Hg.): Der Kardinal – Albrecht von Brandenburg, Renaissancefürst und Mäzen, 2 Bde., Regensburg 2006

Scheel, O.: Martin Luther. Vom Katholizismus zur Reformation, Bd. 2: Im Kloster, Tübingen [3/4]1921

Schellenberger, S./A. Thieme/D. Welich: Eine starke Frauen-Geschichte – 500 Jahre Reformation, Markkleeburg 2014

Schilling, H.: Martin Luther Rebell in einer Zeit des Umbruchs, Eine Biografie, München 2013

Schmelz, L./M. Ludscheidt (Hg.): Das Erfurter Kloster – Das Augustinerkloster im Spannungsfeld von monastischer Tradition und protestantischem Geist, Erfurt 2005

Scholz, G. (Hg.): Das Zeitalter Martin Luthers, Böblingen 1996

–: Die Aufzeichnungen des Hildesheimer Dechanten Johan Oldecop

(1493–1574), Münster 1972

–: (Hg.) Mit Gutenberg fing es an – Die Medienrevolution verändert die Welt, Böblingen 2006

– (Hg.): Thomas Müntzer (vor 1491–1525). Prediger – Prophet – Bauernkriegsführer, Böblingen 1990

–: Ständefreiheit und Gotteswort. Studien zum Anteil der Landstände an Glaubensspaltung und Konfessionsbildung in Innerösterreich (1517–1564), Frankfurt/M. 1994

Schubert, F. H.: Friedrich III., der Weise, in: Neue deutsche Biografie 5 (1961), 568–572

Stamm, R. (Hg.): Lucas Cranach der Schnellste, Bremen 2009

Tacke, A. (Hg.): « … wir wollen der Liebe Raum geben». Konkubinate geistlicher und weltlicher Fürsten um 1550, Göttingen 2006

Treu, M.: Katharina von Bora, Wittenberg, ³1999

Voßberg, H.: Im heiligen Rom – Luthers Reiseeindrücke 1510–1511, Berlin 1966

Zeeden, E. W.: Deutsche Kultur in der Frühen Neuzeit, Frankfurt/M. 1968

–: Die Entstehung der Konfessionen – Grundlagen und Formen der Konfessionsbildung im Zeitalter der Glaubenskämpfe, München, Wien 1965

–: Europa vom ausgehenden Mittelalter bis zum Westfälischen Frieden 1648, Stuttgart 1989

–: Martin Luther und die Reformation im Urteil des deutschen Luthertums. Studien zum Selbstverständnis des lutherischen Protestantismus von Luthers Tod bis zum Beginn der Goethezeit, 2 Bde., Freiburg 1950/52